Dorothea Erbele-Küster

Lesen als Akt des Betens

Eine Rezeptionsästhetik der Psalmen

WIPF & STOCK · Eugene, Oregon

Wipf and Stock Publishers
199 W 8th Ave, Suite 3
Eugene, OR 97401

Lesen als Akt des Betens
Eine Rezeptionsästhitik der Psalmen
By Erbele-Kuster, Dorothea
Copyright©2001 by Erbele-Kuster, Dorothea
ISBN 13: 978-1-62564-388-9
Publication date 10/15/2013
Previously published by Neukirchener Verlag, 2001

Vorwort

Die vorliegende Untersuchung wurde im Wintersemester 1999/2000 von der Evangelisch-Theologischen Fakultät an der Universität Hamburg als Dissertation angenommen. Für die Drucklegung wurde sie geringfügig überarbeitet. Den Weg des Werdens begleitete mein Doktorvater Prof. Dr. Dr. h.c. Hermann Spieckermann mit viel Engagement. Die Gespräche mit ihm will ich nicht missen. Prof. Dr. Ina Willi-Plein hat das Zweitgutachten übernommen. Prof. Dr. Bernd Janowski, der mich in seiner Heidelberger Zeit als Tutorin erste selbstständige Schritte in der Welt des Alten Testaments gehen lehrte, hat jetzt gemeinsam mit Prof. Dr. Reinhard Kratz den Band in die Reihe WMANT aufgenommen.

Finanziell und ideell wurde ich während der Arbeit an der Promotionsschrift von der Studienstiftung des Deutschen Volkes gefördert. Erste kritische (Korrektur-) Leserinnen und Leser der Studie waren Antje Fetzer, meine Schwiegereltern Heide und Karl Küster und mein Mann Volker Küster. Die evangelische Landeskirche in Württemberg gewährte freundlicherweise einen Druckkostenzuschuß.

Wegzehrung erhielt ich in unterschiedlicher Weise von hier Genannten und Ungenannten. Ihnen allen gilt mein Dank.

Gewidmet ist die Arbeit denjenigen, die mir Wege des Betens und Lesens aufgezeigt haben, nicht zuletzt meinen Eltern.

Heidelberg, im Februar 2001   Dorothea Erbele-Küster

Inhalt

Vorwort V
Inhalt VII

Lesen oder Beten? – Eine Orientierung 1

I. Rezeptionsästhetik und Hermeneutik 5
A. Lesermodelle 8
§ 1 Wolfgang Iser 8
   1. Der Akt des Lesens 8 – 2. Leerstellen und Negation als Negativität des Textes 10 – 3. Funktionen des Fiktiven 12 – 4. Der implizite Leser 13 – 5. Der Vorwurf der Geschichtslosigkeit 15 – 6. Der Subjektivismusvorwurf 17
§ 2 Hans Robert Jauß 19
   1. Eine Literaturgeschichte des Lesers 19 – 2. Die Rekonstruktion des Erwartungshorizontes 20 – 3. Vermittlung zwischen ästhetischer und historischer Erfahrung 22 – 4. Apologie ästhetischer Erfahrung 23 – 5. Rezeptionsästhetische Interaktionsmuster der Identifikation 26
§ 3 Stanley Fish 28
   1. Der Text als Ereignis 28 – 2. Der informierte Leser und seine Interpretationsgemeinschaft 29
§ 4 Systematisierung der Leserkonzeptionen 32
   1. Empirischer Leser und Lesermodell 32 – 2. Leser und Kritiker 32 – 3. Autor und Leser 33 – 4. Autorin und Leserin 35

B. Rezeptionsästhetik und Exegese 37
§ 5 Eine Hermeneutik des Bibellesens 37
   1. Bibellesen als schöpferischer Akt 37 – 2. Der Bibelleser als idealer Leser 39
§ 6 Rezeptionsästhetik und alttestamentliche Exegese 41
   1. Autorin, Beterin und Leserin der Psalmen 41 – 2. Implizite und empirische Leser des Alten Testaments 42
§ 7 Vermittlungsmodelle 45
   1. Sinnorientierte Hermeneutik oder lese(r)orientierte Hermeneutik 45 – 2. Objektivismus versus Subjektivismus 46 – 3. Text, Leser/in und Interpretationsgemeinschaft 47 – 4. Auf dem Weg zu einer Rezeptionsästhetik der Psalmen 48

II. Psalmenlesen als anthropologischer Akt 51
A. Der implizite Beter 51
§ 8 David als Leserfiktion – die Psalmenüberschriften 53
1. Das Problem 53 – 2. Der Befund 54 – 3. Die identitätsstiftende Leserfiktion 57 – 4. Die Mehrdimensionalität des Davidbildes 63 – 5. Zur innertestamentlichen Hermeneutik 68 – 6. Rezeptionsästhetik und Rezeptionsgeschichte (Ps 18) 78

§ 9 Das Davidisierungsprogramm im Septuagintapsalter und in 11QPs^a 86
1. Der Befund im Septuagintapsalter 86 – 2. David als narrative Leserfiktion 88 – 3. Das Davidisierungsprogramm im vierten Psalmenbuch 90 – 4. Der Befund in 11QPs^a 94 – 5. Ps 151 in LXX und in 11QPs^a. David als Dichter und Beter 97 – 6. David als hermeneutischer Schlüssel 105

B. Modelle ästhetischer Identifikation 109
§ 10 Die paradigmatische Dimension 109
1. Die Seligpreisungen 109 – 2. Der Wechsel zwischen Aussagen in der 1. und der 3. Person 111

§ 11 Die kathartisch-ironische Dimension 114
1. Identitätsabgrenzung durch Ironisierung der Feinde (Ps 73) 114 – 2. Das Feindzitat 117 – 3. Der Tun-Ergehen-Zusammenhang 124 – 4. Das Lachen über die Feinde 128 – 5. Die Anrede der Feinde (Ps 52) 133

C. Die Leerstelle 141
§ 12 Die Beschreibung der Notsituation 141
1. Zum Stand der Diskussion 141 – 2. Die Notsituation als mehrfach bestimmte Leerstelle 142 – 3. Die Charakterisierung der Feinde 145

§ 13 Fragmentarische Identität 149
1. Identität zwischen Schuld und Gerechtigkeit (Ps 7 und Ps 35) 149 – 2. Die Leerstelle am Ende des Psalms 152 – 3. Die offene Bittstruktur (Ps 38) 157

§ 14 Die Offenheit des Schicksals des Beters 161
1. Zum Stand der Diskussion 161 – 2. Die Leerstelle und die Feinde 163 – 3. Gotteserkenntnis in der Leerstelle (Ps 17) 168 – 4. Die Leerstelle als Sprachgeschenk 173

Ausblick: Der Akt des lesenden Betens 179
§ 15 Rezeptionsästhetische Impulse für die (Psalmen-) Exegese . 179
1. Impulse für die Formgeschichte der Psalmen 179 – 2. Literaturgeschichte der Psalmen als Literaturgeschichte des Lesers 181

§ 16 Perspektiven einer literarischen Anthropologie der Psalmen 184
1. Lesen und Beten als Akt der Grenzüberschreitung oder zur Fiktionalität biblischer Texte 184 – 2. Die paradigmatische Struktur des impliziten Beters 184 – 3. Das Feindverständnis 185 – 4. Lesendes Beten zwischen Fragmentarität und Narrativität 186

Literaturverzeichnis 189
Psalmenstellenregister 201

Lesen oder Beten? – Eine Orientierung

Leserinnen und Leser, die der Eigendynamik der Psalmen folgen, werden zu Betenden. Die Struktur der Texte selbst ist es, die über die Jahrtausende hinweg die Rezeption dieser Lied- und Gebetstexte immer wieder aufs neue ermöglicht. Psalmenlesen ist ein Akt, der uns ein verändertes Selbst-, Welt- und Gottesverhältnis eröffnet.[1] Die Worte der Psalmbeter wollen sich dem Leser einbilden. Psalmenlesen geht nicht in der Interpretation des Textsinns auf, sondern es korrespondiert mit dem grundlegenden menschlichen Bedürfnis, die Welt zu interpretieren. Der Akt des Psalmlesens macht Welt (neu) lesbar, indem er diese transzendiert. Darin bildet sich die grundlegende anthropologische Struktur des Psalmlesens ab.

Psalmen – *Lesen* oder *Beten*? *Lesen* steht in dieser Gegenüberstellung für eine historisch-kritische Lektüre, die den Text als eine objektive Größe betrachtet, dessen historischen Sinn es zu eruieren gilt. *Beten* bezeichnet eine wechselseitige Kommunikation zwischen Text und Lesenden. Der Text wird dabei nicht als Objekt betrachtet, sondern als Subjekt, das mit dem Leser und der Leserin in Interaktion tritt. Der Sinn ereignet sich je neu in diesem Interaktionsverhältnis. Mit dem Titel meiner Arbeit »Lesen als Akt des Betens« ist die Wegrichtung markiert: Lesen und Beten bzw. historische und ästhetische Erfahrung werden als komplementär betrachtet.

In der alttestamentlichen Exegese mehren sich in jüngster Zeit Stimmen, die darauf verweisen, daß die Psalmen Gebetstexte sind, die betend nachgesprochen werden wollen.[2] Dies geschieht nicht zuletzt deshalb,

---

[1] Vgl. Luthers Vorrede zum Psalter von 1545, WDB 10,I,105: »Ja du wirst auch dich selbs drinnen, und das rechte Gnotiseauton finden, Da zu Gott selbs und alle Creaturn«.

[2] So Spieckermann, Suchbewegungen des Forschens und Betens: Die Psalmenforschung »muß darauf bedacht sein, daß Suchbewegungen des Forschens gleichzeitig zu Suchbewegungen des Betens werden« (146); Zenger, Psalmenforschung, 435, beschließt seinen Beitrag zum gegenwärtigen Forschungsstand mit folgender Aussage: »Der gebetete Psalter *ist* der Thron Gottes inmitten des Chaos der Geschichte«; vgl. Hossfeld/Zenger, Die Psalmen I, 25 und Oeming,

weil die historisch-kritische Forschung trotz ihrer Methodenvielfalt dem Selbstverständnis der Psalmen als Gebrauchstexte kaum Rechnung trägt. Eine rezeptionsästhetische Hermeneutik biblischer Texte, wie sie in der vorliegenden Arbeit an den Psalmen entfaltet wird, hat sich einerseits an der menschlichen Disponiertheit (anthropologische Dimension) und andererseits an der Disponiertheit der biblischen Texte (literarische Dimension) auszurichten. Beiden Dimensionen ist gemeinsam, daß sie Vorfindliches überschreiten und so neue Erfahrungsräume erschließen. Im Akt des Psalmenlesens erhalten wir Auskunft über unsere menschliche Verfaßtheit. Eine rezeptionsästhetische Lektüre der Psalmen gestaltet sich daher als literarische Anthropologie der Psalmen. Die Untersuchung der Lektüre der Psalmen in ihrer anthropologischen Dimension richtet sich auf die Art und Weise, wie sich für den Leser und die Leserin bei der Beschäftigung mit den Texten Möglichkeiten der Welterschließung und Weltgestaltung eröffnen. Es sind die Texte selbst, die Interaktionsprozesse anlegen. Um diese wirkmächtige Struktur der Texte zu zeigen, bediene ich mich literaturwissenschaftlicher Ansätze, vor allem der Rezeptionsästhetik, wie sie durch Hans Robert Jauß und Wolfgang Iser geprägt wurde, daneben aber auch dem Reader-Oriented Criticism. Die Annahme, daß Lesen und Beten als komplementär zu denken sind, spiegelt sich außerdem im methodischen Vorgehen: Die historisch-kritische Psalmenexegese und ihr Instrumentarium werden in einen intensiven Austausch mit der Rezeptionsästhetik gebracht.

Ausgehend von der Annahme, daß historisch-kritisches Lesen und betendes Lesen nicht ein unversöhnliches Gegensatzpaar beschreiben, sondern miteinander zu vermitteln sind, wird Lesen und Beten bzw. Leser und Beter im folgenden synonym gebraucht. Wo eine Unterscheidung angezeigt ist, wird dies kenntlich gemacht.
Da ich den *Prozeß des Lesens* des Textes untersuchen und betonen werde, differenziere ich in der Regel nicht zwischen weiblichen und männlichen Lesern. Die maskuline Form Leser bzw. Beter steht daher gewöhnlich nicht für einen bestimmten empirischen (männlichen) Leser. Nur wenn ein männlicher Leser von einer weiblichen Leserin bzw. Beterin unterschieden werden soll, geschieht dies explizit.
Die einzelnen Paragraphen bilden in sich geschlossene Einheiten und können auch unabhängig voneinander gelesen werden. Jeweils am Ende eines Paragraphen werden Ergebnisse verdichtet. Die Untersuchungen zu den einzelnen Psalmen tragen exemplarischen Charakter. Um Leser und Leserinnen, die Auskunft über einen bestimmten Psalm bzw. eine Psalmstelle im masoretischen Text, in der Septuaginta oder in Qumran

suchen, den Zugang zu erleichtern, wurde ein Stellenregister zu den Psalmen angefertigt.
Der Weg, der nun beschritten werden soll, gliedert sich in zwei Hauptabschnitte: Bietet der erste Teil ein heuristisches Grundgerüst für den Akt des (Psalmen-) Lesens, so entfaltet der zweite Teil anhand exemplarischer Psalmenstudien den Leseprozeß. Im Anschluß an den materialen Durchgang durch die Psalmen wird eine Bündelung der Erkenntnisse auf methodischer und inhaltlicher Ebene für die Lektüre bzw. Exegese der Psalmen vorgenommen, und zugleich werden dabei Perspektiven für eine *literarische Anthropologie*[3] ausgezogen.

---

[3] Vgl. Iser, Prospecting: From Reader Response to Literary Anthropology.

I. Rezeptionsästhetik und Hermeneutik

Der Begriff der »Rezeptionsästhetik« markiert innerhalb der kontinentalen literaturwissenschaftlichen Diskussion zu Beginn der siebziger Jahre einen Paradigmenwechsel, der die traditionelle Produktionsästhetik ablöste. Als repräsentativ kann der 1975 von Rainer Warning herausgegebene Sammelband mit dem Titel »Rezeptionsästhetik« gelten, der richtungsweisende Aufsätze u.a. von Roman Ingarden, Hans Georg Gadamer, Stanley Fish sowie von Hans Robert Jauß und Wolfgang Iser, den beiden Nestoren der Konstanzer Schule, vereint.[1] Daneben ist Umberto Eco zu erwähnen, der mit seinem Konzept des offenen Kunstwerks (Opera aperta) für die Diskussion über das Verhältnis zwischen Werk und Rezipient lang anhaltende Anstöße gab.[2] Der Autor wird bei Eco allerdings nicht völlig ausgeblendet: »Der Künstler, so kann man sagen, bietet dem Interpretierenden ein *zu vollendendes* Werk«[3].
Gemeinsam ist den Vertretern eines rezeptionsästhetischen Ansatzes die Untersuchung der »Bedingungen, Modalitäten und Ergebnisse der Begegnung von Werk und Adressat«[4]. Darin zeichnet sich zugleich die Abwendung von dem Postulat eines Eigenlebens des Textes ab. In der anglophonen Diskussion entstanden die Rezeptionstheorien (Reader-Response bzw. Reader-Oriented Criticism) als Gegenreaktion auf textzentrierte Ansätze wie das Close Reading und den Rhetorical Criticism. Daraus resultiert die Fokussierung auf den Leser, wie der Name Reader-Oriented Criticism bereits sagt. Stanley Fish, der profilierteste Vertreter dieser Richtung, wird hier herausgegriffen, nicht zuletzt weil er in der anglophonen exegetischen Diskussion um den Leser eine zentrale Rolle einnimmt. Sein Plädoyer für den informierten Leser, der sich bestmögliche Kenntnis der Sprache wie der Entstehungssituation des Textes verschaffen soll, kommt dem historisch-kritischen Leser nahe. Weiterfüh-

---

[1] Warning (Hg.), Rezeptionsästhetik. Theorie und Praxis.
[2] Vgl. Eco, Das offene Kunstwerk (1. Aufl. 1973; ital.: Opera aperta 1962).
[3] Eco, Das offene Kunstwerk, 55.
[4] Warning, Rezeptionsästhetik als literaturwissenschaftliche Pragmatik, 9.

rend ist vor allem seine Einbeziehung der Interpretationsgemeinschaft, in der der Leser steht.

Aus der kontinentaleuropäischen Diskussion werden Jauß und Iser vorgestellt. Ihre Antrittsvorlesungen im Zusammenhang mit der Neugründung der Konstanzer Literaturwissenschaftlichen Fakultät Ende der sechziger Jahre hatten programmatischen Charakter.[5] Hans Robert Jauß proklamierte dabei eine grundlegende Erneuerung der Literaturwissenschaft.[6] Sein Plädoyer für eine »Literaturgeschichte als Literaturwissenschaft« war, wie der spätere Titel von 1970 formuliert, eine Provokation, weil er sie als Literaturgeschichte des Lesers verstanden wissen wollte. Damit rückte er den aktiven Beitrag des Leserpublikums im Umgang mit Texten ins Zentrum. Der bereits kurz darauf programmatisch verwandte Begriff der Rezeptionsästhetik wurde hier geprägt. Die traditionelle Produktions- und Darstellungsästhetik solle, so die erste wegweisende These von Jauß, in einer Rezeptions- und Wirkungsästhetik fundiert werden.[7] Die spätere Tendenz, den Aspekt der Wirkung unter dem der Rezeption zu subsumieren, zeigte sich schon. Jauß zielt mit seinen Ausführungen auf einen Ausgleich zwischen historischer und ästhetischer Erfahrung. In Aufnahme eines Gedankens von Hans Georg Gadamer spricht er vom fortschreitenden Prozeß des geschichtlichen Verstehens eines literarischen Werkes. Zugleich wendet er sich mit seiner Betonung der aktiven Rezeption der Texte durch den Leser (Rezeptionsgeschichte) dezidiert von dem Programm der Wirkungsgeschichte ab. Iser, der demgegenüber Impulse des Prager Strukturalismus (Roman Ingarden, Jan Mukarovsky) aufnimmt, betont den Aktcharakter des Lesens. Das jeweilige geistesgeschichtliche Herkommen läßt die unterschiedlichen Akzentuierungen verstehen: Das Interesse von Jauß ist stärker am geschichtlichen Leser ausgerichtet, während Iser im Gefolge Ingardens phänomenologisch argumentiert und ein ontologisches Lesemodell entwickeln will.

---

[5] Vgl. Iser, Die Appellsituation der Texte und Jauß, Literaturgeschichte als Provokation der Literaturwissenschaft. In diesem Zusammenhang sei auch die interdisziplinär ausgerichtete Arbeitsgruppe »Hermeneutik und Poetik« genannt, zu deren Gründungsmitgliedern Jauß und Iser 1963 gehörten (vgl. Hans Robert Jauß, Symposion. Epilog auf die Forschungsgruppe »Poetik und Hermeneutik«, in: Frankfurter Allgemeine Zeitung, 8. März 1997, ZB3). Die Vorträge und Diskussionsbeiträge der Tagungen der Arbeitsgruppe wurden in der gleichnamigen Reihe »Poetik und Hermeneutik« dokumentiert.
[6] »Was heißt und zu welchem Ende studiert man Literaturgeschichte?«, so der ursprüngliche Titel seiner Antrittsvorlesung, publiziert dann unter dem Titel Literaturgeschichte als Provokation der Literaturwissenschaft, in: Warning, Rezeptionsästhetik, 126–162.
[7] Vgl. Jauß, Literaturgeschichte, 128.

I. Rezeptionsästhetik und Hermeneutik

Iser selbst versteht sein Lesemodell als einen Beitrag zu einer »Theorie ästhetischer Wirkung«, so der Untertitel seiner grundlegenden Schrift »Der Akt des Lesens«.[8] Im Vorwort zur ersten Auflage nimmt er eine explizite Verhältnisbestimmung seines wirkungsästhetischen Ansatzes zur Rezeptionsästhetik von Jauß vor und grenzt sein Modell davon ab: »Eine Wirkungstheorie ist im Text verankert – eine Rezeptionstheorie in den historischen Urteilen der Leser.«[9]
Dabei lassen sich die Ansätze von Jauß und Iser, deren Modelle hier im Blick auf den Leseprozeß biblischer Texte fruchtbar gemacht werden sollen, durchaus als komplementär verstehen.[10] Während Isers Rede vom impliziten Leser als heuristischer Zugang zum Text zu verstehen ist, richtet sich Jauß stärker am historischen Leserpublikum aus.
Im folgenden werden die Konzeptionen von Iser (§ 1), Jauß (§ 2) und Fish (§ 3) vorgestellt; wobei die Darstellung der beiden erstgenannten den Schwerpunkt bildet. Jeder Paragraph versteht sich als komprimierte Einleitung in die jeweilige Position. Ein Überblick darüber, welche rezeptionsästhetischen Lese(r)modelle bisher Aufnahme in der Theologie und insbesondere der historisch-kritischen Exegese gefunden haben, folgt in § 5 und 6. Am Ende von Teil I werden erste Impulse für eine rezeptionsästhetische Lektüre biblischer Texte gegeben (§ 7).

---

[8] Vgl. Iser, Der Akt des Lesens, 8: »Damit ist auch gesagt, daß sich das Buch als eine Wirkungstheorie und nicht als eine Rezeptionstheorie versteht.«
[9] Iser, Der Akt des Lesens, 8.
[10] Vgl. Jauß, Theorie der Rezeption, 15; ders., Ästhetische Erfahrung, 12; ders., Ästhetische Erfahrung, 738 und Iser, Interview, 62.

A. Lesermodelle

§ 1 Wolfgang Iser

1. Der Akt des Lesens

Der Text enthält ein Wirkungspotential, das erst im Zusammenspiel mit dem Leser zur Entfaltung kommt. Iser unterscheidet mit Ingarden dabei zwischen Text und Werk: »Das Werk ist das Konstituiertsein des Textes im Bewußtsein des Lesers.«[11] Die jeweilige Realisierung des Textes im Vorgang des Lesens bezeichnet Iser mit *Konkretisation*. Der Text hält, so Iser in Aufnahme einer Formulierung Ingardens, die schematisierten Ansichten[12] bereit, die erst im Bewußtsein des Lesers zur Konkretisation gelangen. Die Anordnung des Textrepertoires und der Textstrategien bildet dabei die Grundlage für die Rezeption. Sie organisieren die Aktivität des Lesers. Im Repertoire fiktionaler Texte spiegelt sich die Aufnahme gesellschaftlicher Normen und das Verhältnis zur vorangegangenen Literatur.[13] Das Repertoire ermöglicht zugleich, die historische Situation zu rekonstruieren, auf die der Text reagiert. Der ästhetische Wert eines Textes läßt sich daran ablesen, welche der vorfindlichen Bezugssysteme ihren Eingang in den Text gefunden haben (137f). Iser wendet sich gegen das Deviationsmodell, das literarische Texte nur in der Abgrenzung gegenüber der vorfindlichen Welt versteht (145–155), denn literarische Texte zitieren Welt und gerade im Verletzen der Norm scheint diese nochmals auf. Hier wird bereits das Grundprinzip seines Textmodells deutlich: Negativität als bestimmende Struktur für die Erfassungsakte des Textes (267.348f).

Den Textstrategien kommt die Aufgabe zu, das Repertoire bzw. das Thema zu strukturieren und Leseanweisungen bereitzuhalten. Die Strategien machen deutlich, wie Text und Leser aufeinander bezogen sind. In der Beschreibung der Textstrukturen lassen sich daher Text und Leser gemeinsam erfassen. Die Textstrategien organisieren nicht nur das Repertoire, sondern auch die unterschiedlichen Perspektiven des Textes. Die Struktur von Thema und Horizont zeichnet vor, wie der Leser die

---

[11] Iser, Der Lesevorgang, 253.
[12] Vgl. Ingarden, Das literarische Kunstwerk, v.a. 8. Kapitel: »Unter einer ›schematisierten Ansicht‹ ist somit nur die Gesamtheit derjenigen Momente des Gehalts einer konkreten Ansicht zu verstehen, deren Vorhandensein in ihr die ausreichende und unentbehrliche Bedingung der originären Selbstgegebenheit eines Gegenstandes bzw. genauer der objektiven Eigenschaften eines Dinges ist« (268).
[13] Vgl. Iser, Der Akt des Lesens, 131–143 (Seitenangaben im Text).

§ 1 Wolfgang Iser

Perspektiven aufeinander zu beziehen hat (161–169).[14] Mit Thema wird die Perspektive bezeichnet, die der Leser im Augenblick einnimmt. Der Horizont ist der Gesichtskreis, der sich aus den vorangegangenen Lektürephasen konstituiert.[15] Der Leser wird ständig aufgefordert, seine Position zu überdenken, zugleich soll er dabei Konsistenzbildung anstreben. Indem wir als Lesende in den Prozeß der Gestaltwerdung des Textes eingebunden sind, wird der Text zu unserer Erfahrungswelt und verändert uns (215). Dabei vollzieht sich keine Identifikation unserer Welt mit der des Textes, sondern der Text evoziert neue Erfahrungsräume und transformiert bereits vergangene Erfahrungen (216). Ästhetische Erfahrung bleibt sich der Differenz gegenüber dem Text bewußt. Der Leser steht in einem Interaktionsverhältnis zum Text. Die kritische Distanz zum Akt des Lesens wird dabei nie aufgehoben.[16] Neben diesen Erfassungsakten des Textes vollzieht sich Lesen als passiver Vorgang, bei dem wir als Lesende mit den durch den Text evozierten Vorstellungsbildern unzertrennlich verbunden sind (226). Die Texte fordern den Leser auf, sich fremde Erfahrungen anzueignen, und ermöglichen damit einen neuen Zugang zur Welt. Zugleich *versprechen* (Ernst Lange)[17] wir unsere Erfahrungen mit denen des Textes. »Verstricktsein ist der Modus, durch den wir in der Gegenwart des Textes sind, und durch den der Text für uns zur Gegenwart geworden ist«[18]. Lesen wird in seiner zeitlichen Dimension wahrgenommen. Sinn entsteht erst im Prozeß des Lesens (241–244). Im Unterschied zu einer bedeutungsorientierten Interpretation, die glaubt, daß die *eine* Bedeutung im Text selbst verborgen ist und unabhängig vom Prozeß des Lesens und unabhängig vom Leser existiert, verweist Iser darauf, daß Bedeutungen erst im Lesevorgang generiert werden.[19] Letztlich ist dies die Voraussetzung dafür, daß ein Text in immer neuen Kontexten Sinn zu geben vermag (385). Der Leser ist daher an der Sinnentscheidung beteiligt. Diese subjektive Generierung von Bedeutung ist – wie im nachfolgenden Abschnitt zu den Leerstellen deutlich werden wird – intersubjektiv nach-

---

[14] »Diese Struktur [von Thema und Horizont] macht die Kluft zwischen Text und Leser deshalb überbrückbar, weil sie als Struktur der Textperspektiven zugleich eine solche der Bewußtseinstätigkeit ist« (Iser, Der Akt des Lesens, 165).
[15] Vgl. Iser, Der Akt des Lesens, 193: »Der wandernde Blickpunkt bezeichnet den Modus, durch den der Leser im Text gegenwärtig ist«.
[16] »Sich im Vorgang der Beteiligung selbst wahrnehmen zu können, bildet ein zentrales Moment ästhetischer Erfahrung [...]: man sieht sich zu, worin man ist« (Iser, Der Akt des Lesens, 218).
[17] Vgl. Lange, Zur Theorie und Praxis der Predigtarbeit, 27.
[18] Iser, Der Akt des Lesens, 214. Iser greift mit dem Bild des »Verstricktseins« eine Formulierung von Wilhelm Schapp auf (vgl. ders., In Geschichten verstrickt).
[19] Vgl. Iser, Die Appellstruktur, 229.

vollziehbar. Sie erhält ihr hohes Maß an Präzision dadurch, daß sie sich gegenüber den Alternativen stabilisieren muß (354). Dieser Prozeß der Sinnentscheidung geht mit der Konstituierung des lesenden Subjekts einher (244)[20]. Ein Text gewinnt dadurch an Bedeutung, daß er sich als relevant für den Kontext des Lesers erweist.[21] Indem Iser die subjektkonstituierende Rolle des Lesens nachzeichnet, wird die anthropologische Dimension des Lesens deutlich.

2. Leerstellen und Negation als Negativität des Textes

Gemeinsam ist den unterschiedlichen Wirkungssignalen des Textes die Dialektik von Schweigen und Vorzeigen,[22] oder wie Iser es nennt, die Negativität. Mit diesem Begriff faßt Iser im abschließenden Kapitel von »Der Akt des Lesens« die Vorstellungsakte des Lesers zusammen, die die Leerstellen und die Negationspotentiale auslösen (348ff). Im Formulierten ist das Unformulierte ›negativ‹ anwesend. Der Text erhält darin eine »Doppelung« (348).
Bereits in Isers Konstanzer Antrittsvorlesung im Juni 1969 manifestiert sich die Bedeutung der Unbestimmtheit literarischer Texte für den Lesevorgang.[23] Er lehnt sich darin an Ingardens Konzeption des Kunstwerkes an. Letzterer spricht von Unbestimmtheitsstellen[24], die zwischen den einzelnen schematisierten Ansichten des Textes entstehen und durch den Leser aufzufüllen sind. Die Rede von den schematisierten Ansichten beschreibt das Phänomen, daß ein literarisches Werk einen Gegenstand nur mit einer endlichen Anzahl von Eigenschaften bestimmt.[25]
Iser geht es allerdings nicht um eine Überwindung der Unbestimmtheit des Textes auf der Darstellungsebene. Für ihn ist diese Unbestimmtheit

---

[20] »Sinnkonstitution und Konstituierung des lesenden Subjekts sind zwei in der Aspekthaftigkeit des Textes miteinander verspannte Operationen« (Iser, Der Akt des Lesens, 246).
[21] »Sinn ist die in der Aspekthaftigkeit des Textes implizierte Verweisungsganzheit, die im Lesen konstituiert werden muß. Bedeutung ist die Übernahme des Sinnes durch den Leser in seine Existenz« (Iser, Der Akt des Lesens, 245).
[22] »Wirkung entsteht aus der Differenz zwischen dem Gesagten und dem Gemeinten, oder, anders gewendet, aus der Dialektik von Zeigen und Verschweigen« (Iser, Der Akt des Lesens, 79).
[23] Vgl. den Untertitel »Unbestimmtheit als Wirkungsbedingung literarischer Prosa«.
[24] Vgl. Ingarden, Das literarische Kunstwerk § 38.
[25] Vgl. Ingarden, Das literarische Kunstwerk, 257.260. Findet das literarische Werk bei Ingarden einerseits erst durch die schematisierten Ansichten zu unterschiedlichen Konkretisationen, so bestimmen diese andererseits den Konkretisationsvorgang und geben Hinweise zum »Auffüllen« und damit zur Beseitigung der Unbestimmtheitsstellen selbst. Entsprechend spricht Ingarden auch von ›parat‹ gehaltenen Ansichten (272) und kann zwischen richtigen und falschen Konkretisationen unterscheiden (vgl. 142.156.169ff.178).

vielmehr konstitutive Rezeptionsbedingung.[26] »Leerstellen indes bezeichnen weniger eine Bestimmungslücke des intentionalen Gegenstandes bzw. der schematisierten Ansichten als vielmehr die Besetzbarkeit einer bestimmten Systemstelle im Text durch die Vorstellung des Lesers« (284). Statt einer »Komplettierungsnotwendigkeit«, so wie sie Iser Ingarden vorhält, zeigen die Leerstellen eine »Kombinationsnotwendigkeit« an (284). Iser spricht von Leerstellen, die zwischen den unterschiedlichen Ansichten entstehen. Leerstellen wie Negationspotentialen kommen eine konstitutive Rolle für die Interaktion zwischen Text und Leser zu. Die Leerstellen zwischen den Darstellungsperspektiven des Textes steuern den Lesevorgang, indem sie den Leser auffordern, diese aufeinander zu beziehen; »sie bewirken die kontrollierte Betätigung des Lesers im Text« (267)[27]. Die Interaktion läßt sich durchaus als Spiel beschreiben (279). Die Leerstellen organisieren den Wechsel des Lesers zwischen den Textstrategien. Leerstellen finden sich auch auf inhaltlicher Ebene im Repertoire des Textes. Sie eröffnen und begrenzen zugleich die Vorstellungsaktivität (311).[28] Indem die Leerstellen den Lesefluß, die ›good continuation‹, durchbrechen, muß der Leser seine bereits gebildeten Ansichten wieder preisgeben (288f.302f). Lesen wird zu einem kritisch-dynamischen Prozeß.

Die Negation des Repertoires kommt nicht einer völligen Ausblendung der vorherrschenden Normen gleich, vielmehr sind diese gerade als durchgestrichene Normen im Akt des Lesens präsent. Darin wird die produktive Leistung der Negation deutlich (335). Diese Negation des Text-Kontext-Verhältnisses – Iser nennt es primäre Negation – zieht eine sekundäre beim Leser nach sich, dessen Position ständig negiert wird. Die sekundäre Negation ist Voraussetzung dafür, daß der Leser sich die fremden Erfahrungen aneignen kann (341). In ihr zeigt sich die kommunikative Dimension der Negativität. Die einmal vom Text evozierten Erwartungen des Lesers werden im fortschreitenden Lesefluß vom Text selbst destruiert. Der Leser gerät auf Distanz zu seinen Vorstellungsakten und wird sich ihres Projektionscharakters bewußt. Die durch Negation erzeugten Leerstellen lassen damit die Fiktionalität der Texte offenbar werden.

---

[26] Vgl. Iser, Die Appellstruktur, 236: »Erst die Leerstellen gewähren einen Anteil am Mitvollzug und an der Sinnkonstitution des Geschehens.« Iser, Im Lichte der Kritik, 326: »Leerstellen sind Kommunikationsbedingung des Textes«.

[27] »Es ist also keineswegs so, daß Leerstellen den literarischen Text der Projektionswillkür ihrer möglichen Leser überlassen« (Iser, Im Lichte der Kritik, 328; vgl. ders., Der Akt des Lesens, 305.311.314).

[28] »Ihre Bedeutsamkeit [die der Leerstelle] für die Interaktion von Text und Leser besteht vornehmlich darin, daß sie den beschriebenen Transformationsvorgang zumindest strukturell der subjektiven Willkür entzieht« (Iser, Der Akt des Lesens, 311).

3. Funktionen des Fiktiven

Von seinen frühen Schriften an bis in die jüngste Gegenwart betont Iser, daß eine Literaturtheorie immer nur ein heuristisches Konstrukt sein kann, das ihren Gegenstand, den Text, verstehbar macht, aber nie den Gegenstand selbst, die Literatur, abbildet.[29] Ausgehend von der Beobachtung, daß der Mensch nicht von fiktionalen Texten lassen kann, weil er, »so steht zu vermuten, ein fiktionsbedürftiges Wesen«[30] ist, fragt Iser nach dem, was diese Texte beim Lesen auslösen und weshalb wir fiktionaler Texte bedürfen. Er spricht von einem funktionsgeschichtlichen Textmodell (27f) und will die »Funktion der Literatur für den ›menschlichen Haushalt‹« ergründen (9). »Daraus läßt sich bereits entnehmen, daß Fiktionen primär eine anthropologische Relevanz haben«[31]. Später plädiert er für eine literarische Anthropologie.[32] Bestimmend ist dabei von Anfang an sein Verständnis von Fiktion als Doppelung bzw. Überschreitung von Wirklichkeit. Iser ordnet Fiktion und Wirklichkeit einander nicht als duales Oppositionspaar zu. Sie beschreiben keineswegs zwei unterschiedliche Seinsweisen[33]. Entsprechend fragt ein funktionsgeschichtliches Textmodell nach der Funktion des Textes bzw. der Fiktion. Fiktionale Texte wollen Wirklichkeit weder abbilden noch sind sie als Entgegensetzung zur Wirklichkeit zu verstehen, sondern sie strukturieren diese (118). »Die in den Text übernommenen Elemente seiner Umwelt sind in sich nicht fiktiv, nur die Selektion ist ein Akt des Fingierens, durch den Systeme als Bezugsfelder gerade dadurch voneinander abgrenzbar werden, daß ihre Grenze überschritten wird«[34]. Die Fiktionalität literarischer Texte wird folglich in ihrer Funktionalität begriffen: Wirklichkeit so zu erfassen, daß sie kommunizierbar wird.[35] So kennzeichnet die Wiederholung von Wirklichkeit den Text als einen fiktionalen, denn die Aufnahme des Repertoires unterliegt der Selektion (129).[36] Der Selektion des Repertoires – Iser nennt es einen Akt des

---

[29] Vgl. Iser, Der Akt des Lesens, 87f und ders., Theorie der Literatur, 7–9.
[30] Iser, Theorie der Literatur, 21.
[31] Iser, Fingieren als anthropologische Dimension der Literatur, 8.
[32] Vgl. Iser, Toward a Literary Anthropology, 264 »What are these needs, and what does this medium reveal to us about our own anthropological makeup? These are the questions that would lead to the development of an anthropology of literature«. Der Untertitel seines englischsprachigen Aufsatzbandes erfaßt diese Entwicklung in knappen Worten: »From Reader Response to Literary Anthropology« (vgl. Iser, Prospecting: From Reader Response to Literary Anthropology).
[33] Vgl. Iser, Der Akt des Lesens, 88; ders., Akte des Fingierens, 122; ders., Das Fiktive und das Imaginäre, 18ff.
[34] Iser, Akte des Fingierens, 126.
[35] Die Appellstruktur der Texte, 232 und ders., Der Akt des Lesens, 88.
[36] Vgl. Iser, Akte des Fingierens, 126 und ders., Das Fiktive, 390f.

§ 1 Wolfgang Iser

Fingierens – entspricht auf innertextueller Ebene die Kombination von Textelementen.[37] Fiktionale Texte machen deutlich, daß es sich um einen inszenierten Diskurs handelt.[38] Sie zeigen ihre Fiktionalität.[39] Die im Text evozierte Welt ist beim Lesen so vorzustellen, als ob sie eine gegebene Welt sei.[40] In der Als-Ob-Kennzeichnung wird der Verweisungscharakter der Texte festgehalten. »Statt vorhandene Welt abzubilden, klärt Literatur die abgebildete Welt über deren Verdeckungen auf«[41]. Der Text gibt sich daher als inszenierter Diskurs zu erkennen. Gemeinsames Charakteristikum des Fingierens ist die grenzüberschreitende Funktion. Sie ermöglicht einen »Umformulierungsprozeß von Welt«[42], der neue Verstehens- und Erfahrungsräume öffnet. Der Inszenierung literarischer Texte beim Lesen kommt insofern der Charakter eines Spiels zu.[43] Fiktionale Texte ermöglichen dem Menschen, sich selbst zu überschreiten und »aus sich herauszutreten, um seine Begrenzung hintergehen zu können«[44]. Fingieren ist ein ›ek-statischer‹ Zustand, in dem ich ein anderer und zugleich ich selbst bin.[45] Darin, daß der Mensch sich im Lesen selbst überschreitet, wird die anthropologische Dimension fiktionaler Texte deutlich.[46] Denn in den Strukturen der Texte selbst bilden sich Grundgegebenheiten menschlicher Verfaßtheit ab. Eine literarische Anthropologie zeichnet nach, was beim Lesen geschieht und wozu wir Texte gebrauchen.

4. Der implizite Leser

Wird unter dem Schlagwort ›impliziter Leser‹ häufig das Programm Isers zusammengefaßt, so nimmt es in seinen eigenen Schriften eine eher

---

[37] Vgl. Iser, Akte des Fingierens, 128 und ders., Das Fiktive, 25–51.
[38] Vgl. Iser, Fingieren als anthropologische Dimension, 8–11. Iser betont, daß der Verzicht auf die Kenntlichmachung des Fiktiven, etwa in Weltbildern, keineswegs einer Täuschungsabsicht entspringen muß, vielmehr unterbleibt sie, um ihren Geltungsanspruch nicht zu verlieren (Das Fiktive und das Imaginäre, 35–37).
[39] »Im Kenntlichmachen des Fingierens wird alle Welt, die im literarischen Text organisiert ist, zu einem Als-Ob« (Iser, Akte des Fingierens, 139).
[40] Vgl. Iser, Akte des Fingierens, 139.141.
[41] Iser, Theorie der Literatur, 22.
[42] Iser, Das Fiktive, 49.
[43] Vgl. Iser, Das Fiktive und das Imaginäre, 426–480.
[44] Iser, Das Fiktive und das Imaginäre, 156.
[45] »Fingieren also wäre eine Ekstase, und das heißt, man tritt gleichzeitig aus dem heraus, in dem man eingeschlossen ist« (Iser, Fingieren als anthropologische Dimension, 16).
[46] Vgl. Iser, Das Fiktive, 154: »Deshalb ist das Über-Sich-Hinaussein auch kein bloßes Durchgangsstadium, sondern Signatur des Menschen.«

untergeordnete Stellung ein.⁴⁷ In »Der Akt des Lesens« wird das Konzept des impliziten Lesers auf wenigen Seiten in den Vorüberlegungen zu einer wirkungsästhetischen Theorie dargestellt und von anderen Leserkonzeptionen abgehoben (50–67). Doch lassen sich die nachfolgenden Kapitel als Ausarbeitung seines Lesermodells verstehen.

Der im Text implizite Leser ist definiert durch unterschiedliche Rezeptionsvorgaben, die zwar je subjektiv realisiert werden, aber zugleich intersubjektiv nachvollziehbar sind. »Der Anteil des Lesers und der Anteil der Zeichen an dieser Projektion erweisen sich dann als schwer voneinander zu trennen« (219). Isers Interesse am Leser findet seinen Ausdruck in der Frage nach dem Lesevorgang, der Interaktion zwischen Text und Leser.⁴⁸ »An diesem Punkt können wir unsere Aufgabe formulieren. Sie lautet: Wie ist das Verhältnis von Text und Leser beschreibbar zu machen?«⁴⁹. Entsprechend gilt weder dem Text noch dem Leser das alleinige Augenmerk, vielmehr dem dynamischen Prozeß der Interaktion zwischen beiden Subjekten und damit dem Lesen als solchem.⁵⁰ Um diesen Prozeß nachvollziehbar zu machen, entwirft Iser ein Raster, das den Text mit seinen Rezeptionssignalen erfaßt.

Das Konzept des impliziten Lesers krankt für viele an der fehlenden Ausrichtung an den empirischen Leserinnen und Lesern. Obwohl die Beobachtung richtig ist,⁵¹ verfehlt die Schlußfolgerung die Intention von Iser. Denn Iser macht deutlich, daß er keine Rezeptionstheorie sondern eine Wirkungstheorie entworfen habe.⁵² Seine Frage lautet: Welche Wirkungssignale enthält der Text? Der im Text angelegte Leser (implizite Leser) erfährt jeweils unterschiedliche historische Aktualisierungen (65). Iser versteht den Akt des Lesens als heuristisches Modell, das erst in einem zweiten Schritt die Erfassung des empirischen Lesevorgangs möglich macht.⁵³ »Der implizite Leser meint den im Text vorgezeich-

---

⁴⁷ In seiner ersten programmatischen Schrift »Die Appellstruktur der Texte« findet der Begriff noch keine Verwendung. Die Textanalysen, anhand derer er seine Theorie entfaltete, erschien dann unter dem Titel: Der implizite Leser. Kommunikationsformen des Romans von Bunyan bis Beckett.
⁴⁸ Vgl. Iser, Der Lesevorgang, 229.
⁴⁹ Iser, Die Appellstruktur, 230.
⁵⁰ Vgl. Iser, Der Lesevorgang, 253.
⁵¹ Vgl. Iser, Der Akt des Lesens, 60: »Folglich ist der implizite Leser nicht in einem empirischen Substrat verankert, sondern in der Struktur der Texte selbst fundiert«.
⁵² So vor allem in apologetisch ausgerichteten Schriften, etwa im Vorwort zur ersten Auflage von Akt des Lesens, 8, und im Interview in der Reaktion auf Norman Holland (vgl. Iser, Interview, 62).
⁵³ Vgl. Iser, Im Lichte der Kritik, 331; ders., Interview, 61f und ders., Der Akt des Lesens, 64. Vgl. auch seine Antwort auf Holland: »If there is no reference in my work ›to an actual reader actually reading‹, this is because my aim was to construct a heuristic mode of the activities basic to text-processing« (Iser, Interview, 61).

§ 1 Wolfgang Iser

neten Aktcharakter des Lesens und nicht eine Typologie möglicher Leser«[54]. Die Analyse der Wirkungssignale dient dem Vergleich mit den vom aktuellen Leser tatsächlich rezipierten Strukturen.[55] Dennoch muß unter der Voraussetzung der grundsätzlichen Unterscheidung zwischen dem heuristischen Modell des impliziten Lesers und dem historischen Leser die Frage nach der historischen Verankerung des Lesens genau geklärt werden.[56]

5. Der Vorwurf der Geschichtslosigkeit

Eng verbunden mit der Kritik an der Konzeption des impliziten Lesers ist der Vorwurf der mangelnden Berücksichtigung der Geschichtlichkeit des Lesens. Die Frage nach dem geschichtlichen Kontext stellt sich in mehrfacher Hinsicht: Welche Bedeutung kommt erstens dem geschichtlichen Hintergrund des Textes, zweitens der Erfahrung des Lesers bei der Konkretisation[57] und schließlich den vorangegangenen historischen Urteilen zu?

Anlaß zu dieser Kritik bietet Isers objektivierende Erfassung der im Text verankerten Wirkungspotentiale. Innerhalb seiner Theorie jedoch bieten gerade die Wirkungspotentiale die Grundlage für die je kontingente Konkretisation. Sie lassen der Frage nachgehen, welche Signale zu bestimmten Zeiten weshalb nicht rezipiert werden.[58] Iser nimmt eine differenzierte Verhältnisbestimmung zwischen Primärcode und Sekundärcode vor: »Zwar entspringt der vom Leser produzierte Sekundärcode dem im Primärcode vorgezeichneten Modell der Auffassungsakte; die einzelne Realisation indes bleibt von dem sozio-kulturellen Code gesteuert, der für den jeweiligen Leser gilt« (156). Der Primärcode ist Organisationsmodell für die sekundären Realisierungen des Textes. Allerdings führt Iser im Gegensatz zu leserzentrierten Modellen nicht

---

[54] Iser, Der implizite Leser, 9.
[55] Vgl. im Vorwort gerade zu dem an Textanalysen ausgerichteten Band: Iser, Der implizite Leser, 8. Obgleich Iser keine Rezeptionstheorie des Romans schreiben will, führt er konkrete Textinterpretationen durch, die die Zielrichtung des Modells des impliziten Lesers veranschaulichen wollen. Dabei bezieht er sehr wohl den Kontext des Lesers ein.
[56] So auch Riquelme, The Ambivalence of Reading, 81.
[57] Nißlmüller, Rezeptionsästhetik und Bibellese, verweist in seiner Auseinandersetzung mit dem Vorwurf der Geschichtslosigkeit auf »Isers konsequente Einbeziehung des Lesers«. Seine Feststellung, daß Iser »die *Situation* des Rezipienten als wesentliches Kriterium für den Lese-Akt« bestimmt (117), muß korreliert werden mit der Bedeutung der Textstrategien für den Leser. Denn die Aktivität des Lesers ist nicht einem vorgegebenen Sinn verpflichtet, sondern von den Leerstellen gesteuert. Deshalb erscheint es mir fragwürdig, ob die Autonomie des Lese-Akts so betont werden kann, wie es Nißlmüller tut (aaO., 106f.113ff).
[58] Vgl. Iser, Interview, 62.

näher aus, welcher konkrete Einfluß dem sozio-kulturellen Code des jeweiligen Lesers zukommt.
Die geschichtliche Bedingtheit des Lesens resultiert gleichermaßen auch aus der geschichtlichen Verortung literarischer Texte. Diese wird im Textrepertoire manifest.[59]
In der Umcodierung des herrschenden Wertesystems gerät der zeitgenössische erste Leser, der mit dem Autor den Primärcode teilt, in eine reflexive Distanz zu seiner Weltwahrnehmung (»partizipierende Einstellung«, 131). Dem zeitlich und räumlich getrennten Leser ist es möglich, die »historische Situation wiederzugewinnen, auf die sich der Text als Reaktion bezogen hatte« (»betrachtende Einstellung«, 131). Beide Zugänge stellen Typisierungen dar. Gemeinsam ist ihnen die Überschreitung gegebener Weltverhältnisse, denn der fiktionale Text ist keine Widerspiegelung von Realität, sondern die Eröffnung eines kreativen Zugangs zur Welt (132).
Dem zur Entstehungssituation zeitlich nahen Leser kommt kein Vorrang zu, er hat deswegen nicht den besseren Zugang zum Text. Auch für ihn entsteht der Sinn erst in der individuellen Realisation des Werkes. Der Sinn fiktionaler Texte ist ständig überholbar.[60]
Iser selbst begegnet der Kritik der Geschichtslosigkeit mit dem Hinweis, daß sie nur dann greife, wenn nicht zwischen seinem phänomenologischen Modell und der jeweiligen Aktualisierung unterschieden werde.[61] Läßt sich die Geschichtlichkeit jedoch auf der Modellebene ganz ausblenden? Iser weist auf die Notwendigkeit von Modellen hin, um Wirklichkeit überhaupt erfassen zu können, »denn weder die Geschichte noch die empirische Wirklichkeit« teilen von sich aus etwas mit.[62]
Darüber hinaus stellt Iser sein Modell in einen größeren Rahmen und versteht es als Korrelativ etwa zur rezeptionsästhetischen Methode von Jauß (11), die auch stärker Aspekte der Wirkungs- und Rezeptionsgeschichte berücksichtigt.
Isers Bestimmung des Leseakts läßt eine ambivalente Bezugnahme auf geschichtliche Prozesse erkennen. Die Beschreibung der Wirkungspotentiale des Textes trägt rein deskriptive Züge, wobei die Organisation des Textrepertoires geschichtlich bedingt ist. Die Erfassung der Textsignale läßt deutlich werden, weshalb literarische Texte immer wieder rezi-

---

[59] Die marxistisch geprägte Kritik des Literaturwissenschaftlers Peter V. Zima, Diskurs als Ideologie, 7, daß die Rezeptionsästhetik »den Text vom sozialen und kulturellen Kontext, d.h. vom Kontext seiner Entstehung«, ablöse, ist daher zu pauschal (vgl. auch Zima, »Rezeption« und »Produktion« als ideologische Begriffe, 277).
[60] Vgl. Iser, Die Appellstruktur, 250.
[61] Vgl. Nißmüller, Rezeptionsästhetik und Bibellese, 110.
[62] Iser, Im Lichte der Kritik, 331.

§ 1 Wolfgang Iser   17

piert werden. Iser gelingt es, in seinen texttheoretischen Ausführungen phänomenologisch zu argumentieren, ohne dabei das Recht einer historisch ausgerichteten Interpretation zu verkennen.[63]

6. Der Subjektivismusvorwurf

Eng verbunden mit der Kritik am impliziten Leser und dessen fehlender Geschichtlichkeit ist der Subjektivismusvorwurf, der aus einer Fehlinterpretation des impliziten Lesers resultiert.[64] Iser hat gerade keinen empirischen Leser im Blick, sondern ist vielmehr an den intersubjektiv beschreibbaren Strukturen interessiert, die im Zusammenspiel mit dem Leser der Konkretisation des Textes dienen. Der Text eröffnet und begrenzt zugleich die Aktivität des Lesers. Diese Dialektik von Offenheit und Bestimmtheit der Textstrukturen droht in einer oberflächlichen Rezeption des Iserschen Modells allzu leicht in eine der beiden Richtungen aufgelöst zu werden.
Die Rede von den Leerstellen des Textes versteht sich nicht als Einladung zur willkürlichen Interpretation.[65] Der Leser besetzt durch seine Vorstellungen die Leerstellen, »deren materialer Inhalt aus den gegebenen Textpositionen« (315) stammt.[66] Werden die Leerstellen mit den eigenen Projektionen gefüllt, ist der Akt des Lesens verfehlt (263). Der Subjektivismusvorwurf übersieht vielfach, daß Isers Lesermodell eine kritische Revision der eigenen Vorstellungen und Erfahrungen impliziert.[67] Wird der Leser im Lesefluß dazu aufgefordert, seine durch den Text provozierten Vorstellungen zu verwerfen, so ermöglicht der Text, neue Erfahrungen zu machen (263f.340f). In der Offenheit des Textes spiegelt sich die Offenheit der Welt.
Die Negativität ist es, die den Sinn fiktionaler Texte nie eindeutig festschreibbar sein läßt. Zugleich ist dadurch jedoch »die hohe Prägnanz gefällter Sinnentscheidungen« erreichbar (354).
Obgleich Iser psychoanalytische Begrifflichkeit aufnimmt, setzt er sich von psychologischen Leserkonzeptionen ab (67–86).[68] Lesen wird als

---

[63] Vgl. Stanley Fish, Why no one's afraid of Wolfgang Iser, 4f.
[64] Isers Leser trage »psychologischen und individualistischen Charakter« (Zima, »Rezeption« und »Produktion«, 283); vgl. auch Zimas Kritik an Ingarden (282) und an Jauß (289).
[65] Vgl. Iser, Im Lichte der Kritik, 328.
[66] Deshalb kann »keine Rede davon sein, daß die ›Lebenserfahrungen‹ und ›Lebenserwartungen‹ des Lesers in die Leerstellen einfließen« (Iser, Im Lichte der Kritik, 326). Diese und ähnliche Formulierungen veranlaßten Kritiker geradezu, Iser einen Determinismus zugunsten des Textes vorzuhalten.
[67] Vgl. Iser, Interview, 63: »The text does constitute its readers«.
[68] Explizit grenzt er sich von den Modellen Norman Hollands und Simon O. Lessers ab (vgl. Iser, Interview, 62).

Bewußtseinstätigkeit verstanden, wobei diese in der Struktur des Textes verankert und deshalb intersubjektiv beschreibbar ist, ohne daß sie kollektive Züge trägt[69]. Psychologische Modelle bezeichnet Iser im Gegensatz dazu als privatistisch (85). Für ihn ist gerade die Abweichung der Texte von den eigenen Erfahrungen die Bedingung ihrer Wirkung (75). Isers Leseaktmodell ist ein am Geschehen zwischen den beiden Subjekten, Text und Leser, orientiertes Modell.[70] Dem Subjektivismusvorwurf muß daher in differenzierter Weise begegnet werden. Die Orientierung am phänomenologischen Leseakt impliziert zugleich Stärke und Schwäche von Isers Ansatz. Die phänomenologische Grundlegung ermöglicht ihm umfassende Beobachtungen, auch wenn dabei nur der Leser als einzelner in den Blick kommt. Isers Modell ist deshalb im folgenden kritisch mit Lesermodellen zu korrelieren, die eine stärkere Einbindung des Lesers im Kontext einer Gemeinschaft erkennen lassen. Die geschichtliche Verortung des Lesers wie des Textes wird dabei eine entscheidende Rolle spielen.

---

[69] Nißlmüller, Rezeptionsästhetik und Bibellese, 106–111, spricht von den Aporien der Individualästhetik, wie er Isers Modell charakterisiert.
[70] Entsprechend strebt Iser, Der Akt des Lesens, 177f, gerade eine Überwindung des klassischen Subjekt-Objekt-Verhältnisses an, denn der Leser ist immer Teil dessen, was er erfaßt.

§ 2 Hans Robert Jauß

1. Eine Literaturgeschichte des Lesers

Mit seinem Plädoyer für eine Literaturgeschichte, die die Dimensionen der Rezeption und Wirkung der Literatur gleichermaßen berücksichtigt, eröffnete Hans Robert Jauß 1967 die Diskussion um eine Neubegründung der Literaturwissenschaft. Zwanzig Jahre danach präzisiert er den damals gewählten Oberbegriff der ›Literaturgeschichte‹: Sein Projekt lasse sich als »Literaturgeschichte des Lesers«[71] begreifen: Literaturgeschichte wird so verstanden als Rezeptionsgeschichte betrieben. Bereits 1975 zog Jauß eine erste Zwischenbilanz unter dem Titel »Der Leser als Instanz einer neuen Geschichte der Literatur«. Die aktive und produktive Rezeptionstätigkeit des Lesers in ihrer geschichtlichen Dimension steht für ihn dabei im Mittelpunkt.

Die Erneuerung der Literaturwissenschaft sollte dazu beitragen, »*die Vorurteile des historischen Objektivismus abzubauen*«[72]. Der rezeptionsästhetische Neuansatz von Jauß will keineswegs die herkömmlichen Interpretationsmodelle ersetzen. Er plädiert dafür, »*die traditionelle Produktions- und Darstellungsästhetik in einer Rezeptions- und Wirkungsästhetik zu fundieren*« (128), denn die rezeptionsästhetische Methode bleibt auf historisches Wissen angewiesen. Jedes einzelne Werk ist in die Reihe vorangegangener Literatur zu stellen. So antwortet ein neues Werk auf die Probleme seiner literarischen Vorgänger (141), wobei »*der Literaturhistoriker [...] selbst immer erst wieder zum Leser werden*« muß (128). Rezeption und Produktion sind ineinander verwoben.

Neben diesem diachronischen Aspekt ist das Werk auch »synchronisch im Bezugssystem der gleichzeitigen Literatur« (140) zu verstehen. Zudem ist es Aufgabe der Literaturgeschichte, sich im Verhältnis zur allgemeinen Geschichte zu sehen (148). Literatur wird in ihrer Geschichtlichkeit und ihrer »gesellschafts*bildende[n]* Funktion« (149) wahrgenommen. Sie bildet nicht nur einfach Welt ab, sondern wirkt ein auf den Erwartungshorizont und das Weltverständnis des Lesers.

Der einzelne Leser wird bei Jauß in den größeren Zusammenhang des sich über die Zeiten erstreckenden Leserpublikums gestellt. Die Rezeptionsgeschichte wird daher als Möglichkeit der Vermittlung von Sinnzuwachs verstanden.

---

[71] Jauß, Theorie der Rezeption, 33.
[72] Jauß, Literaturgeschichte als Provokation, 128 (im folgenden Seitenangaben im Text).

2. Die Rekonstruktion des Erwartungshorizontes

In der Betonung des Erwartungshorizontes[73] – so bezeichnet Jauß den geschichtlichen Hintergrund eines Werkes – wird sein dezidiert geschichtlich geprägtes Verstehen deutlich. Jauß unterscheidet dabei zwischen einem innerliterarischen Erwartungshorizont,[74] der die Summe der im Text manifesten gesellschaftlichen und literarischen Normen umfaßt, und einem »gesellschaftlichen, von einer bestimmten Lebenswelt vorgezeichneten Erwartungshorizont«[75], wobei letzterer nochmals in den der Entstehungszeit und den der Rezeptionssituation unterteilt werden muß. Entsprechend ist dem impliziten Leser ein expliziter gegenübergestellt.[76] In der Verhältnisbestimmung zwischen dem Werk und dem Erwartungshorizont läßt sich der ästhetische Wert eines Werkes ablesen. Die Rekonstruktion des Erwartungshorizontes ist historisch objektivierend (132).[77] Die Erfassung der Bezugssysteme und des Vorverständnisses eines literarischen Werkes zum Zeitpunkt seines Erscheinens entlastet die Analyse der literarischen Erfahrung des Lesers vom Vorwurf des Psychologismus, so die zweite These der Antrittsvorlesung (130). Neben der Rekonstruktion des innerliterarischen, vom Werk implizierten Erwartungshorizontes gilt es auch, den außerliterarischen, in den Normen und der Lebenswelt der Leser eingezeichneten, zu analysieren.[78] Texte entstehen nie im luftleeren Raum, sie greifen auf vorfindliche Normen und Gattungen zurück, selbst wenn sie diese negieren. Das Verhältnis zwischen Literaturgeschichte und Profangeschichte muß neu erfaßt werden (148f). »*Die Rekonstruktion des Erwartungshorizontes, vor dem ein Werk in der Vergangenheit geschaffen und aufgenommen wurde, ermöglicht [...], Fragen zu stellen, auf die der Text eine Antwort gab*« (136), heißt es in der vierten These. Die Rekonstruktion vermag die Zustimmung bzw. Ablehnung des ersten Publikums zu erklären, die spätere oder die anhaltende Rezeption eines Werkes allerdings nicht.[79] Jedoch meinen Anhänger der produktionsästhetischen Methode, die Wirkungsgeschichte eines Textes allein aus der Entstehungsgeschichte erklären zu können, »als ob unser Wissen von der Entstehung eines Werkes die

---

[73] Jauß übernimmt hier einen Begriff des Soziologen Karl Mannheim.
[74] Iser spricht von Repertoire (siehe § 1, S. 8).
[75] Jauß, Der Leser, 338. Zur Frage der soziologischen Fundierung des außerliterarischen Erwartungshorizonts vgl. ders., Racines und Goethes Iphigenie, 392.
[76] Vgl. Jauß, Der Leser, 339.
[77] Vgl. zur Kritik bei Gehring, Schriftprinzip und Rezeptionsästhetik, 106–113.
[78] Vgl. Jauß, Der Leser, 328.
[79] Daß ein Werk auch erst in der nachfolgenden Generation Anklang finden kann, macht Jauß beispielhaft an der Reaktion auf Flauberts Madame Bovary deutlich (vgl. Jauß, Literaturgeschichte als Provokation, 135f).

Erfahrung seiner Wirkung begründen«[80] könne. Die »*hermeneutische Differenz zwischen dem einstigen und dem heutigen Verständnis eines Werkes*« (136) macht deutlich, daß literarischen Texten kein zeitloser, objektiver Sinn inhärent ist.[81] Gleichzeitig wird durch die Fragen ein Zugang zum Werk eröffnet.[82] Aber auch die rekonstruierten Fragen, auf die der Text eine Antwort gab, werden immer historisch vermittelt sein (138). Diese dialektische Argumentation findet sich durchgängig bei Jauß.

Es ist der im Strom der Rezeptions- und Wirkungsgeschichte stehende Leser, der die Fragen stellt. Der Gegensatz, der in der Frage eines Philologen bzw. Exegeten nachklingt, ob ein literarisches Werk mit den Augen der ersten Rezipienten oder dem Maßstab der gegenwärtigen gelesen oder im Lichte der Wirkungsgeschichte gewürdigt werden soll, existiert für Jauß so nicht. Vielmehr sind die unterschiedlichen Urteile »die sukzessive Entfaltung eines im Werk angelegten, in seinen historischen Rezeptionsstufen aktualisierten Sinnpotentials« (138f). Die Wirkung vergangener Urteile setzt einen aktiven und damit auch selektiven Umgang mit der Tradition voraus. Darin zeigt sich die Partialität der Rezeptionsästhetik.[83]

Aus der Verschmelzung der Horizonte, wie es Jauß zunächst in Anlehnung an Gadamer formuliert,[84] wird die historische Frage zu unserer eigenen.[85] Mit seiner Betonung der aktiven Vermittlung der Horizonte setzt er sich gleichzeitig von Gadamer ab, der im Gegensatz zu Jauß letztlich die Andersheit des Textes nicht wahrnehmen kann, entsprechend das Einverständnis als Voraussetzung der Hermeneutik betrachtet und sich darin dem Prinzip der Wirkungsgeschichte verschreibt. In einem späteren Beitrag zum biblischen Buch Jona spricht Jauß dann auch, sich selbst korrigierend, nicht mehr in der Begrifflichkeit Gadamers von Horizontverschmelzung, sondern von »reflektierte[r] Horizont-

---

[80] Jauß, Partialität, 390.
[81] »Das literarische Werk ist kein für sich bestehendes Objekt, das jedem Betrachter zu jeder Zeit den gleichen Anblick darbietet« (Jauß, Literaturgeschichte als Provokation, 129). Entsprechend grenzt Jauß sich von dem Begriff des Klassischen (Gadamer) ab, denn dieser impliziert ein substantialistisches Werkverständnis (139f).
[82] Vgl. Jauß, Partialität, 384.
[83] Vgl. Jauß, Partialität, 386f.
[84] Jauß zitiert Gadamer in diesem Zusammenhang: »Verstehen ist immer der Vorgang der Verschmelzung solcher vermeintlich für sich seiender Horizonte« (Hans Georg Gadamer, Wahrheit und Methode. Grundzüge einer philosophischen Hermeneutik, Tübingen ³1972 zitiert nach Jauß, Literaturgeschichte als Provokation, 138).
[85] Vgl. Jauß, Die Partialität, 384.

abhebung«[86] als einer Tätigkeit des Lesers, um die Fremdheit des Textes nicht voreilig einzuebnen.

Immer wieder plädiert Jauß für das Frage-Antwort Schema als hermeneutisches Grundprinzip. Das Fremde und Neue bedeutet für sich genommen keinen Erkenntnisgewinn. *Aktualisierung* bezeichnet dann den Prozeß der Aneignung der Rezeptionsgeschichte. Aktualisierung ist nicht im Sinne einer sprunghaften Übertragung des einen Sinnes auf das ›Jetzt‹ zu verstehen[87], vielmehr als Vermittlung zwischen vergangener und gegenwärtiger Bedeutung.[88]

Die Rekonstruktion des primären Kontextes ist dabei zunächst von der des sekundären zu trennen; auch wenn beide aufeinander bezogen sind. »Das Ensemble der im Text nicht ausdrücklichen Fragen, auf die der Text die Antwort war«, wird dem »Ensemble der im Text nicht ausdrücklichen Fragen, auf die der Text noch nicht Antwort war«, gegenübergestellt.[89] Dabei kommt dem Text die entscheidende Rolle als Kontrollinstanz zu.[90] Die Fragen erhalten darin ihre Legitimität, daß der Text Antworten auf sie in sich birgt, auch wenn diese bislang verborgen waren.[91] »An die Stelle des Werkes als Träger oder Erscheinungsform der Wahrheit tritt die fortschreitende Konkretisation von Sinn, der sich in der Konvergenz von Text und Rezeption, von vorgegebener Werkstruktur und aneignender Interpretation konstituiert«[92]. Die Fragerichtung verläuft dabei vom Leser zum Text.[93]

3. Vermittlung zwischen ästhetischer und historischer Erfahrung

In seiner Antrittsvorlesung aus dem Jahre 1967 versucht Jauß, »die Kluft zwischen Literatur und Geschichte, historischer und ästhetischer Erkenntnis zu überbrücken« (126). Ästhetische und historische Wahrnehmung eines Textes stehen in einem Wechselverhältnis.[94] Die ästhetische Erfahrung des Kunstwerkes ist historisch vermittelt et vice versa[95].

---

[86] Jauß, Das Buch Jona, 100.
[87] Vgl. Jauß, Partialität, 389.
[88] Vgl. Jauß, Alter Wein, 311.
[89] Jauß, Jona, 86, greift hier Formulierungen Odo Marquards auf.
[90] »In der Tat bleibt auch für die Rezeptionsästhetik der originäre Text die letzte Instanz des zu erprobenden Sinns«. Denn »Erwartungen, denen er [der Text] nicht entspricht, oder Fragen, auf die der Text keine Antwort parat hat, müssen preisgegeben werden«. (Jauß, Salzburger Gespräch, 382).
[91] Vgl. Jauß, Jona, 86.99.
[92] Jauß, Der Leser, 335.
[93] Vgl. Jauß, Partialität, 384.
[94] Vgl. Jauß, Über religiöse und ästhetische Erfahrung, 361f.
[95] Rückblickend resümiert Jauß 1990 in ders., Alter Wein, 304: »für mich schloß sich das Ästhetische und das Geschichtliche im literarischen Charakter der Texte nicht aus und ging es darum, die ›Eigenart des Ästhetischen‹ nicht länger in einer

Immer neu setzt Jauß an, um dieses Ineinander von ästhetischer und historischer Erkenntnis zu beschreiben. Dabei liegt der Akzent abwechselnd auf der ästhetischen oder der historischen Erfahrung. Sein Plädoyer für die ästhetische Erfahrung, die genießende Lektüre, verkennt nie den historischen Abstand zwischen Text und Leser. Die ästhetische Erfahrung vollzieht sich zugleich auf einer vorreflexiven Ebene in genießendem Verhalten »wie Bewunderung, Erschütterung, Rührung, Mitweinen oder Mitlachen«.[96] Sie ist dabei Gegenstand kritischer Untersuchung.[97] Gegenwärtige ästhetische Erfahrung wird mit derjenigen aus früherer Zeit korreliert. Die Erprobung des ästhetischen Wertes eines Textes geschieht im Vergleich mit bereits gelesenen Texten. Ästhetische Erfahrung ist historisch vermittelt[98] und läßt darin die historische Differenz offenkundig werden[99]. Die Erfahrung des Lesers begründet sich im Urteil vorangegangener Leser. Das »Neue ist also nicht nur eine *ästhetische* Kategorie«, sondern »es wird auch zur *historischen* Kategorie«[100]. Wie Iser wendet sich auch Jauß gegen eine einfache Deviationstheorie, die Ästhetik nur in der Abweichung von der alten Norm begreift. Die ästhetische Erfahrung konzentriert sich nicht allein auf die Darstellungsebene, vielmehr erfaßt Jauß deren Bedeutung für den Rezeptionsvorgang.

4. Apologie ästhetischer Erfahrung

Bereits 1972 skizzierte Jauß in seinem Vortrag »Kleine Apologie der ästhetischen Erfahrung« die ästhetischen Prozesse, die von Kunstwerken im Rezipienten ausgelöst werden. Entfaltet wurde dieses Programm dann in »Ästhetische Erfahrung und literarische Hermeneutik«.[101] Jauß strebt

zeitlos abgehobenen Sphäre, sondern in der eigentümlichen Geschichtlichkeit ästhetischer Erfahrung – der Verflechtung von Produktion und Rezeption im Prozeß ästhetisch vermittelter Kommunikation – zu begreifen«.

[96] Jauß, Der Leser, 328.
[97] Jauß Ausgangsthese in seiner Kleine[n] Apologie der ästhetischen Erfahrung, 7 lautet: »*das genießende Verhalten, das Kunst auslöst und ermöglicht, ist die ästhetische Urerfahrung; sie kann nicht ausgeklammert, sondern muß wieder Gegenstand theoretischer Reflexion werden, wenn es uns heute darum geht, die gesellschaftliche Funktion der Kunst und der ihr dienenden Wissenschaft [...] zu rechtfertigen*«.
[98] Vgl. Jauß, Literaturgeschichte als Provokation, 133.
[99] Vgl. Jauß, Über religiöse und ästhetische Erfahrung, 361.
[100] Jauß, Literaturgeschichte als Provokation, 144.
[101] Zuerst erschienen unter dem Titel: Ästhetische Erfahrung und literarische Hermeneutik. Band I: Versuche im Feld der ästhetischen Erfahrung, Stuttgart 1977. Der ursprüngliche Plan, sich im zweiten Halbband der stärker materialen Exemplifizierung zu widmen, wurde aufgegeben. An dessen Stelle trat eine Neuausgabe, die im ersten Teil eine überarbeitete und ergänzte Fassung der Version aus dem ersten Halbband bietet, die beiden folgenden Hauptteile sind aus unter-

eine Rehabilitation der ästhetischen Erfahrung an, denn Genießen ist für ihn keineswegs reine Befriedigung eines Konsumbedürfnisses.[102] Der ästhetische Wert eines Werkes ist nicht nur durch Negativität, sondern auch durch die Bildung von Normen gekennzeichnet.[103]
In Anlehnung an die aristotelische Poetik entfaltet Jauß drei Dimensionen ästhetischer Erfahrung: Poiesis, Aisthesis und Katharsis.[104] Der Poiesis, der produktiven Funktion, kommt dabei traditionell die größte Beachtung zu. Sie konzentriert sich auf die Genieästhetik des Künstlers. Poiesis soll nach Jauß nicht länger als die Hervorbringung einer zweiten, schöneren Natur, sondern einer anderen, bisher unverwirklichten Welt verstanden werden.[105] Diese steht in einem Wechselverhältnis mit der rezeptiven Seite, der Aisthesis[106], denn unsere Wahrnehmung drängt zu immer neuer Produktion. Produktion (Poiesis) und Rezeption (Aisthesis) sind eng miteinander verflochten.[107] Die Aisthesis hat ihren Ursprung im ästhetisch genießenden Verhalten zum Text und ist durch die Neugier angetrieben. Aisthesis bezeichnet das »*Ergreifen der Möglichkeit, die Welt anders wahrzunehmen*«.[108] Von anderen lebensweltlichen Erfahrungen unterscheidet sie sich »durch die ihr eigentümliche Zeitlichkeit: sie läßt ›neu sehen‹ und bereitet mit dieser entdeckenden Funktion den Genuß erfüllter Gegenwart«[109]. Entsprechend klagt Jauß neben dem ästhetischen Urteil auch die Rolle der vorreflexiven Ebene der ästhetischen Erfahrung ein: die sinnliche Erkenntnis.[110]

---

schiedlichen Einzelstudien zusammengefügt. Zitiert wird im folgenden aus dieser letzteren, inzwischen in zweiter unveränderter Auflage 1997 erschienenen Fassung: Ästhetische Erfahrung und literarische Hermeneutik.

[102] Entsprechend formuliert Jauß, Apologie, 37, in seiner dritten These die Aufgabe der ästhetischen Erfahrung: Sie hat »*der verkümmerten Erfahrung und dienstbaren Sprache der Konsumentengesellschaft die sprachkritische und kreative Funktion der ästhetischen Wahrnehmung entgegenzusetzen*«.

[103] So setzt sich Jauß von der Ästhetik der Negativität Adornos ab (vgl. Jauß, Partialität, 394, ders., Alter Wein, 322.331, und ders., Ästhetische Erfahrung, 71).

[104] Ganz auf der Linie seines rezeptionsästhetischen Ansatzes finden sich zu den einzelnen Termini Ausführungen zur Begriffsgeschichte. Jauß übernimmt dabei allerdings zumeist nur die Begrifflichkeit und definiert diese neu. Vgl. die Darstellung und Kritik der Modelle ästhetischer Erfahrung von Jauß bei Rüdiger Bubner, Warum brauchen wir, 820f und bei Gehring, Schriftprinzip und Rezeptionsästhetik, 135–145.

[105] Vgl. Jauß, Ästhetische Erfahrung, 112.
[106] Vgl. Jauß, Ästhetische Erfahrung, 124.
[107] Vgl. Jauß, Literaturgeschichte als Provokation, 129.
[108] Jauß, Apologie, 13f.
[109] Jauß, Ästhetische Erfahrung, 39f.
[110] Vgl. Jauß, Der Leser, 328 und ders., Ästhetische Erfahrung, 90.

§ 2 Hans Robert Jauß

Unter dem Begriff der Katharsis wird die kommunikative Leistung der ästhetischen Erfahrung verstanden.[111] Die Möglichkeit der spielerischen Identifikation, die zu einer kritischen Distanz zur eigenen Rolle und damit zur Fremderfahrung befähigt, droht, vor allem bei der Lektüre sogenannter Trivialliteratur bzw. propagandistischer Texte, zu einer naiven Identifikation zu verkommen.[112] Doch entgegen der breiten Kritik an der Erbaulichkeit literarischer Texte setzt Jauß zu einer Rehabilitation derselben an.[113] Das Mitfühlen des Lesers mit dem Helden wird nicht als einseitige Verschmelzung des Ich mit dem Gegenüber verstanden, vielmehr als »Hin-und-Her-Bewegung einer reziproken Spiegelung«[114]. Gerade religiöse Texte fordern zur imitatio auf und bedienen sich literarischer Gattungen wie des Exemplum, das von »der ästhetischen Evidenz des Anschaulichen«[115] lebt. Entsprechend dient die ästhetische Einstellung der Vermittlung sozialer Normen und Vorbilder. Ästhetische und moralische Identifikation verbinden sich dabei.[116] Das Exemplarische will zu keiner bestimmten Nachahmung zwingen. Der Einzelne findet so zum »Selbstgenuß im Fremdgenuß«.[117] An der Katharsis manifestiert sich die aktive Rolle des Rezipienten bei der Realisation des Werkes. Beim Lesen fiktionaler Texte überschreiten wir unseren eigenen Erfahrungsbereich und öffnen uns darin für fremde Rollen.[118] Gegenüber der Diskussion um die avantgardistische Kunst, die die normbrechende Funktion betonte, will Jauß zeigen, daß Werken auch eine normbildende Funktion zukommen kann, ohne ideologische Züge zu tragen. Dabei unterscheidet er »zwischen [...] *normfolgendem* Begreifen am Beispiel und mechanischem, unfreiem und somit *normerfüllendem* Befolgen der Regel«[119]. Entsprechend gilt es, so seine abschließende These in der Apologie der ästhetischen Erfahrung, die konstitutive Negativität des Kunstwerks mit der Identifikation, d.h. der normbildenden Funktion, als

---

[111] »Dann benennt *Katharsis* die ästhetische Grunderfahrung, daß der Betrachter in der Aufnahme von Kunst aus seiner Befangenheit in Interessen des praktischen Lebensvollzugs heraus und über das ästhetische Vergnügen für kommunikative oder handlungsorientierende Identifikation freigesetzt werden kann« (Jauß, Apologie, 15; vgl. ders., Ästhetische Erfahrung, 88.165ff).
[112] Vgl. Jauß, Ästhetische Erfahrung, 37.
[113] »*Aedificatio* meint ursprünglich die Zurüstung für die Nachfolge Christi, die gerade nicht durch die Rückwendung auf die subjektive Innerlichkeit, sondern durch eine Entpersönlichung zu leisten war« (Jauß, Ästhetische Erfahrung, 173).
[114] Jauß, Ästhetische Erfahrung, 178.
[115] Jauß, Ästhetische Erfahrung, 186.
[116] Vgl. Jauß, Ästhetische Erfahrung, 172.190: »Ästhetische Identifikation ist darum nicht gleichbedeutend mit der passiven Übernahme eines idealisierten Verhaltensmusters« (167).
[117] Jauß, Ästhetische Erfahrung, 84.166. u.ö.
[118] Jauß, Partialität, 393.
[119] Jauß, Apologie, 42.

ihrem rezeptionsästhetischen Gegenbegriff zu vermitteln.[120] Dies wird im nächsten Schritt nachgezeichnet werden.

5. Rezeptionsästhetische Interaktionsmuster der Identifikation

Anhand der Identifikation des Betrachters mit dem literarischen ›Helden‹ entfaltet Jauß die kommunikative Funktion der ästhetischen Erfahrung. Identifikation, die sich in Bewunderung, Erschütterung, Rührung, Mitweinen oder Mitlachen vollzieht, setzt die gesellschaftliche Funktion ästhetischer Erfahrung frei. Die ästhetische Identifikation eröffnet dem Rezipienten einen Spielraum menschlicher Handlungsmöglichkeiten.[121] Jauß unterscheidet in Aufnahme aristotelischer Kategorien – nicht ohne anachronistische Sprünge – fünf Ebenen ästhetischer Identifikation: die assoziative, die admirative, die kathartische, die sympathetische und die ironische, wobei die verschiedenen Ebenen keineswegs als hierarchische Stufenfolge zu denken sind und sich auch nicht gegenseitig ausschließen.[122]

Mit assoziativer Identifikation wird die »Übernahme einer Rolle in der geschlossenen imaginären Welt einer Spielhandlung«[123] bzw. im Kult bezeichnet. Sie hebt die Gegenüberstellung von Akteuren und Zuschauern auf. Die admirative Identifikation ist gekennzeichnet durch die bewundernde Haltung, die zur unfreien Nachahmung wie zum freien Nacheifern führen kann.[124] In der kathartischen Identifikation geschieht durch die starke emotionale Teilnahme des Rezipienten eine Befreiung seines Gemüts.[125] Dies versetzt den Rezipienten in die Lage freier moralischer Praxis.[126] »Unter sympathetischer Identifikation soll der ästhetische Affekt des Sich-Einfühlens in das fremde Ich verstanden werden, der die bewundernde Distanz aufhebt und [...] zur Solidarisierung mit den leidenden Helden führen kann«[127]. Mit ironischer Identifikation wird schließlich die Verweigerung bzw. die Ironisierung einer erwartbaren Identifikation bezeichnet. Der Rezipient wird dadurch zur kritischen Reflexion über den dargestellten Gegenstand veranlaßt.[128]

In dem Plädoyer für eine Rehabilitierung der ästhetischen Erfahrung liegt die Stärke des Ansatzes von Jauß. Sein Ansatz ermöglicht die Di-

---

[120] Vgl. Jauß, Apologie, 51.
[121] Vgl. Jauß, Apologie, 39f.
[122] Vgl. Jauß, Apologie, 43–46.
[123] Jauß, Ästhetische Erfahrung, 260.
[124] Vgl. Jauß, Ästhetische Erfahrung, 264–270.
[125] Vgl. Jauß, Ästhetische Erfahrung, 277.
[126] Insgesamt betrachtet soll die ästhetische Identifikation zur Tatbereitschaft anleiten (vgl. Jauß, Ästhetische Erfahrung, 244.254).
[127] Jauß, Ästhetische Erfahrung, 271.
[128] Vgl. Jauß, Ästhetische Erfahrung, 253.283–292.

chotomie von ästhetischer und historischer Erfahrung zu überwinden, indem er beim Lesen literarischer Texte zwischen diesen beiden Dimensionen menschlicher Erfahrung vermittelt. Stanley Fishs Interesse, dessen Lesermodell im nächsten Paragraphen expliziert wird, gilt ebenfalls der Erfassung des gesellschaftlichen, historischen, kulturellen und psychologischen Kontextes des Lesers, wenn auch mit ganz anderer Akzentsetzung.

§ 3 Stanley Fish

1. Der Text als Ereignis

»Literatur im Leser«[129], 1970 anläßlich eines Symposiums zur Literaturgeschichte verfaßt, läßt sich als erster programmatischer Artikel von Stanley Fish verstehen. Er versucht darin, eine neue Literaturtheorie zu entwickeln. In Abgrenzung gegen die Anhänger des New Criticism formuliert er: Der Text »ist kein Objekt mehr, kein Ding-an-sich, sondern ein Ereignis« (198). Er ist nicht länger eine in sich geschlossene Größe, und ihm ist auch kein festgelegter Sinn inhärent. Die alte Frage »Was bedeutet dieser Satz?« will Fish durch die Frage »Was tut dieser Satz?« ablösen (198)[130]. Die »Anwendung verlangt eine *Analyse der sich an den zeitlich aufeinanderfolgenden Wörtern entwickelnden Reaktionen des Lesers*« (200). Die Wortfolge ist daher elementar entscheidend für den zeitlichen Fluß des Lesens. Das Interesse richtet sich an der Wirkung einzelner Wörter und Sätze aus, und der Interpret ist nicht auf der Suche nach einer dem Text inhärenten Bedeutung[131], die erst nach Abschluß der Lektüre gefunden werden kann.

Fishs Argumentation trägt in sich widersprüchliche Züge. Während er deutlich macht, daß die vielerorts beschworene Objektivität des Textes eine trügerische Illusion ist (210), sind vor allem seine frühen Ausführungen in »Literatur im Leser« stark textorientiert. Im Rückblick konzediert Fish, daß er in seiner Argumentation noch zu sehr von der seiner Gegner beeinflußt war.[132] Auch bei ihm bestimmt in seinen Anfängen der Text in entscheidendem Maße die Aktivität des Lesers, so daß Fish indirekt die Integrität und Objektivität des Textes restituiert, die er gerade negieren wollte.

»Interpreting the *Variorum*«[133] markiert den Wendepunkt. Text und Leser werden nicht länger als zwei voneinander unabhängige Entitäten betrachtet, vielmehr fallen sie in eins. Diese Entwicklung ist in seiner frühen Formulierung, daß der Text ein Ereignis ist, »etwas, das geschieht, und zwar mit Beteiligung des Lesers«, bereits angelegt (198).

---

[129] Fish, Literature in the Reader; Auszüge in deutsch: Literatur im Leser. Affektive Stilistik (Seitenangaben der deutschen Fassung im folgenden Paragraphen im Text).
[130] Vgl. die ähnliche Formulierung Isers, Der Akt des Lesens, 41: »Daraus folgt, daß man die alte Frage, was dieses Gedicht [...] bedeutet, durch die Frage ersetzen muß, was dem Leser geschieht, wenn er fiktionale Texte durch die Lektüre zum Leben erweckt«.
[131] Vgl. Fish, Literature in the Reader, 161.
[132] Vgl. Fish, Introduction, 7f.
[133] Erstabdruck in: Critical Inquiry 1976; wiederabgedruckt in: Fish, Is There a Text in This Class, 147–173 (zitiert nach der letzten Fassung).

§ 3 Stanley Fish

Der Text wird dabei nicht als statische Größe gedacht, die die Intention des Autors sowie die Erfahrung des Lesers in sich birgt[134], wie ihm von seinen Kritikern vorgehalten wird. Den formalen Strukturen kommt keine Realität zu, sie existieren nicht unabhängig vom Leser.[135] Prägnant formuliert Fish: »Die Reaktion des Lesers geschieht nicht *auf* die Bedeutung *hin*, sie *ist* die Bedeutung«.[136]
So gewinnt die anekdotisch überlieferte Frage einer Studentin »Is there a text in this class?« (Gibt es einen Text im Kurs?) programmatischen Charakter. Ein Kollege von Fish antwortete auf diese zu Semesteranfang an ihn gestellte Frage mit »Ja« und dem Verweis auf die Textsammlung, die behandelt werden sollte. Die Studentin, eine ›Fishianerin‹, wollte ihre Frage jedoch ganz im Sinne Fishs verstanden wissen, ob der Professor die Prämisse teile, daß der Text eine objektive Größe darstelle. Für eine Anhängerin von Fishs Lesemodell gibt es keinen Text, der im Kurs behandelt wird, sondern nur die Interpretationen der Seminarteilnehmer. Entsprechend führt Fish anhand dieser Frage in seinem gleichnamigen Artikel »Is there a Text in this Class?« aus, wie unser Verstehen nicht nur durch die Situation, sondern auch durch unseren jeweils eigenen Verstehenshorizont bestimmt ist. Obgleich die Geschichte deutlich macht, daß es mindestens zwei wörtliche Bedeutungen einer Aussage geben kann, hat jede Aussage, nur insofern sie kontextlos ist, eine unbestimmte Anzahl von Bedeutungen.[137]

2. Der informierte Leser und seine Interpretationsgemeinschaft

Fish bindet Text und Leser eng zusammen. In seinem »frühen Manifest«[138] will er eine Methode der Textanalyse skizzieren, »die den Leser als aktive Vermittlungsinstanz voll miteinbeziehen« (196). Bereits dort wurde der schulbildende Begriff des informierten Lesers (informed reader) geprägt.[139]
Fish plädiert für ein sogenanntes Kompetenzmodell, dessen informierter Leser sich durch dreierlei auszeichnet: Er ist (1.) »ein kompetenter Spre-

---

[134] Vgl. Fish, Interpreting the *Variorum*, 162.
[135] Vgl. Fish, Interpreting the *Variorum*, 165: »This, then, is my thesis: that the form of the reader's experience, formal units, and the structure of intention are one, that they come into view simultaneously«.
[136] Fish, Introduction, 3: »The reader's response is not *to* the meaning, it *is* the meaning« (Übersetzung der Verfasserin).
[137] Vgl. Fish, Is There a Text in This Class, 306f.
[138] So (»early manifesto«) die Bezeichnung durch Fish selbst in der Einleitung zu »Literature in the Reader«, wiederabgedruckt in: Is There a Text in This Class?, 21–67, 21.
[139] Auffällig ist, daß das Leserkonzept vieler Exegeten mit den Vorstellungen Fishs eines ideal informierten Leser konvergiert.

cher der Sprache [...], aus der der Text aufgebaut ist«, er verfügt (2.) über semantische so wie (3.) über literarische Kompetenz (215).
Fish selbst schreibt seinem Modell des »informed reader« didaktische Funktion zu.[140] Der Leser erkennt, daß er bereits unter Gebrauch seines Wissens den Text gelesen hat. Er strebt deshalb danach, sich in dieser Fähigkeit weiter selbst zu perfektionieren.[141] Der informierte Leser, »ein wirklicher Leser«, »ich selbst«, wie Fish explizierend in Klammern hinzufügt, »der alles in seiner Macht Stehende tut, um sich zu informieren« (216), wird den politischen, kulturellen und literarischen Hintergrund des Textes in sein Leseerlebnis einbeziehen und gleichzeitig die durch die gegenwärtige Situation bedingten Reaktionen unterdrücken. Fish selbst bezeichnet seinen Leser als eine »Kreuzung« zwischen einem abstrakten und einem tatsächlich lebenden Leser (216). Der informierte Leser Fishs ließe sich daher als ein idealer Leser, der nach Perfektion strebt, bezeichnen.
Für Fish ist es deshalb nur konsequent, daß zeitlich und räumlich gebundene Vorstellungen ›Außenstehenden‹ unzugänglich bleiben können (217). Dies ist umso verständlicher, da er nicht an einer universalen Ästhetik festhält.
Wenn man die Erläuterungen zu seinem Modell des informierten Lesers mit seiner Betonung der Interpretationsgemeinschaft in den späteren Schriften kontrastiert, wird die radikale Wende Fishs offensichtlich. Sollte sich der informierte Leser ganz auf den Entstehungskontext des Textes konzentrieren, so wird in seinen späteren Schriften der gegenwärtige Kontext des Lesers und der seiner Interpretationsgemeinschaft immer wichtiger. Sein Blickwinkel verlagert sich damit vom gesellschaftlichen und literarischen Hintergrund des Textes hin zum Kontext des Lesers, d.h. seiner Interpretationsgemeinschaft. Denn diese bestimmt in einem hohen Maße die Leserichtung.
Auch Fishs Leser, der im Unterschied zu Isers Ausrichtung am individuellem Leseakt, innerhalb einer Interpretationsgemeinschaft verankert ist, geriet unter Kritik. Den Vorwurf, daß er durch seine Bezugnahme auf die Interpretationsgemeinschaft der Beliebigkeit Tor und Tür öffne, wendet er gegen seine Gegner. Eine relativistische Position läßt sich zwar propagieren, eine solche einzunehmen ist allerdings unmöglich.[142] Die Ver-

---

[140] Fish spricht in Literature in the Reader, 161 von einer »teaching method«. Diese pädagogische Funktion gesteht Fish auch rückblickend seiner Methode weiterhin zu (das einzige, was der Kritik standhält). Isers Charakterisierung des Modells von Fish als »Lernkonzept« geht in dieselbe Richtung (Der Akt des Lesens, 60).
[141] Vgl. Fish, Literature in the Reader, 160f: It »is a method which processes its own user. [...] It is self-sharpening and what it sharpens is *you*«.
[142] Vgl. Fish, Is There a Text in This Class, 319: »No one can be relativist, because no one can achieve the distance from his own beliefs«.

§ 3 Stanley Fish

stehensstrukturen des einzelnen sind dabei nicht solipsistisch, vielmehr sind sie gemeinschaftsbezogen und entsprechen den herrschenden Normen und Konventionen der Interpretationsgemeinschaft des Lesers.[143] Auch die Klassifizierung einer Interpretation mit ›richtig‹ und ›falsch‹ ist letztlich nur als kontextuell gebundene Rede sinnvoll und erhält gerade durch die Rückbindung an die Gemeinschaft ihre Überzeugungskraft.[144] Seine Formulierungen lassen deutlich werden, daß er eine Überwindung der Alternative subjektiv-objektiv anstrebt;[145] ein Ziel, das er mit Iser teilt. Seit den frühen Achtzigern entfaltet Fish diesen Gedanken, daß Lesen immer situationsgebunden ist, weiter. Unterschiedliche Leser können auf denselben Text gleich reagieren, weil sie einer gemeinsamen Interpretationsgemeinschaft angehören. Entscheidend für unser Leseverhalten sind die Interpretationsstrategien (»interpretive strategies«).[146] Sie bilden die Gestalt unseres Lesens und wehren eine Lesewillkür ab. Die Tatsache, daß dem Leser und seiner Interpretationsgemeinschaft eine konstitutive Rolle zukommt, ist für Fish in keiner Weise negativ konnotiert und führt, wie er plausibel macht, keineswegs zu einer relativistischen Position. Auf heuristischer Ebene zeigt Fish Wege auf, die aus der Sackgasse der Subjektivismus-Objektivismus-Debatte herausführen, die in § 7 bei der Skizzierung der Vermittlungsmodelle wieder aufgegriffen wird.

---

[143] Fish, Is There a Text in This Class, 321 und ders., Interview, 11.
[144] Vgl. die einleitende Notiz von Fish zu Interpreting »Interpreting the *Variorum*«, 174.
[145] Vgl. Fish, Interpreting »Interpreting the *Variorum*«, 178f: »It is at once objective, in the sense that it is the result of an agreement, and subjective, in the sense that only those who are party to that agreement [...] will be able to recognize it«.
[146] »Interpretive communities are made up of those who share interpretive strategies« (Fish, Interpreting the *Variorum*, 171).

§ 4 Systematisierung der Leserkonzeptionen

Bereits die drei dargestellten Leserkonzeptionen zeigen die Aporien der scheinbar univoken Rede von *dem* Leser auf. Diese Pluralität an Leserkonzeptionen macht eine Systematisierung notwendig. Vor der Bestandsaufnahme der Rezeption der Leserkonzeptionen in der alttestamentlichen Exegese soll daher eine Klärung der Begrifflichkeit vorgenommen werden. Die folgenden Unterpunkte wollen zugleich Wegmarken für eine Hermeneutik lese(r)orientierter Ansätze sein.

1. Empirischer Leser und Lesermodell

Grundsätzlich läßt sich bei leserorientierten Ansätzen zwischen der Ausrichtung an einem empirischen Leser und der an einem bestimmten Lesermodell unterscheiden. Mit dem Begriff des realen bzw. empirischen Lesers wird ein breites Spektrum von Leserinnen und Lesern erfaßt, das vom ursprünglichen, ersten Leser über die unterschiedlichen Leser in der Geschichte bis hin zu dem gegenwärtigen reicht. Steht bei Jauß der empirische Leser in seiner Geschichtlichkeit im Vordergrund, stellen der vom Autor in den Text eingeschriebene Leser und der informierte Leser idealisierte Leserkonzeptionen dar, wobei Fish selbst seinen Leser als eine »Kreuzung« zwischen einem Modell-Leser und einem empirischen Leser begreift.[147] Iser versteht seinen impliziten Leser, ähnlich wie Eco seinen Lector in fabula, als ein heuristisches Modell.

Der vom Werk implizierte Erwartungshorizont und der gesellschaftliche außerliterarische Kontext entsprechen den beiden Eckpunkten des Verstehens, zwischen denen der jeweilige konkrete Lesevorgang oszilliert. Im innerliterarischen Erwartungshorizont ist der Aktcharakter des Lesens vorweggenommen, im außerliterarischen Kontext des Lesers wird demgegenüber die geschichtliche Dimension des Lesens manifest.

2. Leser und Kritiker

Die Unterscheidung zwischen Leser und Kritiker geht davon aus, daß der Kritiker sich durch Distanz zum Text auszeichne und damit durch Objektivität, während der Leser gerade versuche, diese aufzuheben.[148] Der Kritiker beherrsche den Text und die verschiedenen Lesarten[149]. Die

---

[147] Davon sind psychologische Leserkonzepte zu unterscheiden (vgl. Holland, The Dynamics of Literary Response). Riffaterres Archileser (average reader) erfaßt die Summe der empirisch nachweisbaren Leserreaktionen (vgl. ders., Kriterien für die Stilanalyse).
[148] Vgl. Fowler, Who is »the Reader«.
[149] Fowler, Who is »the Reader«?, 9 spricht von »per-versions«.

§ 4 Systematisierung der Leserkonzeptionen 33

Polarisierung zwischen dem Kritiker und dem Leser mag plausibel erscheinen, sie droht jedoch implizit, die Vorurteile gegenüber einem leserorientierten Ansatz zu perpetuieren und das Schema, daß sich Subjektivität und Objektivität im Auslegeprozeß diametral entgegenstehen, zu zementieren.[150] Selbst wenn konzediert wird, daß mit dem Leser und dem Kritiker zwei idealisierte Pole skizziert sind, die es in Reinform nicht gibt und die auch nicht anzustreben sind.[151] Kommt dem Leser zumeist das zeitliche Primat zu, so dominiert letztlich doch der Kritiker und damit die postulierte objektive Distanz des Kritikers zum Text. Im reflexiven Umgang mit dem Text wird dem Kritiker bewußt, was der Text mit ihm beim Lesen gemacht hat.

Eine vergleichende Betrachtung der Modelle von Iser, Fish und Jauß ergibt, daß alle drei Strukturen der Selbstkritik enthalten. In der Leseakttheorie von Iser ist der Text die Kontrollinstanz, da er die Erfahrungen des Lesers strukturiert und durchbricht. Wird in Fishs frühen Schriften dem Text selbst eine kontrollierende und lenkende Funktion beim Lesen zugeschrieben, so gewinnen seit den Achtzigern der Leser und die jeweilige Interpretationsgemeinschaft an Bedeutung. Jauß schließlich versucht, ästhetische Erfahrung mit historischer zu vereinen, und kommt damit dem Modell eines kritisch reflektierten Leser nahe.

3. Autor und Leser

Wayne C. Booth hat mit seiner Rede vom implizierten Autor (implied author)[152] bzw. vom implizierten Leser (implied reader) die Klassifizierung der Lesermodelle nachhaltig geprägt. In seinem Klassiker »The

---

[150] Im Sinne dieser Argumentationsstruktur erfährt auch der betende Leser gegenüber dem sogenannten historisch-kritischen Leser eine Abwertung.
[151] Fowler, Who is »the Reader«?, 9f. Für Fowler enthält Fishs Entwicklung die beiden Extrempositionen, die ein leserzentriertes Modell in sich vereinen sollte: die Struktur des Textes und den Leser. Entsprechend plädiert er für einen kritischen Leser. Seine Bemerkung, daß ein Kritiker sich immer bereits Konventionen einer Interpretationsgemeinschaft verpflichtet weiß, gilt so aber auch für die Leser und dient daher nicht als Differenzkriterium, zumal sein Rekurs auf Fish an dieser Stelle verwirrend ist, da dieser gerade beschreiben will, was beim sukzessiven Lesen passiert und dies von etwaiger späterer Kritik abhebt (vgl. Fish, Literature in the Reader, 147f).
[152] Um die beiden Lesermodelle von Booth und von Iser zumindest im Deutschen begrifflich voneinander zu unterscheiden, erscheint es sinnvoll, den »implied author/reader« Booths mit »implizierter Autor/Leser« wiederzugeben. Denn der vom Autor im Text implizierte Leser (implied reader/Booth), dem der empirische Leser zu entsprechen hat, unterscheidet sich fundamental von dem impliziten Leser (Iser), der im Interaktionsspiel zwischen Text und Leser zur Konkretisation kommt.

Rhetoric of Fiction«[153] entwickelt er, ausgehend von dem Postulat der Objektivität des Autors, den Gedanken des implizierten Autors. Der Autor schafft im Schreiben ein zweites »Ich« (second self), den implizierten Autor, der nochmals vom Erzähler (narrator) bzw. vom Ich der Erzählung abzuheben ist.[154] Der implizierte Autor fungiert als Strukturierungsprinzip für den Leser.[155] Dieser im Text vom Autor implizierte Leser ist von einem fiktiven bzw. expliziten Leser (narratee) zu unterscheiden. Dem fiktiven Leser entspricht häufig nur eine vorgezeichnete Leserrolle, wobei der implizierte Leser mit dem implizierten Autor korreliert. Lesen gelingt dann, wenn beide zur Deckung kommen.[156] Aufgabe des realen Lesers ist es, sich möglichst vollständig mit den Überzeugungen des implizierten Lesers zu identifizieren.

Anläßlich eines schriftlichen Interviews in Diacritics, in dem Booth die Möglichkeit hatte, Iser Fragen zu stellen, hat Booth eingestanden, daß sein Konzept des implizierten Autors respektive Lesers zu eng gefaßt sei: Als ob es nur um eine glaubwürdige und vollkommene Übernahme der vorgezeichneten Rolle durch den Leser gehe.[157] Iser stimmt mit ihm darin überein, daß der fiktive Leser von dem impliziten Leser abzuheben ist.[158] Gleichzeitig betont Iser, daß er im Gegensatz zu Booth, der an der personalen Rede von Autor und Leser festhalte, den impliziten Leser als ein heuristisches Konzept verstanden wissen will.[159] Doch auch der implizierte Leser (Booth) ist nicht vom aktiven Rezipienten aus gedacht, er bezeichnet vielmehr eine vom Autor vorgegebene Rolle, die es auszufüllen gilt. Der implizierte Leser bleibt bei Booth einer produktionsästhetischen Leserkonzeption verpflichtet, im Unterschied etwa zu Iser, dessen impliziter Leser ohne eine Autorintention zu denken ist.

In der Diskussion wird der implizite Leser Isers vielfach als idealer Leser mißverstanden und damit auf einen vom Autor intendierten Leser reduziert. Der intendierte Leser wiederum kann, muß aber nicht zwangsläufig mit dem abstrakten oder dem realen Leser konvergieren. Vorausgesetzt, ein Leser könnte die vom Autor intendierte Bedeutung des Textes genau erfassen, hieße das nicht, daß diese Leseweise die einzig Richtige ist. Weder sind Autoren ideale Leser ihrer eigenen Texte, noch

---

[153] Booth, The Rhetoric of Fiction.
[154] Vgl. Booth, The Rhetoric of Fiction, 73.156f.
[155] Vgl. Booth, The Rhetoric of Fiction, 74.
[156] Vgl. Booth, The Rhetoric of Fiction, 138: »The author creates, in short, an image of himself and another image of his reader; he makes his reader, as he makes his second self, and the most successful reading is one in which the created selves, author and reader, can find complete agreement«.
[157] Vgl. Booth, Interview, 68 und die Kritik bei Iser, Der Akt des Lesens, 64 an seinem Konzept.
[158] Vgl. Booth, Interview, 70.
[159] Vgl. Booth, Interview, 68.71.

erklärt ein solches Modell eine Rezeption, die nicht mit dem intendierten Leser kompatibel ist. Der ideale Leser erweist sich damit als Konstrukt der Kritiker. Der im Text implizite Leser, der im Interaktionsspiel zwischen Text und Leser zur Konkretisation kommt (Iser), wird durch das Konzept von Booth nicht erfaßt. Die Ausrichtung an dem vom Autor intendierten Leser gesteht letztlich den empirischen Leserinnen und Lesern keine kreative Rolle bzw. aktive Rezeptionsleistung zu, vielmehr soll der Leser bestrebt sein, seinen eigenen Standpunkt und seine kontextuelle Verhaftung zu vergessen. Während es in Booths Modell um größtmögliche Konvergenz des Lesers mit dem Autor geht, die der reale Leser zu verwirklichen hat, trägt Isers Modell des impliziten Lesers der Polysemie[160] des Textes bzw. der jeweiligen Lesevorgänge Rechnung.

4. Autorin und Leserin

Gemeinsam ist den unterschiedlichen Vertretern eines lese(r)orientierten Ansatzes die fehlende Reflexion über die Leserin. Obgleich der innerwie außerliterarische Erwartungshorizont unter anderem auch durch die Geschlechtsidentität bestimmt ist, kommt dieser Frage in den dargestellten Lesermodellen keine Bedeutung zu. Die univoke Rede von dem Leser bzw. den Lesern gibt vielmehr den Anschein, geschlechtsunspezifisch zu sein. Doch wird dabei vielfach die Perspektive der Leserin unter der des Lesers subsumiert. Beansprucht die traditionelle Hermeneutik und in ihrem Gefolge auch die historisch-kritische Exegese Objektivität für sich, so verdrängt sie dabei, daß der jeweilige Standpunkt des Interpreten durch die Zugehörigkeit zu einem bestimmten Geschlecht bzw. einem spezifischen Kontext geprägt ist. Ihre androzentrische Sichtweise wollen die Ausleger als eine allgemein menschliche verstanden wissen. Eine feministische Lektüre verschweigt demgegenüber nicht die heuristische Grundannahme, daß sich alles Verstehen im Einnehmen eines Standpunktes vollzieht.[161]

Die Frage nach den Autorinnen respektive nach den Leserinnen gestaltet sich vor allem im Blick auf Textcorpora wie den der Hebräischen Bibel als schwierig, gerade aufgrund der wenigen Informationen über den Entstehungszusammenhang der Texte. Innerhalb der feministischen Diskussion wurde im letzten Vierteljahrhundert ein methodisches Instrumentarium zur Klärung der Frage nach der Leserin bzw. Autorin entwickelt. Feministische Theologinnen der ersten Generation bedienten sich häufig einer Kontrastierung des sogenannten Weiblichen mit dem Männlichen

---

[160] Vgl. Croatto, Die Bibel gehört den Armen, 30f.38f.62.
[161] Vgl. Schüssler Fiorenza, Zu ihrem Gedächtnis, 20.

und reproduzierten so herrschende patriarchale Bilder von der Frauenrolle, indem sie etwa Texte über Frauen mit Erfahrungen von Frauen gleichsetzten. Ausgelöst durch dekonstruktivistische Positionen setzte eine Kritik an dem Modell des typisch bzw. ewig Weiblichen ein. Entsprechend erschöpft sich die Suche nach der Leserin nicht in der Feststellung des Geschlechts, vielmehr gilt es, die kulturelle Determiniertheit der Geschlechterrollen zu erkennen. Um allerdings in einem von männlichen Autoren und Lesern dominierten Diskurs nicht zum Schweigen verurteilt zu sein, ist es sinnvoll, von der Geschlechtsidentität von Frauen zu sprechen und sich um die Rekonstruktion von Frauenerfahrungen zu bemühen.

Anstelle einer in gewissem Grade spekulativen Annahme weiblicher Autorinnenschaft im Blick auf die Hebräische Bibel sprechen Athalya Brenner und Fokklien van Dijk-Hemmes deshalb von weiblichen Stimmen (*female voices*), die möglicherweise auch durch einen von Männern tradierten Text hörbar werden.[162] Davon sind nochmals die männlichen Stimmen (*male voices*) zu unterscheiden. Eine *Hermeneutik des Verdachts* (Juan Louis Segundo) muß dem Phänomen Rechnung tragen, daß Frauen von der sie umgebenden patriarchalen Kultur geprägt sind und in »double-voice« sprechen.[163] Ihre eigenen Stimmen werden dabei von der übernommenen androzentrischen Sichtweise übertönt. *Female/male voices* sind keineswegs biologische Klassifizierungen, wie der Titel der richtungsweisenden Monographie der beiden Exegetinnen »On Gendering Texts« deutlich macht. Bereits zu Beginn der Achtziger Jahre betonte Elisabeth Schüssler Fiorenza, daß eine feministische Heuristik sich nicht an biologischen Konzepten von Frauen zu orientieren hat, sind es doch die sozialen und familiären Umstände, die Frauen in eine untergeordnete Rolle abdrängen.[164]

Die Rückfrage nach einer Autorin bzw. ersten Leserin im inner- wie außerliterarischen Erwartungshorizont des Textes ist eingebunden in das größere Projekt der Rekonstruktion des Beitrags von Frauen in der Geschichte. Die im innerliterarischen Code verankerten Identifikationspotentiale eröffnen oder verschließen der gegenwärtigen Leserin den Rezeptionsprozeß. Beiden Versuchen gemeinsam ist das Ziel, die Erfahrungen von Frauen, die zum Schweigen gebracht wurden, wieder zu Wort kommen zu lassen.[165]

---

[162] Vgl. Brenner / van Dijk-Hemmes, On Gendering Texts.
[163] Van Dijk-Hemmes, On Gendering Texts, 27 u.ö. greift hier einen Begriff von Elaine Showalter auf.
[164] Vgl. Schüssler Fiorenza, Zu ihrem Gedächtnis, 127f.
[165] Im Rückgriff auf Showalter spricht van Dijk-Hemmes, On Gendering Texts, 26f in diesem Zusammenhang von »muted voices«.

B. Rezeptionsästhetik und Exegese

§ 5 Eine Hermeneutik des Bibellesens

1. Bibellesen als schöpferischer Akt

Innerhalb der Exegese, der Systematischen[1] und der Praktischen[2] Theologie bemühen sich Theologen um eine Hermeneutik des Bibellesens und greifen dabei unter anderem auch auf die Rezeptionsästhetik bzw. den Reader-Oriented Criticism zurück. Betont wird, daß der Akt des Lesens sich als freier ästhetischer Prozeß zwischen Text und Leser realisiert. Dies geht einher mit einem Plädoyer für einen kreativen und produktiven Umgang des Lesers mit den biblischen Geschichten.[3] Der Sinn wird nicht länger als ein statischer Kern gedacht, »den wir im Anschluß an die Lektüre herstellen«, sondern als ein Bedeutungsgehalt, den wir »während der Lektüre mit aufbauen«[4]. Der Rekurs auf den Begriff der praktischen Exegese führt nochmals das klassische Vorurteil gegenüber leserorientierten Ansätzen vor Augen, daß die wissenschaftliche Exegese der praktischen und letztlich subjektivistischen Auslegung vorgeordnet sei.[5] Damit wird erneut eine Aufgabentrennung festgeschrieben: Die historisch-kritische Exegese sei durch Objektivität gekennzeichnet und die praktische Auslegung, etwa in der Predigt, durch die Subjektivität. Die Argumente erinnern an die Unterscheidung zwischen Kritiker und Leser.

---

[1] Vgl. McKnight, Postmodern Use of the Bible, und Jeanrond, Text und Interpretation als Kategorien theologischen Denkens.

[2] Vgl. Baldermann, der in seiner »Einführung in die Biblische Didaktik«, ausgehend von den Psalmen, generell für einen ästhetischen Umgang mit den biblischen Texten plädiert. »Der Text ist in diesem Lernprozeß nicht Objekt meiner Didaktik, sondern selbst ein didaktisches Subjekt« (ders., Einführung in die Biblische Didaktik, 3). Anders als Baldermann, der die historische Erfahrung für den didaktischen Aneignungsprozeß biblischer Texte als einen unsinnigen Umweg bzw. Irrweg betrachtet (vgl. ders., Wer hört mein Weinen?, 11 und ders., Einführung in die Biblische Didaktik, 24f), versuche ich, die Komplementarität der beiden Zugangsweisen aufzuzeigen.

[3] Vgl. Volp, Die Kunst, heute die Bibel zu lesen; Schröer, Bibelauslegung durch Bibelgebrauch, spricht von der Bibel als einem Gebrauchsbuch, ohne sie allerdings als Rezeptbuch mißbrauchen zu wollen (506).

[4] Jeanrond, Text und Interpretation, 83.

[5] »Kennzeichnend ist also ein Zwei-Phasen-Modell einer Bewegung von der Auslegung zur Anwendung zwischen Geschichte und Gegenwart mit der Spannung von objektiver Wissenschaft und subjektiver Aneignung« (Schröer, Bibelauslegung durch Bibelgebrauch, 502). Schmidt, Einsichten und Aufgaben alttestamentlicher Theologie, unterscheidet zwischen Exegese und praktischer Auslegung (62).

An der Erzählung von Jakobs Kampf am Jabbok (Ex 32) zeigt Helmut Utzschneider auf, daß biblische Texte aufgrund ihrer Textstruktur uneindeutig sind.[6] Gemeinsam sei den Auslegungsversuchen unterschiedlicher Art wie der jüdischen Auslegung in der Spätantike und der historisch-kritischen Methode in diesem Jahrhundert, daß sie jeweils bestrebt sind, Unbestimmtheitsstellen zu vereindeutigen. Die Eindeutigkeit ist begrenzt und bestimmt durch die »Erfassung des Kontextes, der Situation, auf die hin wir biblisch reden, genau aber auch in der Erfassung der Fragen, die die Texte in diese Kontexte hineinstellen«[7].

Thomas Nißlmüller sieht ein Defizit in der mangelnden ästhetischen und anthropologischen Bestimmung gegenwärtiger Bibelexegese.[8] Dieser Situation will er mit Hilfe der Lesetheorie Isers begegnen. Nißlmüller schließt sich der opinio communis an, daß die Wirkungsästhetik eine sinnvolle Ergänzung des klassischen Methodenkanons darstellt. Wie es allerdings zu einem wirklichen Miteinander und nicht nur zu einem additiven Neben- bzw. Nacheinander von historisch-kritischer Exegese und Wirkungsästhetik kommen kann, bleibt bei ihm noch offen.

In Abwandlung der Rede vom impliziten Leser spricht Ulrich Körtner vom inspirierten Leser.[9] Damit will er das spezifisch Theologische des Lesers zum Ausdruck zu bringen. Ähnlich wie Körtner intendiert auch Hans Ulrich Gehring eine Vermittlung zwischen dem rezeptionsästhetischen Ansatz von Jauß und dem reformatorischen Schriftprinzip.[10] Versucht Nißlmüller, das Lesen biblischer Texte unter Rekurs auf Iser als einen ästhetischen Prozeß zu verstehen und dessen Spielcharakter aufzuzeigen, so macht Gehring die Jaußsche Analyse der ästhetischen Erfahrung für die Neubestimmung des Glaubens fruchtbar. Das klassische Frage-Antwort-Schema wird dabei überwunden. Das Wort bzw. der Text ist Gabe, aber nicht schon Antwort an sich. So ist das Wort Gottes mehr als Antwort, es ist Gabe und darin unverfügbar.[11] Auf dem Hintergrund der Theologie Martin Luthers entfaltet er ein dezidiert christologisch geprägtes Verständnis des Akts des Lesens. Eine christologisch

---

[6] Vgl. Utzschneider, Das hermeneutische Problem der Uneindeutigkeit, und ders., Zur vierfachen Lektüre des Alten Testaments. Inhaltlich greift er dabei auf Isers Verständnis der Leerstellen zurück, begrifflich nimmt er Ingardens Formulierung der Unbestimmtheitsstellen auf.

[7] Utzschneider, Das hermeneutische Problem der Uneindeutigkeit, 197.

[8] Vgl. Nißlmüller, Rezeptionsästhetik und Bibellese; dazu Erbele, Rezension: Thomas Nißlmüller.

[9] Vgl. Körtner, Der inspirierte Leser, 112 und Nißlmüller, Rezeptionsästhetik und Bibellese, 133ff. Der Geist Gottes darf durch das Konzept eines durch den Heiligen Geist inspirierten Lesers allerdings nicht für die erneute Rede von einem göttlich legitimierten Sinn der Schriften instrumentalisert werden.

[10] Gehring, Schriftprinzip und Rezeptionsästhetik.

[11] Gehring, Schriftprinzip und Rezeptionsästhetik, 254.259.

§ 5 Eine Hermeneutik des Bibellesens 39

ausgerichtete Verhältnisbestimmung von Text und Leser findet sich auch bei Rainer Volp und Klaas Huizing. Volp will den Akt des Lesens parallel zur Bewegung der Inkarnation im Sinne einer Einleibung des Textes im Leser verstanden wissen.[12] Huizing schwebt eine Reinszenierung des biblischen Textes vor, die es erlaubt »die Bedeutungskraft des porträtierten Christus am eigenen Leibe zu überprüfen«[13]. Er will, ausgehend von der anthropologischen Bedeutung des Lesens – der Mensch ist ein homo legens – und im Rückgriff vor allem auf Iser, eine, wie er es nennt, »bibelliterarische Anthropologie« entwickeln.[14] Bibellesen wird zu einem schöpferischen Akt, der die Lesenden verändert. »Der Glaube aber ist ein Verstehen biblischer Texte, durch welches der Leser nicht nur in den Text gerät, um ihn zu vervollständigen, sondern durch welches er seinerseits verwandelt wird, indem er sich neu verstehen lernt«[15].

2. Der Bibelleser als idealer Leser

Eine Vielzahl von Artikeln, primär aus dem anglo-amerikanischen Bereich[16], geht der Frage nach, welche Relevanz der Reader-Oriented Criticism für die Exegese hat. Häufig setzen sich Monographien, in denen die leserorientierte Perspektive nur einen Methodenschritt von mehreren darstellt,[17] mit den Konzepten von Booth und Fish auseinander bzw. greifen auf Ergebnisse der Sprechakttheorie zurück. Die Bezugnahme auf Isers impliziten Leser beschränkt sich zumeist auf die Rezeption einzelner Aspekte seines Leseaktmodells. Auffällig ist, daß die Jaußsche rezeptionsästhetische Theorie in der anglophonen Exegese nicht rezipiert wurde. Darin spiegelt sich das mangelnde Interesse an der geschichtlichen Verankerung des Textes bzw. der Situation des Lesers.[18]
Der scheinbar univoke Rekurs auf den Leser läßt bei genauerem Hinsehen unterschiedliche, teils einander widersprechende Ansätze erkennen. Unabhängig vom jeweiligen theoretischen Referenzrahmen überwiegt die Vorstellung von einem idealen, vom Autor intendierten Leser. Ent-

---

[12] »Durch den Benutzer wird der Text zum Text. Er existiert nicht an sich, *die Schrift ist angewiesen auf die Inkarnation, die ›parole‹ im Bewußtsein des Lesers*« (Volp, Die Kunst, 299).
[13] Huizing, Das Gesicht der Schrift, 51 und ders, Homo legens, 8f.
[14] Vgl. Huizing, Das Gesicht der Schrift.
[15] Körtner, Der inspirierte Leser, 110 und 60.
[16] Vgl. die Themenhefte: Semeia 1985/1989/1996; den von Watson herausgegebenen Sammelband ›The Open Text‹ und den Forschungsbericht von Schunack, Neuere literaturkritische Interpretationsverfahren.
[17] Vgl. für das Neue Testament Culpepper, Anatomy of the Fourth Gospel, und Fowler, Let the Reader Understand.
[18] Innerhalb der deutschsprachigen Exegese ist die Situation genau umgekehrt. Dort besteht eine Präferenz für Jauß und damit für den geschichtlichen Leser.

sprechend gibt der im Text eingeschriebene Leser die Rolle für den realen Leser vor. Die idealen Leser haben denselben Code wie der Autor.[19] In den Gleichniserzählungen bzw. in den Evangelien fungiert der ideale Leser als der verständige und gläubige Leser und erinnert an das Lernkonzept Fishs bzw. den vom Autor implizierten Leser (Booth).[20] Auch wenn es schwierig ist, zu erhellen, was der Autor wirklich mitteilen wollte, sei dies keine aussichtslose Aufgabe für den idealen Leser (informed reader).[21] Damit bleiben solche Ansätze allerdings letztlich autorzentriert und den traditionellen Fragestellungen der Exegese verpflichtet.

---

[19] Vgl. Schenk, The Roles of the Readers, 58.
[20] Vgl. Vorster, The Reader in the Text, 30 »In a parable... the implied reader is a believer« und »The reader in the text is obviously a decoder of the riddle«, 31. Vgl. Culpepper, Anatomy of the Fourth Gospel, 208 »In John, the ideal narrative audience adopts the narrator's ideological point of view«.
[21] Vgl. Watson, Reception Theory and Biblical Exegesis, 55f.

§ 6 Rezeptionsästhetik und alttestamentliche Exegese

1. Autorin, Beterin und Leserin der Psalmen

Daß Frauen öffentliche Rollen im politischen und religiösen Leben Israels innehatten und, vor allem in vorexilischer Zeit, gemeinsam mit Männern am kultischen Leben Israels teilnahmen, ist Konsens.[22] Ob in einem zweiten Schritt davon ausgegangen werden kann, daß Frauen Autorinnen biblischer Texte im literarischen Sinne waren, bleibt umstritten.[23] Als klassischer Referenztext für die persönliche Gebetsfrömmigkeit von Frauen galten das Gelübde und Gebet der Hanna in 1 Sam 1–2. Die Frage nach Fragmenten von Frauengebeten in den Psalmen wird demgegenüber jedoch vielfach negativ beantwortet. So konstatiert Erhard Gerstenberger, daß spezifische Nöte von Frauen bzw. weibliche Gebetssprache im Alten Testament und nicht zuletzt in den Psalmen fehlen.[24]

Wie unterschiedlich die Beurteilung spezifischer Frauenerfahrung ist, ohne daß dabei essentialistische bzw. dualistische Geschlechterklischees perpetuiert werden, zeigen die Einschätzungen des Lobliedes der Hanna. Während vielfach in 1 Sam 2 kein Rückbezug auf die Erfahrung der Kinderlosigkeit Hannas gesehen wird[25], liest Silvia Schroer »in dem programmatischen Lobgesang auf JHWH, der die bestehenden Ordnungen umstürzt, eine theologische Deutung auf diese frauenspezifische Erfahrung«[26].

Auf uns gekommen sind zahlreiche mündliche Klage- und Siegeslieder von Frauen im Alten Testament, allerdings nicht im Psalter, so daß vermutet werden kann, daß Frauen die Rolle der öffentlichen Rezitation spezifischer poetischer Stücke zukam und sie darüber hinaus diese auch schufen.[27] Eine kritische Revaluierung dieser These nimmt Fokklien van Dijk-Hemmes in ihrem Beitrag zur Frage der literarischen Hinterlassenschaft von Frauen in der Hebräischen Bibel vor.[28] Sie fragt, ob sich in

---

[22] Vgl. Bird, The Place of Women; Schroer, Auf dem Weg zu einer feministischen Rekonstruktion, 157f.
[23] Positiv Meyers, Discovering Eve.
[24] Vgl. Gerstenberger, Weibliche Spiritualität, 352.354. Anders Miller, Things Too Wonderful, 244ff, der Ps 131 als ein Gebet einer (ge)demütig(t)en Frau versteht. Demgegenüber sieht auch Brettler, Women and Psalms, in den Psalmen nur Gebetstexte, die von Männern verfaßt wurden. Allerdings räumt er ein, daß in Analogie zu Hannas Danklied in 1 Sam 2 Frauen sich in der Rezeptionsgeschichte Psalmen angeeignet haben, die ursprünglich einen anderen Sitz im Leben hatten (43).
[25] Vgl. Gerstenberger, Weibliche Spiritualität, 352.
[26] Schroer, Auf dem Weg zu einer feministischen Rekonstruktion, 158.
[27] Vgl. Gotein, Women as Creators of Biblical Genres.
[28] Vgl. van Dijk-Hemmes, Traces of Women's Texts, 17–109.

den Liedern und Texten, die Frauen zugeschrieben werden, Stimmen von Frauen erhalten haben oder ob nicht der Überlieferungsprozeß bzw. bereits die Verschriftlichung durch Männer diese Spuren verwischt hat. Die Unterscheidung von Brenner und van Dijk-Hemmes zwischen weiblicher Autorinnenschaft und weiblichen Stimmen (female voices) greift Ulrike Bail in ihrer Dissertation »Gegen das Schweigen klagen« auf.[29] Anhand der beiden Klagepsalmen Ps 6 und 55 zeigt sie, daß in den Psalmen die spezifischen Gewalterfahrungen von Frauen zum Ausdruck gebracht werden können. Die Psalmtexte und die Erzählung der Vergewaltigung Tamars in 2 Sam 13 werden dabei im Lesevorgang miteinander verwoben. Das Interesse gilt nicht länger der Rekonstruktion einer möglichen Autorin oder ersten Beterin der Psalmen, vielmehr wird die Leserin zum hermeneutischen Schlüssel.[30] Auch wenn sich die Frage, ob Frauen in den Psalmen Subjekte der Klage sind, historisch nicht eindeutig beantworten läßt, wird anhand der Studie von Bail doch sichtbar, daß Frauen im Rezeptionsvorgang der Psalmen zu Subjekten der Klage werden können.

2. Implizite und empirische Leser des Alten Testaments

Raymond F. Persons Monographie zum Buch Jona läßt sich als exemplarische Studie zur Bedeutung der Kommunikationsstrategien in narrativen Texten lesen.[31] Er bedient sich dafür der Erkenntnisse der ›conversation analysis‹. Neben der Untersuchung der Dialogstrukturen zwischen den einzelnen Gestalten des Jonabuches bildet die Interaktion zwischen Text und Leser einen zweiten Schwerpunkt. Anhand dieser Methode vermag Person die zahlreichen Bruchstellen in den Dialogen sowie in der Erzählfolge zu verdeutlichen.[32] Der Leser wird von dem Text auf die Suche geschickt, denn die Konsistenz der Erzählung ist keineswegs schon gegeben.[33] Person verknüpft Isers Modell des impliziten Lesers mit der Sprechakttheorie. Mit Hilfe dieses Instrumentariums gelingt es ihm anhand der Textstrategien die Struktur des impliziten Lesers des Jonabuches nachzuzeichnen.[34]

Für die klassischen Fragen und Antworten der Form- und Gattungsgeschichte der Psalmen, wie etwa die Identität der Feinde, die Erhörungs-

---

[29] Bail, Gegen das Schweigen klagen.
[30] Vgl. Bail, Gegen das Schweigen klagen, 109: »Die Verknüpfungen geschehen primär im Rezeptionsvorgang, d.h. erst die Leserin setzt im Leseprozeß die Verknüpfungen«.
[31] Person, In Conversation with Jonah.
[32] Paradigmatisch für die Offenheit und Notwendigkeit der Interaktion des Lesers mit dem Text ist der Schluß des Jonabuches: Es endet mit einer Frage Gottes.
[33] Vgl. Person, In Conversation, 73.75.85.u.ö.
[34] Person, In Conversation, 112–131.

§ 6 Rezeptionsästhetik und alttestamentliche Exegese

gewißheit und der kultische Sitz im Leben, eröffnet Eberhard Bons neue Perspektiven.[35] Die Monographie stellt eine Analyse der Semantik und Syntax von Ps 31 dar und zeigt an einer Fülle von Einzelbeobachtungen auf, wodurch der Psalm für paradigmatische Aneignungen der Rettungserfahrung offen ist. Bons Reflexion der Begrifflichkeit der Lesermodelle bleibt allerdings defizitär.

In seiner Monographie zu Ps 18 »The Psalms and their Readers« richtet Donald K. Berry das Augenmerk auf den Leser der Psalmen. Er bedient sich dabei moderner literaturwissenschaftlicher Methoden (neben dem Rhetorical Criticism vor allem des Reader-Oriented Criticism)[36]. Den Schwerpunkt der Arbeit bildet die leserorientierte Analyse. Berry zieht dazu Fishs Lesemodell und die Sprechakttheorie heran. Der Rekurs auf Isers Modell des impliziten Lesers bleibt unscharf (19.118f).

Der jeweilige Kontext des Sprechakts – für die Psalmen sind dies das Ritual und die persönliche Lektüre – garantiert die Verständigung über dessen Intention (21.125.131f). Entscheidend sind daher die dem Leser eigenen Konventionen. Berry sieht eine zweifache Vermittlungsmöglichkeit zwischen dem gegenwärtigen Leser und der einstigen Rezeption des Psalms. Der Leser kann sich entweder in die Glaubenswelt des antiken Israels einfühlen (136) und darin den Psalm in ähnlicher Weise erfahren, oder aber er kann wie der Israelit im Gottesdienst an der öffentlichen Aufführung des Psalms teilhaben. Hier bleibt offen, wie sich die Rekonstruktion des ursprünglichen Kontexts zur gegenwärtigen Lektüre verhält (134–137). Berry betont den Unterschied zwischen dem ehemals öffentlichen und lauten Vortragen der Psalmen und dem gegenwärtigen zumeist individuellen und gleichzeitig stillen Lesen der Psalmen. In der Identifikation des Lesers mit dem Sprecher des Psalms vollzieht sich das Geschehen neu (117). Ihm kommt die Aufgabe zu, die unterschiedlichen Perspektiven zu vereinen.

Der Kritik Berrys an der mangelnden historischen Verankerung der leserorientierten Analyse (145f) ist die oben explizierte Unterscheidung Isers zwischen der phänomenologischen Modellebene und dem historisch realisierten Leser entgegenzuhalten.[37] Berrys Verhältnisbestimmung der einzelnen methodischen Schritte ist vage.[38] Die Kapitel lesen sich als additive Aneinanderreihung.

---

[35] Vgl. Bons, Psalm 31, v. a. 11f.142–145.159f.218–222.243–258.
[36] Vgl. Berry, The Psalms and their Readers, 10 (Seitenangaben im Text).
[37] Vor dem Hintergrund seiner Kritik ist unverständlich, weshalb Berry in seiner Studie über die Leser von Ps 18 nicht die innerbiblischen Lese- und Rezeptionsprozesse zwischen Ps 18 und 2 Sam 22 verfolgt.
[38] So betont Berry, The Psalms and their Readers, 149f bis in die letzten Seiten hinein die Inkompatibilität der einzelnen Methoden.

Insgesamt betrachtet, ist die Vermittlung zwischen den rezeptionsgeschichtlichen und -ästhetischen Urteilen noch nicht gelungen. Weder Person[39], Bons noch Berry verknüpfen hinreichend den empirischen und den impliziten Leser.

Auch dort, wo in der exegetischen Diskussion der Leser betont wird, wird vielfach eine autorzentrierte bzw. produktionsästhetische Sicht des Lesers bzw. des Textes perpetuiert. Im Unterschied dazu wird hier angestrebt, den in den Textstrukturen impliziten Leser mit den jeweils historischen Lesern zu vermitteln. Die hermeneutischen Grundprämissen dafür werden im folgenden Kapitel skizziert.

---

[39] Seine Ausführungen bieten einen Überblick über die Rezeptions- und Wirkungsgeschichte des Jonabuchs (vgl. Person, In Conversation,132–163).

§ 7 Vermittlungsmodelle

1. Sinnorientierte Hermeneutik oder lese(r)orientierte Hermeneutik

Die historisch-kritische Methode fragt nicht zuerst nach dem Leser, sondern nach dem Autor und damit nach dem Sinn,»der ursprünglichen Aussageabsicht des Textes«[40]. Im Kontrast dazu steht die lese(r)orientierte Exegese unterschiedlicher Prägung. Ihre Ablehnung der sinnorientierten Interpretation läßt sich mit der Ablösung der Frage»Was bedeutet dieser Satz?« durch die Frage»Was tut dieser Satz?« treffend wiedergeben.[41] Als pointierte Abgrenzung davon läßt sich Werner H. Schmidts Formulierung in seiner »kleine[n] Verteidigungsrede« der historisch-kritischen Exegese lesen:»Das Ethos historisch-kritischer Auslegung besteht darin, der Frage ›Was steht da?‹ Vorrang einzuräumen«[42]. Auch hier klingt die Grundüberzeugung der historisch-kritischen Methode durch, daß dem Text ein objektiv eruierbarer Sinn inhärent ist. Ziel ist es,»den Text selbst zu Wort kommen zu lassen«[43] bzw. die Aussageabsicht des Autors zu erfassen. Der Text wird isoliert und unabhängig vom Lesepublikum gesehen.[44]

Im Sinne eines rezeptionsästhetischen Ansatzes realisiert sich der Text erst beim Auslegen bzw. Lesen. Die Pluralität der Textinterpretationen entwickelt sich daher an der geschichtlichen Vielfalt der Erwartungshorizonte der Leser. Der Sinn eines Textes wird je neu in den geschichtlichen Rezeptionen entfaltet. Die Traditionsgeschichte der Bibel ließe sich entsprechend als Entfaltung des Sinnpotentials des Textes verstehen.[45]

Dem Leser ist damit in hohem Maße die Aufgabe der Konsistenzbildung anvertraut[46], wobei die Textstruktur mit ihren Zeichen und Signalen die

---

[40] Schmidt, Grenzen und Vorzüge, 472.
[41] Vgl. Fish, Literatur im Leser, 198.
[42] Schmidt, Grenzen und Vorzüge, 473.
[43] Schmidt, Grenzen und Vorzüge, 473; vgl. auch ders., Einsichten und Aufgaben, 62.
[44] Hahn konstatiert, daß »die Frage nach der ursprünglichen Aussage jedes biblischen Textes ... unerläßlich« ist und die Auslegungstradition vom Text zu unterscheiden ist (Probleme historischer Kritik, 8).
[45] Dohmen begreift die Aufgabe der Exegese darin, daß sie mittels der Rezeptionsgeschichte eines Textes ihren »Beitrag zur Darlegung der Glaubensgeschichte« zu leisten vermag (ders., Rezeptionsforschung und Glaubensgeschichte, 134). Sein Einbezug der Rezeptionsgeschichte in die exegetischen Überlegungen ist bestimmt durch die Hochachtung der Tradition innerhalb der katholischen Theologie.
[46] Vgl. Iser, Der Akt des Lesens, 193ff. Im Rahmen einer befreiungstheologischen Hermeneutik plädiert Croatto, Die Bibel gehört den Armen, 32f.61f dafür, den Text als ein polysemes Gebilde zu beschreiben, dessen Sinn immer erst im Akt des Lesens entsteht.

Grundlage bildet. Programmatisch liest sich in diesem Zusammenhang Isers abschließender Satz in »Der Akt des Lesens«: »Wenn es daher den einen Sinn fiktionaler Texte nicht gibt, so ist dieser Mangel die produktive Matrix dafür, daß er in den verschiedenen Kontexten immer wieder Sinn zu geben vermag«[47].

2. Objektivismus versus Subjektivismus

Die Mehrzahl der rezipientenorientierten Theoretiker sieht sich mit dem Vorwurf des Subjektivismus konfrontiert. Neben rezeptionsästhetisch ausgerichteten Studien betrifft dies auch die befreiungstheologische, feministische und nicht zuletzt die sozialgeschichtliche Exegese. Gestützt wird die einschlägige Kritik durch das Objektivitätspostulat der traditionellen Exegese. Wo die historische Bedingtheit dieser im Gesamtzusammenhang der Bibelauslegung jungen Methode eingestanden wird, führt dies zur Einsicht der Unabgeschlossenheit und Ergänzbarkeit der historischen Exegese[48], jedoch selten zu einer grundlegenden Infragestellung derselben. Einen Ausweg zeigt Fish auf, indem er gleichermaßen sowohl auf die subjektive als auch die objektive Seite jeder Interpretationsgemeinschaft hinweist. Die polare Gegenüberstellung von Objektivität und Relativität ist daher nicht haltbar. Die Interaktion zwischen Text und Leser kann weder auf die Subjektivität des Lesers noch auf die Objektivität des Textes reduziert werden[49], denn dem Text ist aufgrund seiner polysemen Struktur immer ein Bedeutungsüberschuß zu eigen. Die Rede von der Polysemie des Textes ist allerdings nicht im Sinne einer willkürlichen Interpretation mißzuverstehen. Die Lektüre ist von der Polysemie *des Textes* bestimmt. Die Struktur und die Codes des Textes selbst implizieren den Sinnüberschuß.[50]

---

[47] Iser, Der Akt des Lesens, 335.
[48] Hahn, Probleme historischer Kritik, 13 weist darauf hin, »daß die angebliche Voraussetzungslosigkeit ein positivistischer Grundsatz war, der sich längst als unhaltbar erwiesen hat«. Vgl. Schmidt, Grenzen und Vorzüge, 470: »Relativ ist auch die historisch-kritische Methode selbst«. Sie ist »prinzipiell offen gegenüber neuen, methodisch reflektierten Fragestellungen« und ist »weder endgültig abgeschlossen noch abschließbar« (471). Es gibt nicht »die eine ›objektive‹ Sicht der Dinge« (ders., Einsichten und Aufgaben, 63), gleichzeitig spricht Schmidt aber von »der Aussage des Textes« (62) und dem »Wortsinn« des Textes (63).
[49] Vgl. Croatto, Die Bibel gehört den Armen, 61: »Das ... Trachten des Exegeten, den objektiven, *historischen* Sinn des biblischen Textes zu fixieren, ist Illusion«.
[50] Vgl. Croatto, Die Bibel gehört den Armen, 80f.88 »Tatsächlich markiert der Text die Grenze des Sinns ... Polysemie des Textes heißt nicht Beliebigkeit« (93). Vgl. Utzschneider, Das hermeneutische Problem der Uneindeutigkeit, 198: »Sie [die Uneindeutigkeit biblischer Texte] ist keineswegs das Einfallstor für Willkür und Beliebigkeit, wenn die im jeweiligen biblischen Reden und Hören anzustrebende und zu erreichende Eindeutigkeit sich am vorgegebenen Text wie an der ange-

3. Text, Leser/in und Interpretationsgemeinschaft

Rezeptionsästhetische Lesermodelle sind am Rezeptionsvorgang, d.h. an den jeweiligen Lesern und Leserinnen interessiert. Grundlegend ist dabei zu differenzieren zwischen den ersten Rezipienten und den nachfolgenden. Die historisch-kritische Exegese versucht etwa mit Hilfe der Sozialgeschichte den Entstehungskontext eines Textes zu erfassen. Die Frage nach dem Sitz im Leben eines Psalms ist dahingehend zu präzisieren, daß nach den Rezipienten des Textes gefragt wird.

Jauß spricht in diesem Zusammenhang von inner- und außerliterarischem Erwartungshorizont, Iser vom Primärcode des Textes, der den Sekundärcode nachfolgender Leser vorstrukturiert. Vermag die Rekonstruktion des innerliterarischen Erwartungshorizontes die Fragen zu erhellen, auf die der Text einmal Antwort gab, so erschöpft sich der Text nicht darin. Dem Text ist ein Wirkungspotential eigen, das in veränderten Kontexten neue Fragen beantwortet. Nach Iser kommt dem ersten Leser daher keine privilegierte Rolle zu.

Anders der frühe Fish, der allein den Primärcode, d.h. den Entstehungshorizont eines Textes, eruieren wollte. Auch das Ziel der historisch-kritischen Exegese läßt sich mit seinem Begriff des »informierten Lesers« erfassen. Dieser Leser strebt danach, umfassende Informationen über den sprachlichen und sozialen Hintergrund des Textes zu erwerben. Nicht nur der Schreibvorgang, sondern auch jeder Lesevorgang ist von den jeweils herrschenden Konventionen der Interpretationsgemeinschaft bestimmt.[51] Der Leser, ganz gleich ob er Beter oder wissenschaftlicher Exeget ist, ist in einer Interpretationsgemeinschaft verortet und damit bestimmten Vorentscheidungen verpflichtet.[52]

Gerade diese kontextuelle Verhaftung des Lesers stellt für die Kritiker eines leserorientierten Ansatzes vielfach den Stein des Anstoßes dar. Der Einwand läßt sich jedoch als Argument zugunsten einer kontextuellen Exegese umformulieren. Indem sich ein Leser den Prämissen einer Interpretationsgemeinschaft verpflichtet und diese intersubjektiv vermittelt, werden die Interpretationen dem Vorwurf der willkürlichen Subjektivität enthoben. So können wir einen Text lesen und verstehen, der

---

zielten Situation bewährt und verantwortet«.
[51] Clines, What Does Eve Do to Help?, 16. Clines Interesse gilt daher dem Leser wie dem Autor gleichermaßen. Er versucht, die beiden Größen mittels der im Text enthaltenen (impliziten) Informationen über deren soziale Schichtung und deren Geschlecht zu dechiffrieren. Wenn er von der Ideologie der Leser und Schreiber spricht, meint er damit die implizite wie explizite Verpflichtung zu bestimmten Wertvorstellungen.
[52] Vgl. Clines, Interested Parties, 18.

nicht an uns gerichtet ist, weil wir in dem Strom der Tradition und Rezeption biblischer Texte stehen.

Nicht zuletzt ist es das Verdienst leserorientierter Interpretationsmodelle, die konstitutive Bedeutung des Rezeptionsvorganges methodisch reflektiert zu haben. Sie treffen sich in ihrem Anliegen mit den Ansätzen kontextueller und feministischer Theologien. Grundlegende Struktur kontextueller Theologien ist der hermeneutische Zirkel zwischen Text und Kontext, der immer wieder abgeschritten werden muß. Der im Text eingeschriebene Kontext (innerliterarischer Code) tritt in ein Wechselverhältnis mit dem Kontext des je aktuellen Lesers. Daraus ergibt sich eine zweifache Frage nach dem Kontext. Text und Kontext legen sich gegenseitig aus.[53] Ein lese(r)orientierter Ansatz macht deutlich, daß der Text immer auch den Leser herausfordert und dessen Erfahrungswelt verändert. Gerade anhand der Psalmen wird offensichtlich, daß der Sinn eines Textes erst im aktiven Aneignungs- und Rezeptionsprozeß der Leserin und des Lesers entsteht, wobei den Lesenden eine sinnkonstituierende Rolle zukommt.[54] Die kontextuelle Verhaftung des Lesers in seiner Interpretationsgemeinschaft und die Textstrategien bestimmen den Akt des Lesens.[55]

Novum rezeptionsästhetischer und kontextueller Exegese ist, daß die Ursprungsüberlegenheit eines vermeintlichen Sinnes obsolet wird.[56] Die Rezeptionsgeschichte wird vielmehr als Anreicherung des Textsinnes verstanden. Der Struktur des impliziten Lesers ist ein Bedeutungsüberschuß zu eigen, der es ermöglicht, daß der Text immer wieder neue Rezeptionsweisen generiert.[57]

4. Auf dem Weg zu einer Rezeptionsästhetik der Psalmen

Nachdem erste Vermittlungswege zwischen der Rezeptionsästhetik und der historisch-kritischen Exegese aufgezeigt wurden, gilt es vor dem materialen Erweis nochmals explizit zu machen, mit welchem Ziel hier

---

[53] Vgl. Küster, Theologie im Kontext, v.a. 46–52.
[54] Vgl. Küster, Text und Kontext, 130–143, 131.133 und ders., Models of Contextual Hermeneutics.
[55] Vgl. Fowler, Who is the Reader?, 21, der resümierend den Leser des Reader-Response Criticism folgendermaßen beschreibt: »The reader has an individual persona (mine), a communal persona (the abstracted total experience of my critical community), and a textual persona (the reader implied in the text)« und Utzschneider, Theorie der Exegese, 229: »Jeder Akt des Lesens ist eine neue Begegnung zwischen Text und Leser, so sehr beide Teile ihre jeweiligen Voraussetzungen in diese Begegnung einbringen«.
[56] Utzschneider, Theorie der Exegese, 233f.
[57] Vgl. Croatto, Die Bibel gehört den Armen, 43: »Jeder Text konzentriert eine .Polysemie« und »jede Lektüre eines Textes ist eine Sinnerzeugung in neuen Codes«.

§ 7 Vermittlungsmodelle

eine Hermeneutik der Psalmen entfaltet wird, denn jede Theorie konstituiert »im Zugriff auf ihren Gegenstandsbereich diesen weitgehend«[58] selbst. So zielen alle hermeneutischen und exegetischen Bemühungen auf das Verstehen der Andersheit von Literatur und deren Vermittlung. Eine Theorie hat daher immer auch den Anforderungen des lebensweltlichen Kontextes der Leser und Leserinnen zu entsprechen.[59] Eine rezeptionsästhetische Untersuchung ist sich dabei ihrer Partialität bewußt, denn die Pluralität der Methoden ist den Texten selbst wie den unterschiedlichen Lese(r)kontexten angemessen.[60]
Nicht nur auf der Ebene der Literaturtheorie, sondern auch beim jeweiligen Lesevorgang bestimmt der Rezipient und sein Kontext die Fragen, die an den Text gestellt werden. Zugleich korrigiert und transformiert der Text die Leserperspektive. Nicht zuletzt bewahrt der Rückbezug auf den geschichtlichen Leser bzw. die Leserin das Bewußtsein der Geschichtlichkeit des Verstehens. Die Fremdheit der Texte wird damit nicht eingeebnet. In der Rekonstruktion des primären Kontexts werden wir dazu befähigt, Fragen zu stellen, auf die der Text eine Antwort gab. Der ursprüngliche Kontext wird also – anders als der eine Sinn – keineswegs verneint, so daß im Wissen um die raumzeitliche Abständigkeit des Textes die historische Vermittlung an Bedeutung gewinnt. Diesen wechselseitigen Auslegungsprozeß zwischen dem Text und dem Leser macht sich die Arbeit zu eigen. Eine rezeptionsästhetisch orientierte Hermeneutik trägt dazu bei, zu verdeutlichen, daß biblischen Texten kein fest eingeschriebener Sinn inhärent ist. Sie versteht den Text als »ästhetisches Subjekt«[61].
Am konkreten Beispiel der Psalmen soll die Relevanz biblischer Texte für das menschliche Selbstverständnis aufgezeigt werden. Es wird gefragt, wie und warum wir beim Lesen der Psalmen unsere Grenzen ständig überschreiten. Der Akt des Psalmenlesens wird somit auf seine anthropologische Dimension hin untersucht werden. Anhand der Analyse zahlreicher Psalmen wird verdeutlicht, wie beim betenden Lesen ein verändertes Selbst-, Welt- und Gottesverhältnis evoziert wird. Der Schwerpunkt der Untersuchung liegt auf den Textstrategien, denn diese sind es, die dem Leser und der Leserin immer wieder von neuem Rezeptionsmöglichkeiten eröffnen. Die rezeptionsästhetische Zugangsweise

---

[58] Iser, Theorie der Literatur, 7.
[59] Vgl. Iser, Theorie der Literatur, 12 »Aus diesem Grund gibt es auch keine universale Theorie der Literatur, ungeachtet dessen, daß die Theorie häufig aus einem solchen Anspruch lebt«. Entsprechend ist seine Öffnung hin zu einer Kulturanthropologie zu verstehen (vgl. Iser, Towards, 281).
[60] Vgl. Jauß, Partialität, 381 »*Die Rezeptionsästhetik ist keine autonome, sich selbst für die Lösung ihrer Probleme genügende axiomatische Disziplin, sondern eine partiale, anbaufähige und auf Zusammenarbeit angewiesene Reflexion*«.
[61] So auch Utzschneider, Theorie der Exegese, 228.

erfährt durch den Text ihre Legitimation. Die Psalmtexte werden nicht einer literaturwissenschaftlichen Methode unterworfen, sondern umgekehrt bildet der Text den Ausgangspunkt. Entfaltet wird dabei eine literarische Anthropologie der Psalmen, denn Psalmenlesen wird als eine Weise der Welterzeugung verstanden. Diesem Anliegen, die Interaktion zwischen Text und Lesenden nachzuzeichnen, dient der zweite Teil der Untersuchung.

II. Psalmenlesen als anthropologischer Akt

Die hermeneutischen Überlegungen im ersten Teil bestimmen Lesen als einen anthropologischen Akt, der Welt erschließt und zugleich diese überschreitet. Mit dem Titel »Lesen als Akt des Betens« ist der Weg vorgezeichnet, der im folgenden anhand der Psalmenanalysen beschritten werden soll. Lesen steht dabei für eine historisch-kritische Lektüre und Beten für einen ästhetischen Umgang mit den Texten. Diese beiden methodischen Ansätze stehen nicht unvermittelt nebeneinander bzw. schließen sich nicht aus, wie auf heuristischer Ebene gezeigt wurde; der materiale Erweis soll nun an den Psalmen erfolgen.

A. Der implizite Beter

In Aufnahme des Modells des impliziten Lesers (Iser) sollen die konkreten Möglichkeiten der Aktualisierung der Psalmen, die durch die Psalmenüberschriften gegeben sind, entfaltet werden. Besonderes Augenmerk wird darauf gerichtet, wie sich im Aneignungsprozeß in der Rolle Davids ästhetische und historische Elemente verbinden.
Die durch Hermann Gunkel zu Anfang des 20. Jahrhunderts ausgelöste Diskussion um die Form- bzw. Gattungsgeschichte dominierte das Forschungsinteresse der Psalmenexegese bis in die achtziger Jahre. Die Rezeptionspraxis der Psalmen wurde dabei vielfach auf die Rekonstruktion des ursprünglichen Sitzes im Leben einzelner Psalmen(gruppen) reduziert. Mit der Ausweitung der redaktionsgeschichtlichen Fragestellung über den einzelnen Psalm hinaus auf den Psalter rückten die Psalmen als Sammlung in den Blick, so daß sich auch für die Frage nach dem Sitz im Leben neue Perspektiven eröffneten. Im Zusammenhang mit der kanonischen Lektüre, die auf Stichwortbezüge einzelner Psalmen und auf deren Anordnung aufmerksam machte, wurde der Psalter als ›Gebets- und Meditationsbuch‹ der persönlichen Frömmigkeit bezeich-

net.¹ Damit gewann der Leser der Psalmen wieder an Bedeutung. Das Interesse am Psalter und seiner frühesten Rezeptionsgeschichte wuchs.² Gegenüber einer traditionellen Wirkungsgeschichte der Psalmen, die implizit das Werk als eine in sich geschlossene Größe voraussetzt, nimmt eine Rezeptionsästhetik der Psalmen das geschichtlich je unterschiedlich kontextualisierte Rezeptionsverhalten als ihren Ausgangspunkt. Die Vielzahl von Sinnwelten, die die Texte generieren, wird dabei evident.

Wie durch die Figur Davids als Autor, Leser, Beter und Sänger die Psalmen für nachfolgende Leser, Sänger und Dichter erschlossen werden, wird anhand der Struktur des impliziten Beters herausgearbeitet. Gewöhnlich wird die Zuschreibung eines Psalms zu David in den Überschriften als Autorenangabe gedeutet. Doch im masoretischen Text (MT) wird mit David ein expliziter Beter der Psalmen bezeichnet (§ 8). Auch wenn die Zuschreibung der Psalmen zu David sekundär ist, im Lesevorgang stellt sie eine erste Leserfiktion dar. Die Figur des David als Leser und Dichter der Psalmen beförderte bereits die früheste Rezeptionsgeschichte der Psalmen, wie die Analyse der Rolle Davids in der Septuaginta und in der Psalmenrolle 11QPsª aus Qumran zeigen wird (§ 9). Dabei wird nach dem Rezeptionsverhalten der ersten Leser und Leserinnen gefragt werden.³ Die beiden folgenden Paragraphen werden zeigen, daß impliziter und empirischer Leser in einem Wechselverhältnis stehen.

---

[1] Füglister, Die Verwendung der Psalmen, 319–384 (v.a.350ff), der sich gegen die These wendet, daß die Psalmen das Gesangbuch des zweiten Tempels sind. Er spricht von einem »›Betrachtungsbuch‹ der ›Frommen‹« (380) bzw. einem Gebets- und Erbauungsbuch, so auch Levin, Das Gebetbuch der Gerechten, 353–381. Vgl. das Urteil von Kratz, Die Tora Davids: Der »Psalter als ganzer war zweifellos nicht (mehr) für liturgische Zwecke am zweiten Tempel bestimmt« (34).

[2] Vgl. den Sammelband: Der Psalter in Judentum und Christentum (1998).

[3] Denn eine Literaturgeschichte des Lesers, wie sie Jauß anvisiert, hat das Rezeptionsverhalten realer Leser (mehrerer Kontexte) als Ausgangspunkt zu nehmen. Eine am gegenwärtigen Rezipientenverhalten orientierte Studie stellte meine Examensarbeit dar, die Psalmenauswahl der württembergischen Landeskirche, die seit 1986 im Gottesdienst Verwendung findet, untersucht (vgl. Erbele, Der Psalm im württembergischen Gottesdienst).

§ 8 David als Leserfiktion – die Psalmenüberschriften

1. Das Problem

Die Psalmenüberschriften blieben aufgrund ihres sekundären Charakters innerhalb der historisch-kritischen Exegese lange Zeit eher unbeachtet, bis Brevard S. Childs die Debatte um die Überschriften wieder entfachte.[4] Childs ist in seiner Herangehensweise von der kanonischen Lektüre bestimmt.[5] Er versucht, der in den Psalmenüberschriften selbst vorgezeichneten Leserichtung nachzugehen. Ausgehend von der Beobachtung, daß die dreizehn Überschriften mit einer Notiz zur Biographie Davids auf die narrativen Überlieferungen der Samuelbücher verweisen, zeigt Childs die hermeneutische Funktion der Psalmenüberschriften auf. Er spricht in diesem Zusammenhang von midraschartiger Exegese[6] und macht damit deutlich, daß die Psalmenüberschriften ein innerbiblisches hermeneutisches Modell bieten. Die Psalmen erhalten durch die Überschriften in einem veränderten Kontext einen neuen Verstehenshorizont und legen zugleich die erzählende Tradition aus. Childs ist sich durchaus des redaktionellen Charakters der Psalmenüberschriften bewußt. Dennoch stellt er sich gegen den Trend der formgeschichtlichen Psalmenexegese. Diese bezweifelt, daß die Überschriften als redaktionelle Ergänzungen Auskunft über die Aufführungspraxis der Psalmen geben könnten.[7] Erlebte die historische Zuordnung der Psalmen zu David im 19. Jhd. mit Friedrich Delitzschs Psalmenkommentar (1867) nochmals eine Blüte, so tritt diese Position im 20. Jhd. eher in den Hintergrund.[8] Für

---

[4] Ausgehend von Childs' Beobachtungen (Psalm Titels) wurde verstärkt das Augenmerk auf die Rolle Davids für den Leseakt gerichtet. Dieses Interesse verfolgen Wilson, The Editing; Füglister, Die Verwendung der Psalmen und Mays, The David of the Psalter, der das Davidbild der Psalmen, mit dem der Samuelbücher und der Chronik vergleicht. Ballhorns Aufsatz, »Um deines Knechtes David willen« übernimmt über große Strecken Aufbau und Argumentationsstruktur von Mays. Vgl. zusammenfassend Kleer, Der liebliche Sänger.

[5] Unter Kanon versteht Childs den masoretischen Text. Wie sich im nächsten Paragraphen zeigen wird, ist die Rede von dem einen kanonischen Text des Psalters allerdings problematisch.

[6] Vgl. Slomovic, Formation of Historical Titles und Millard, Die Komposition des Psalters.

[7] Vgl. Gunkel, Einleitung in die Psalmen, 12. Gunkel führte bereits in seinem Psalmenkommentar geschichtliche Argumente gegen eine davidische Verfasserschaft an. Gleichzeitig wendet er ein, daß die sublime »Geistlichkeit« der Lieder dagegen spreche, daß der König und Feldherr David Autor dieser Gedichte gewesen sein kann.

[8] Die These von Goulder, The Prayers of David, daß die Davidpsalmen des zweiten Davidpsalters von einem Vertrauten Davids (Priester, Hofdichter oder einem seiner Söhne) als direkte Antwort auf bestimmte Situationen verfaßt wurden (24), liest sich entsprechend anachronistisch. Der Eindruck wird verstärkt durch seine

Kommentatoren war vielfach nur die Historizität der Angaben von Interesse, die äußerst wenigen Psalmenüberschriften attestiert wurde.[9] Implizit wird dadurch der sogenannte ursprüngliche Sitz im Leben eines Psalms über spätere Kontextualisierungen gestellt.
Die Psalmenüberschriften geben Zeugnis von einem sekundären Sitz im Leben der Psalmen, der innerhalb des Kanons normative Geltung erhielt.[10] Für den Leser und die Leserin stellen sie im aktuellen Rezeptionsvorgang eine erste Leseanweisung dar und eröffnen das Verstehen eines Psalms in immer neuen Kontexten. Zugleich werden die Psalmen dadurch offen für eine Verknüpfung mit anderen biblischen Texten. Diese unterschiedlichen Funktionen der Überschriften für den Rezeptionsvorgang sollen analysiert werden.
Nach einer einleitenden Übersicht über den Befund der Überschriften, die eine situative Notiz im MT beinhalten (2.), werden die vielfältigen Dimensionen des Davidbilds entfaltet. Die identitätsstiftende Rolle Davids wird nicht zuletzt darin sichtbar, daß für den Leser und die Leserin in den situativen Überschriften David zur Leserfiktion wird (3.). Das chronistische Davidbild und dessen Einfluß auf die Psalmenüberschriften wird ebenfalls expliziert (4.). Situationen der Not und der Verfolgung im Leben Davids, auf die die Überschriften anspielen, verweisen den Leser primär auf die Samuelbücher. Die Psalmenüberschriften stellen die ersten Kommentare zu den Psalmen dar. Sie spannen ein Netz an Verweisungszusammenhängen aus, das den Psalmtext mit unterschiedlichen Texten und Kontexten verknüpft, so daß ein innertestamentlicher Auslegungsprozeß angestoßen wird (5.). Die Untersuchung der Rezeptionsprozesse zwischen Ps 18,1 und 2 Sam 22,1 veranschaulicht abschließend, wie ein Psalm durch eine situative Überschrift immer neue innertestamentliche Rezeptionszusammenhänge erschließt und darüber hinaus den Psalm für die Verknüpfung mit der eigenen Lebensgeschichte öffnet (6.).

2. Der Befund

Zwei Aspekte dominieren innerhalb der Psalmenüberschriften: Bemerkungen zum literarischen bzw. musikalischen Charakter der Texte[11] und

zusätzliche Annahme, daß die Reihenfolge der Psalmen in einem direkten chronologischen Korrespondenzverhältnis zur Biographie Davids stehen, wie sie in den Thronnachfolgeerzählungen in den Samuel- und Königebüchern dargestellt ist. Vgl. die Kritik bei Seybold, Beiträge zur neueren Psalmenforschung, 267.

[9] Exemplarisch sei Eissfeldt, Die Psalmen als Geschichtsquelle, 97–112 genannt.
[10] Zenger betont entsprechend für sein Programm einer kanonischen Psalmenauslegung, daß die Psalmenüberschriften und insbesondere die Nennung Davids als Deutehorizont mitzulesen sind (vgl. ders., Was wird anders bei kanonischer Psalmenauslegung, 407–409).
[11] Vgl. Jacob, Beiträge; Delekat, Probleme der Psalmenüberschriften.

§ 8 David als Leserfiktion – die Psalmenüberschriften

die Verbindung mit David. Letztere wird mit der kurzen Notiz »für David« (לְדָוִד) festgehalten. Neben David werden nur zwei weiteren prominenten Gestalten der Tradition Psalmen zugeschrieben: Mose (Ps 90) und Salomo (Ps 72; 127).[12] Fast die Hälfte aller Psalmen (73) werden durch לְדָוִד David zugeordnet. 37 entfallen dabei auf den ersten Davidpsalter (Ps 3–41). Die konsequente Verknüpfung mit לְדָוִד in Ps 3–41 macht dessen strukturierende Rolle für das Werden des Psalters deutlich.[13] Nur Ps 10, der im Verbund mit Ps 9 zu lesen ist, und Ps 33, die beide keine Überschrift tragen, werden nicht David zugeschrieben.[14] Im zweiten Buch (Ps 42–72) eröffnet Ps 51, der zusätzlich mit einer biographischen Notiz versehen ist, die Reihe der Davidpsalmen (Ps 51–70).[15] Acht von insgesamt dreizehn Überschriften mit einem Bezug zum Leben Davids entfallen auf diesen Abschnitt (Ps 51; 52; 54; 56; 57; 59; 60; 63). Assoziationsfeld der biographischen Überschriften bilden die Samuelbücher.[16]

Im dritten Psalmenbuch (Ps 73–89) wird nur ein Psalm David zugeordnet: Ps 86, ein Klagelied des einzelnen. Im vierten Psalmenbuch (Ps 90–106) werden Ps 101, ein Königspsalm, und Ps 103 auf David bezogen. Auf das letzte Psalmenbuch (Ps 107–150) entfallen nochmals fünfzehn Überschriften mit der Notiz לְדָוִד: Klage- und Danklieder des einzelnen (Ps 140–145), aus den Wallfahrtsliedern die Psalmen 122; 124; 131; 133 und daneben die Psalmen 108; 109; 110; 138; 139.

Die Überschriftennotiz לְדָוִד vereint mehrere Bedeutungsaspekte in sich. Dort, wo die Präposition לְ auf das לְ-auctoris (»von David«) reduziert wurde, gekoppelt mit der historisch-kritischen Erkenntnis, daß wohl kaum ein Psalm die Handschrift Davids trägt, blieb die Intention der Davidpsalmen, allen voran denjenigen mit einer biographischen Notiz, miß- bzw. unverstanden.

Daß das לְדָוִד nicht primär im Sinne eines לְ-auctoris zu verstehen ist, legen mehrere Einzelbeobachtungen nahe. So besagt die Präposition לְ, daß »eine Beziehung zwischen zwei Größen besteht, was bei Personen

---

[12] Demgegenüber werden in den narrativen Kanonteilen einem weitaus größeren Personenkreis, Frauen wie Männern, Psalmen zugeschrieben (Mose / Dtn 32; Mose und Miriam / Ex 15; Deborah / Ri 5; Hannah / 1 Sam 2; Hiskia / 2 Kön 19; Jona / Jon 2; Habakuk / Hab 3).
[13] Die Verknüpfung mit den Sängergilden Korachs in der Überschrift (Ps 42; 44–49; 84; 85; 87; 88) und Asaphs (Ps 73–83) dient ebenfalls der Gruppenbildung (vgl. Wilson, The Editing, 155).
[14] Zur Frage der Psalmen ohne Überschriften vgl. Wilson, The Editing of the Hebrew Psalter, 173ff.
[15] Nur die Psalmen 66 und 67 sind keine Davidpsalmen. Die Sammlung wird durch einen überschriftslosen Psalm (71) und einen Psalm Salomos (72) abgeschlossen.
[16] Siehe unten S. 57–62.

und Dingen in erster Linie eine Beziehung der Zugehörigkeit meint«[17]. Die Angabe לְדָוִד brachte daher wohl ursprünglich die Zugehörigkeit zur Gruppe der Davidsammlung zum Ausdruck. Im Blick auf den Gesamtpsalter kommt dem לְדָוִד eine kompositorische Funktion zu. Ein weiteres Argument dafür liefert die Gestalt des masoretischen Psalters. So neigen die Davidpsalmen zur Gruppenbildung.[18] Das Lamed muß nicht auktorial gebraucht sein. Erst in späterer Zeit wurde vor dem Hintergrund der Hochschätzung Davids als Dichter das ל in den Psalmen als ל-auctoris gedeutet.

Historische wie inhaltliche Gründe sprechen außerdem gegen eine Autorenschaft Davids,[19] die späteren Lesern, die den Psalm mit לְדָוִד verknüpften, durchaus bewußt waren. An dem Subskript des zweiten Psalmenbuchs in Ps 72,20 »Zu Ende sind die Gebete für David« läßt sich ablesen, daß das ל als ל-ethicus bzw. -commodi[20] (»für«) zu verstehen ist: Heißt es in diesem Psalm doch in der Überschrift »ein Psalm im Blick auf Salomo (לִשְׁלֹמֹה)«. Dieses Verständnis legt auch die Überschrift in Ps 102 nahe, die parallel zu לְדָוִד formuliert: לְעָנִי, das mit »im Blick auf, (zum Gebrauch) für einen Bedrückten« zu übersetzen ist.[21] Doch zugleich spiegelt sich in dieser abschließenden Notiz in Ps 72,20 die Auffassung, daß David der Verfasser zahlreicher Psalmen gewesen ist. Jüngere redaktionelle Prozesse[22] versuchten, das Verständnis von לְדָוִד auf eine Autorenangabe zu reduzieren.[23] Allerdings erschöpft sich dies nicht in einem rein historischen Sinne, etwa einer Altersangabe.[24] Vielmehr wurde mit David dem Leser als erste Leserfiktion eine vertraute Figur der Tradition angeboten, die vielfältigen Legitimationszwek-

---

[17] Jenni, Philologische und linguistische Probleme, 174.
[18] Vgl. Duhm, Psalmen, XVIIff; Craigie, Psalms 1–50, 35. Zu einem ganz ähnlichen Ergebnis kommt Cazelles in seiner vergleichenden Untersuchung von Siegeln, Ostraka und Tafeln Palästinas bzw. Ugarits sowie biblischen Texten (La question du »lamed auctoris«, 93–101). Er führt als Vergleichspunkt Tafeln aus Ras Schamra an. Das Lamed drücke eine Zugehörigkeit zu einer Sammlung von Gedichten eines bestimmten Gottes aus (98f). Auf Siegeln ist es possessiv zu verstehen (94f).
[19] Für Kommentatoren wie Duhm, Die Psalmen, XIX oder Schmidt, Psalmen, 103 ist dies Anlaß, die Überschriftennotiz als unsinnig zu beurteilen.
[20] Vgl. Koehler/Baumgärtner, Hebräisch-Aramäisches Lexikon II, 484.
[21] Dies konvergiert mit der Übersetzung des ל durch Jenni, Philologische Probleme, 174 mit »in bezug auf«.
[22] Kleer, Der liebliche Sänger, 84f, datiert diesen Rezeptionsvorgang in das 5. Jh.
[23] Vgl. Weiser, Psalmen, 66. Dies spiegelt sich auch in der Überschriftennotiz des Psalms in Habakuk 3.
[24] Bereits die Rabbiner des Midrasch wissen um mehrere Autoren der Psalmen und können gleichzeitig den Psalter in seiner Gesamtheit David zuordnen (vgl. Slomovic, Formation of Historical Titles, 353).

§ 8 David als Leserfiktion – die Psalmenüberschriften

ken dienen kann.[25] Der Psalm soll im Blick auf David gelesen werden. לְדָוִד wird dann auch mit »in bezug auf David« oder »für David« wiedergegeben.[26] David ist nicht primär Autor[27], vielmehr ist David (fiktiver) Beter der Psalmen.
Nicht allein aufgrund der numerischen Überzahl kommt der Überschriftennotiz לְדָוִד Bedeutung zu. Charakteristisch sind die Psalmenüberschriften, die Szenen aus dem Leben Davids verdichten. Die mit David eingeführte Leserfiktion erhält dadurch Plastizität.

3. Die identitätsstiftende Leserfiktion

Den dreizehn biographischen Überschriften (Ps 3; 7; 18; 34, 51; 52; 54; 56; 57; 59; 60; 63; 142)[28] kommt für das Davidbild des Psalters und insbesondere für die Überschriftennotiz לְדָוִד eine prägende Rolle zu. Syntaktisch sind diese gleichförmig konstruiert. An die musikalische Überschrift, die den Psalm David im Sinne einer Autorenschaft bzw. einer Zueignung zuschreibt, wird die situative Bestimmung mit בְּ und Infinitiv constructus angeschlossen.
Die Verteilung der narrativen Überschriften innerhalb des Psalters ist keineswegs regelmäßig, sie finden sich nur im ersten, zweiten und einmal im fünften Psalmenbuch. Programmatische Tendenzen lassen sich dabei erkennen. Jeweils eine situative Überschrift bildet den Auftakt des ersten (3–41) wie des zweiten Davidpsalters (51–68). Die Überschrift in Ps 3,1 legt nahe, die nachfolgenden Verknüpfungen mit לְדָוִד im ersten Psalter von der Situation der Verfolgung Davids durch seinen Sohn her zu lesen. Der zweite Davidpsalter ist geprägt von insgesamt acht Überschriften, die auf ein Ereignis der Biographie Davids anspielen. Ihren Anhalt haben die narrativen Überschriften in den Samuelbüchern. Die situativen Überschriften thematisieren Situationen der Verfolgung,

---

[25] In der wohl historisch unkorrekten Zuordnung zu David wird ersichtlich, »daß die nachexilische Gemeinde in diesen Liedersammlungen nicht eigene, d.h. damals erst soeben entstandene Gedichte zu Buch gebracht hat, sondern daß sie vielmehr ererbtes Gut aus der Überlieferung [...] zusammengetragen hat« (Schmidt, Psalmen, V).

[26] So auch Kleer, Der liebliche Sänger, 80.

[27] David ist »fiktiver Autor« der Psalmen (vgl. Bail, Gegen das Schweigen klagen, 83ff). Hier steht allerdings nicht die Autorschaft Davids, vielmehr sein exemplarisches Beten für die nachfolgenden Rezipienten im Zentrum.

[28] Ps 30 enthält nur eine Angabe zur Aufführungspraxis und keine narrative Einordnung in die Biographie (siehe unten S. 64–66). Ps 7 und 18 sind mit Hilfe eines Relativsatzes konstruiert. Ps 7 führt zusätzlich eine explizierende Angabe mit עַל an. Da damit gewöhnlich Angaben zur Aufführungspraxis angeschlossen werden, gehört Ps 7 für Childs nicht in diese Reihe der situativen Überschriften (vgl. Psalm Titles, 138).

allgemeiner formuliert, der Not.²⁹ Entsprechend wird das Gros der oben genannten dreizehn Psalmen mit einer biographischen Notiz den Klageliedern des einzelnen zugeordnet.³⁰ Im Vordergrund der Mehrzahl der situativen Überschriften steht nicht der nationale Heerführer David, sondern der bedrängte Held. Die Überschriften schildern, wie David in der Wüste mit ihren Höhlen Zuflucht sucht (Ps 54,2; 57,1; 63,1; 142,1):

Ps 63,1: Ein Lied. Für David. Als er in der Wüste Juda war.
Ps 142,1: Ein Lehrgedicht. Für David. Als er in der Höhle war, ein Klagegebet.

Sein Aufenthaltsort wird verraten (Ps 52,1; 54,1; 56,1) und sein Leben ist in der Hand der Feinde:

Ps 56,1: Dem Chorleiter. Nach der Taube der fernen Götter.³¹ Für David. Ein Miktam. Als die Philister ihn in Gat ergriffen.

David ist auf der Flucht vor seinem Sohn (Ps 3,1) oder vor Saul:

Ps 57,1: Dem Chorleiter. Zerstöre nicht. Für David. Ein Miktam.³² Als er vor dem Angesicht Sauls in die Höhle floh.

Aber auch Ps 52,2; 54,2; 59,1 setzen eine Verfolgungssituation Davids durch Saul voraus:

---

[29] Dies fällt auf im Unterschied zu den Psalmen in narrativen Kontexten, unter denen sich kein Klagelied befindet.
[30] Ausnahmen bilden drei Psalmen: Ps 18, der auf die Errettung zurückblickt, Ps 34, ein Akrostichon und Ps 60, ein Volksklagelied.
[31] Hier wurde die unverständliche Form des masoretischen Textes entsprechend der LXX vokalisiert (אֵלִים) אֱלִים) (vgl. Seybold, Psalmen I, 224f und Niehr, Götter oder Menschen, 96).
[32] מִכְתָּם ist wohl mit »Inschrift« zu übersetzen; so auch Seybold, Psalmen I, 71f.224f.228f.237f, der מִכְתָּם je nach Kontext mit »Votivinschrift«, »Aufzeichnung« bzw. »(Höhlen)inschrift« wiedergibt. Lienhard Delekat entwickelt ausgehend von מִכְתָּם die These, daß es sich bei den Klageliedern des einzelnen um in Stelen eingemeißelte private Gebete handle (vgl. ders., Asylie, 12ff). Dies legt auch die zusätzliche Angabe אַל־תַּשְׁחֵת (zerstöre, verdirb nicht) nahe (vgl. Hossfeld/Zenger, Psalmen I, 110f). Unter Vorbehalt gegenüber dem »dunklen Begriff« übersetzt Kraus, Psalmen (Bk XV/1), 19 mit »stelographische Inschrift«.

§ 8 David als Leserfiktion – die Psalmenüberschriften   59

Ps 52,1f: Dem Chorleiter. Ein Lehrgedicht.[33] Für David. Als Doeg, der Edomiter, kam und Saul berichtete und er ihm sagte: David ist in das Haus Ahimelechs gekommen.[34]
Ps 54,1f: Dem Chorleiter. Mit Saitenspiel. Ein Lehrgedicht. Für David. Als die Siphiter kamen und sie zu Saul sagten: Hält sich David nicht bei uns verborgen?
Ps 59,1: Dem Chorleiter. Zerstöre nicht. Für David. Ein Miktam. Als Saul nach ihm sandte und sie das Haus bewachten, um ihn zu töten.

Die identitätsstiftende Funktion wird im folgenden exemplarisch anhand einzelner Psalmenüberschriften expliziert.

Identifikation und Selbsterkenntnis (Ps 51) [35]
Im Vergleich zu den zitierten Überschriften hebt sich die in Ps 51,1f inhaltlich merklich ab:

1 Dem Chorleiter. Ein Lied für David.
2 Als Nathan, der Prophet, zu ihm kam, nachdem er zu Bathseba gekommen war.
(לַמְנַצֵּחַ מִזְמוֹר לְדָוִד בְּבוֹא־אֵלָיו נָתָן הַנָּבִיא כַּאֲשֶׁר־בָּא אֶל־בַּת־שָׁבַע)

Nur einem Leser, der mit der in den Samuelbüchern überlieferten Geschichte Davids vertraut ist, erschließt sich die Überschrift. Einem Außenstehenden bleibt sie unverständlich. Jeweils mit dem unspezifischen Verb בוא werden die Personen aneinandergereiht: Nathan kam zu David, nachdem David – und nur so kann der Leser die Überschrift im Zusammenhang mit 2 Sam 11–12 lesen[36] – zu Bathseba gekommen war. Für den informierten Leser enthüllt sich durch dieses Wortspiel die tiefe Verstrickung Davids in seinem schuldhaften Handeln an Bathseba und

---

[33] מַשְׂכִּיל wird zumeist von שׂכל I abgeleitet. Das Verb bedeutet im Hif »einsichtig sein«, »einsichtig machen«, »belehren« bzw. »erfolgreich sein« und wird als kunstvoll gedichtetes Lied oder Lehrgedicht wiedergegeben. Delekats Versuch (Probleme der Psalmenüberschriften, 283) entsprechend letzterer Bedeutung Maskil als erfolgreiches Lied, d.h. Volkslied zu verstehen, trägt der weisheitlich geprägten Grundbedeutung von שׂכל nicht Rechnung, die auch den Referenzrahmen für die abgeleitete Bedeutung »Erfolg haben« bildet. Die Übersetzung von מַשְׂכִּיל mit Weisheitslied (vgl. Hossfeld/Zenger, Psalmen I, 200.202) gibt demgegenüber sowohl den poetischen wie den belehrenden Charakter des Psalms wieder. Koenen, Maskil – ›Wechselgesang‹, 109–112, der eine Ableitung von dem Hapaxlegomenon שׂכל II (überkreuzen, wechseln) vorschlug, versteht מַשְׂכִּיל als liturgische Angabe im Sinne von Wechselgesang.
[34] Schmidt, Psalmen, 10 urteilt: »Die Überschrift bringt den Psalm mit I Sam 22 6–28 in Zusammenhang; die Unmöglichkeit dieser Beziehung zeigt schon die Erwähnung des Tempels«.
[35] Vgl. Spieckermann, Suchbewegungen des Forschens und Betens, 147.
[36] Tate konstatiert in Psalms 51–100, 12 zu Recht, daß es dem unkundigen Leser syntaktisch durchaus möglich wäre, den zweiten Teil der Überschrift so zu lesen, daß Nathan zu Bathseba gekommen war.

Uria, ihrem Mann.³⁷ Bathseba bleibt Objekt und Uria bleibt unerwähnt.³⁸ Bereits die syntaktische Ebene der Überschrift bildet die inhaltliche Ebene der Geschichte in 2 Sam ab. Bathseba ist auch in der Überschrift Objekt des Handelns Davids. Sie ist hier wie dort seltsam unbeteiligt. Die Überschrift enthält kein Wort von Ehebruch, Mord und Hinterlist. Sie läßt eine Leerstelle offen. Doch das Nicht-Gesagte schwingt im Gesagten mit.³⁹ Es ist an dem Leser, die Geschichte in eigene Worte zu fassen und ein Urteil zu fällen.

Dem Gang Davids zu Bathseba wird der Gang des Propheten Nathan zu David gegenübergestellt. Aus dem Samuelbuch weiß der Leser, daß diese Konfrontation Davids mit Nathan den Wendepunkt markiert.

Das Schuldbekenntnis Davids »Nur gegen dich habe ich gesündigt« (Ps 51,6aα) ist getragen von der Überzeugung, daß zwischenmenschliche Schuld letztlich in Gott einen Kläger und Richter findet. Dadurch, daß die Schuld gegenüber den Mitmenschen (Uria und Bathseba) im Psalmcorpus übergangen wird, gerät aus dem Blick, daß Sünde wider Gott sich häufig in der Schuld gegenüber Menschen manifestiert.

Nathan fragt David in 2 Sam 12,9, warum er bei seinem Leben im Wohlstand dank Gottes Segen dennoch tat, was »böse in den Augen Gottes« war, und sich gewaltsam Urias Frau zu eigen machte. Der Psalmbeter bekennt mit ähnlichen Worten: »Ich habe getan, was böse ist in deinen Augen« (Ps 51,6aβ). Als Bathsebas und Davids Sohn auf den Besuch Nathans hin schwer erkrankt, fastet David (2 Sam 12,16f). Der Psalm berichtet von einem zerschlagenen Geist und niedergeschlagenem Mut (V19). »Ps 51 führt den schuldigen Menschen im Akt des Betens in die bittende Existenz«⁴⁰, so daß auch der Leser durch die offene Textstruktur wie David zur Selbsterkenntnis befähigt wird.

David – der bedrängte Beter (Ps 54) ⁴¹
Der Beter von Ps 54 hört die Siphiter im Zitat der wörtlichen Rede sprechen, wie sie den Aufenthaltsort Davids an Saul verraten: »Hält sich

---

³⁷ Anders Gunkels Leseerfahrung: »Das doppelte בוא ist sehr unbeholfen« (Psalmen, 226). Ganz ähnlich bereits Delitzsch, Psalmen. Erste Hälfte, 387, für den sich in der doppelten Verwendung der Wurzel בוא für solch unterschiedliche Tätigkeiten »die Sorglosigkeit des hebr. Stils« zeigt. Das Wortspiel setzt sich in der Überschrift in Ps 52,1 fort: »Als Doeg, der Edomiter, kam (בוא)«.
³⁸ In zahlreichen HSS der Rezension Lukians und in der Versio Arabica wird Uria genannt (vgl. Walton, Biblica Sacra Polyglotta, 165).
³⁹ Vgl. Iser, Der Akt des Lesens, 348: »Leerstellen [...] bewirken insofern eine eigentümliche Verdichtung in fiktionalen Texten, als sie durch Aussparung und Aufhebung nahezu alle Formulierungen des Textes auf einen unformulierten Horizont beziehen. Daraus folgt, daß der formulierte Text durch Unformuliertes gedoppelt ist«.
⁴⁰ Spieckermann, Suchbewegungen des Forschens und Betens, 148.
⁴¹ Vgl. Childs, Psalm Titles, 145f und Kleer, Der liebliche Sänger, 98f.

§ 8 David als Leserfiktion – die Psalmenüberschriften   61

David nicht bei uns verborgen?« (V2). Dem schriftkundigen Leser fügt sich diese Notiz zu einem deutlichen Bild.[42] Sie stellt ein Zitat aus 1 Sam 23,19 und 26,1 dar. Im Rahmen der Erzählung führen die Siphiter allerdings detailliert aus, wo genau sich David befindet: »auf der Bergfeste, in Horschea, auf dem Hügel Hachila, der südlich von Jeschiman liegt« (1 Sam 23,19b). Indem die Psalmüberschrift das Lokalkolorit vernachlässigt, öffnet sie den Psalm für eine umfassendere Rezeption.

Saul zieht auf den Hinweis mit seinen Männern in die Wüste Siph, um David zu ergreifen. In dieser Situation bittet der Beter, daß Gott sein Klagegebet erhöre (V4), denn Fremde sind gegen ihn aufgestanden und Gewalttätige trachten nach seinem Leben (בִּקְשׁוּ נַפְשִׁי V5a). Eine ähnliche Formulierung findet sich in 1 Sam 23,15. Dort heißt es, daß Saul auszog, um David nach dem Leben zu trachten (לְבַקֵּשׁ אֶת־נַפְשׁוֹ).[43] David entkommt Saul nur, weil dieser zu einer Auseinandersetzung mit den Philistern gerufen wird (vgl. 1 Sam 23,27f). Vor dem Hintergrund der Psalmüberschrift erhalten die Gewalttätigen eine konkrete Gestalt: Saul und die Siphiter. Der Psalm rückt diese in ein negatives Licht. Gott ist nicht auf ihrer Seite, denn sie haben sich Gott nicht gegenwärtig gehalten (V5b).

Doch der Psalm läßt sich nicht einfach als Inhaltsangabe von 1 Sam 23 in Gebetsform verstehen. Die Überschrift schränkt den Psalm nicht auf eine singuläre Situation der Rezeption ein, vielmehr öffnet sie ihn für konkrete Rezeptionsmöglichkeiten. Mit David, der Saul entkam, kann der angefeindete Leser sprechen: »Aus all meiner Bedrängnis hat er mich errettet« (V9a). Mit der Psalmüberschrift wird die Erzählung von der Rettung Davids aus dem Samuelbuch in Erinnerung gerufen, so daß der Leser eine Anleitung erhält, wie auch er seine Erfahrungen der Not und Befreiung formulieren kann.

Zugleich legen sich Psalm und Erzählung gegenseitig aus. Die Aussage des Psalmbeters, daß Gott sein Helfer ist (V6a) und dieser ihn aus der Not errettet hat (V9), korrigiert die Sichtweise der Samuelerzählung, daß David nur dank eines glücklichen Zufalls nochmals Saul entkommen ist. In dem geschichtlichen Ereignis des Ansturms der Philister, so die Interpretation, die der Beter von Ps 54 nahelegt, wird Gottes Handeln offenkundig.

Mittels der narrativen Psalmenüberschriften wird der Beter aufgefordert, die Haltung des Ich des Psalmcorpus zu übernehmen. Wie David in seiner Not zu Gott schrie und erhört wurde, so kann es jeder Beter tun.[44]

---

[42] Anders Weiser, Psalmen, 280, für den die Verbindung mit der Episode aus 1 Sam 23, wie er sagt im »Psalm selbst keine sachliche Stütze hat«.
[43] In V25 begnügt sich der MT mit dem Verb בקשׁ; griechische Codices ergänzen das Objekt (David).
[44] Vgl. Wilson, The Editing of the Hebrew Psalter, 173.

Darin wird David zur »idealtypischen Leitfigur«[45] für die jüdische Frömmigkeit, zum Modell des impliziten Lesers.[46] Die Verortung in der Biographie Davids bietet folglich Identität und Orientierung für die Gläubigen.

Die paradigmatische Leserfiktion (Ps 102)
Das, was für David gilt, wird in der Überschrift in Ps 102,1 paradigmatisch formuliert: die eigenen Erfahrungen werden mit den Fremderfahrungen versprochen (vgl. Ps 142,1.3):

1 Ein Klagegebet für einen Bedrückten, denn er ist schwach und schüttet seine Sorgen vor Jhwh.
(תְּפִלָּה לְעָנִי כִי־יַעֲטֹף וְלִפְנֵי יְהוָה יִשְׁפֹּךְ שִׂיחוֹ)

Strukturell analog zu מִזְמוֹר לְדָוִד formuliert die Überschrift תְּפִלָּה לְעָנִי. Das Lied findet im Klagegebet seine Entsprechung, und aus dem expliziten Beter David ist der implizite paradigmatische Beter geworden. Es folgt nicht wie gewöhnlich eine Infinitivkonstruktion, vielmehr ein explizierendes כִּי (denn). Das Klagegebet ist als Formular für einen Bedrängten gedacht. Die erste Bitte des Beters lautet daher, daß Jhwh sein Klagegebet (תְּפִלָּה) hören möge (V2a). לְעָנִי (für den Bedrückten) stellt eine Leseanweisung dar, die einlädt zum individuellen Gebrauch des Psalms. David ist in Ps 102,1 hinter das allgemeine Schicksal des Bedrängten zurückgetreten, für den er in den anderen narrativen Überschriften exemplarisch steht. Auch wenn David in Ps 102 nicht in der Überschrift genannt wird, wird der Bedrückte transparent für ihn, denn in der Normverletzung klingt die Norm immer mit. Die Überschrift von Ps 102 hat den rezeptionsästhetischen Schritt einer expliziten Öffnung des Psalms für den einzelnen bereits vollzogen. Der Bedrängte ist zum Paradigma der nachfolgenden Leser geworden.
In den narrativen Psalmenüberschriften erhalten die eigenen Lebensgeschichten einen neuen Deutehorizont, so daß die Geschichte des Beters durch die biblischen Geschichten ausgelegt wird, und umgekehrt erfahren die biblischen Texte durch die eigene Geschichte eine Auslegung. Darin bildet sich die Grundstruktur des hermeneutischen Zirkels ab. Die Psalmenüberschriften sind innertestamentliches Zeugnis dafür, daß der Text und der Leser und sein Kontext dialektisch aufeinander bezogen sind und sich gegenseitig auslegen.[47]

---

[45] Füglister, Die Verwendung der Psalmen, 370f.
[46] van Oorschot, Nachkultische Psalmen, 69–90 spricht in diesem Zusammenhang von »Rollendichtung«.
[47] Vgl. Childs, Psalm Titles, 150: »The midrashic method serves to admonish the interpreter of the continual demand for close, rigorous study of the text, while at the same time reminding him that he brings to the text his own historically

4. Die Mehrdimensionalität des Davidbildes

Wie im vorhergehenden Abschnitt anhand der identitätsstiftenden Funktion Davids deutlich wurde, wird David dem Leser nicht als ruhmreicher König porträtiert, vielmehr als Bedrängter, dessen Hoffnung allein auf Jhwh liegt.[48] Die Überschriften greifen dabei auf das Davidbild der Samuelbücher zurück.[49] Nur am Rande werden in den Psalmenüberschriften auch Aspekte des chronistischen Davidbildes rezipiert (Ps 30; 60). Verhaltene Anklänge daran, daß David als König über Israel herrschte, lassen sich in Ps 3; 18 und 60 finden. Mit Ausnahme von Ps 18[50] wird in keinem der Psalmen mit narrativer Überschrift erwähnt, daß er König ist. Die Mehrheit der Psalmenüberschriften gebieten daher Zurückhaltung gegenüber einer vorschnellen messianischen Deutung. Explizit messianische Züge trägt nur der David des Psalmcorpus (vgl. Ps 18; 89; 132). Ausschließlich in Ps 18, dessen Überschrift die vielfältigen Rettungserfahrungen Davids verdichtet, wurde die Armentheologie der V26–32 in der abschließenden Notiz in V51 über Gottes Zusage an David messianisch gedeutet. Auf ihm, dem exemplarisch Bedrängten, liegt zugleich messianische Hoffnung. Seine Rettungserfahrungen sollen dem gesamten Volk zuteil werden. Für einen informierten Leser, d.h. einen Leser, der den gesamten Kanon im Blick hat[51], wird darüber hinaus von Bedeutung sein, daß letztlich auch die Klagelieder durch die Verknüpfung des Psalters mit David in einem messianischen Deutungszusammenhang stehen.[52]

Neben der individuellen Aneignung der Erfahrungen Davids eignen sich spätere Leser die Geschichte Davids im Sinne einer Kollektivbiographie an. In den Psalmen schließen sich individuelle und kollektive Deutung der Person Davids nicht aus.

Das Davidbild der Chronik

Hätte ein Leser der Psalmen nur die Chronik als Verstehenshorizont, würden sich ihm die narrativen Psalmenüberschriften nicht erschließen. Nur in Ps 60[53] wird ein nationales Ereignis referiert, das außer in 2 Sam 8;10 auch in 1 Chr 18;19 berichtet wird.[54] Der Chronist ist selektiver,

---

conditioned perspective which should not be denied«.

[48] Einen engen Zusammenhang zwischen dem leidenden David und dem mit königlicher Würde ausgestatteten sieht Kleer, Der liebliche Sänger, 81f.
[49] Siehe unten S. 68–78.
[50] Siehe unten S. 78–85.
[51] Vgl. Zenger, Was wird anders bei kanonischer Psalmenauslegung?, 407f.
[52] Vgl. Mays, The David of the Psalms, 155.
[53] Siehe unten S. 73–76.
[54] Childs, Psalm Titles, 148 erklärt das Schweigen der Psalmenüberschriften im Blick auf die Chronik damit, daß sie zeitlich vor der Chronik entstanden sind. So

wenn nicht gegenläufiger Rezipient der Biographie Davids, wie sie in den Samuelbüchern erzählt wird.[55] Für ihn steht der militärisch wie politisch erfolgreiche Staatsmann im Vordergrund. Die endlose Verfolgungsjagd, die Saul auf David veranstaltet, liest sich in der Chronik als summarische Notiz, in der die Gefolgsleute Davids zu dieser Zeit der Verfolgung aufgelistet werden (1 Chr 12). Jeglicher Spannungsbogen fehlt. Von dem Angriff auf Davids Herrschaft durch seinen Sohn Absalom und dem Übergriff Davids auf die Ehe zwischen Uria und Bathseba schweigt die Chronik. In der Linie dieses idealisierten Davidbilds liegt es begründet, daß die überwiegende Mehrzahl der Psalmenüberschriften mit ihrer Ausrichtung auf die persönlichen Noterfahrungen Davids keinen Anhalt in den Büchern der Chronik hat.

Über Kapitel hinweg (1 Chr 15–17; 23–26) wird Davids Einsatz für den Kult im Tempel, den sein Sohn Salomo bauen wird, geschildert. In Davids Vorbereitungen für Kult und Tempelbau wird geradezu der Tempelbau vorweggenommen. Anläßlich der Überführung der Lade nach Jerusalem (Kap.16) werden Abschnitte aus Ps 105, 96 und 106 zum Vortrag gebracht. Auffällig ist, daß die chronistische Rezeption der Psalmen sich nicht in den Psalmenüberschriften niedergeschlagen hat.[56] So finden sich in den Psalmenüberschriften keine entsprechenden liturgischen Anweisungen, die etwa der Institutionalisierung kultischer Vorgänge dienten. Allein die Überschrift von Ps 30 ist vom chronistischen Davidbild her zu verstehen.

Wird David in den Psalmen als Dichter von Liedern in persönlichen Notsituationen vorgestellt, so zitiert die Chronik demgegenüber aus Geschichtspsalmen und aus einem Hymnus auf die Königsherrschaft Jhwhs. Nach der Chronik initiiert David den öffentlichen Kult und dessen Musik, tritt aber nicht – wie in den Samuelbüchern oder wie in den Psalmen – als Harfenspieler, Musiktherapeut, bedrängter Krieger, Dichter und Sänger in Erscheinung.

Ps 30,1 – eine chronistische Überschrift?
Die Überschrift von Ps 30 ist keine biographische Überschrift im klassischen Sinn. Sie ist nicht mittels eines Infinitivs konstruiert. Auch bildet keine Situation der persönlichen Not Davids den Assoziationsrahmen. Die Überschrift scheint widersprüchliche Angaben zu enthalten:

1 »Ein Psalm, ein Lied zur Einweihung des ›Hauses‹. Für David«
(מִזְמוֹר שִׁיר־חֲנֻכַּת הַבַּיִת לְדָוִד)

---

auch Kleer, Der liebliche Sänger, 115f.
[55] Vgl. zum Davidbild der Chronik: Riley, King and Cultus in Chronicles.
[56] Das geschieht in der LXX Ps 95 (MT 96); siehe § 9, S. 94f.

§ 8 David als Leserfiktion – die Psalmenüberschriften

Die Konstruktion ist ungewöhnlich. Die Bezeichnung מִזְמוֹר לְדָוִד (ein Psalm Davids) stellt einen feststehenden Ausdruck dar und bildet in der Regel eine Einheit, wobei לְדָוִד das zweite Glied ist.[57] In wenigen Fällen ist die Reihenfolge umgekehrt.[58] Gesperrt wie hier in Ps 30 durch die erklärende Hinzufügung »ein Lied zur Einweihung des ›Hauses‹«[59] ist der Ausdruck מִזְמוֹר לְדָוִד im Psalter an keiner anderen Stelle mehr. Der Psalm soll anläßlich der Einweihung des Hauses vorgetragen werden. Naheliegend ist, daß damit der Tempel gemeint ist und der Psalm am Chanukka vorgetragen wurde, das an die nach dem Wiederaufbau des Tempels vollzogene Einweihung im Jahre 164 v. Chr. erinnert.

Zu Davids Lebzeiten war jedoch nicht einmal der erste Tempel erbaut. Daß an die Einweihung des Hauses Davids gedacht ist, scheint unwahrscheinlich. Nur in Dtn 20,5 wird von der Einweihung eines nichtsakralen Hauses gesprochen. Die Einweihung der Mauer Jerusalems in Neh 12 ist durchaus als kultischer Akt gestaltet und ist Bestandteil des geplanten Wiederaufbaus des Tempels. Ganz ähnlich denkt der Chronist. Für ihn ist David in all seinen Vorbereitungen für den Tempel und den Kult bereits der Gründer des Tempels. Entsprechend mag ein Leser, der vom chronistischen Davidbild geprägt ist, eine Überschrift wie Ps 30,1 formulieren. Im Zusammenhang mit dem öffentlichen Akt der Überführung der Lade nach Jerusalem (vgl. 1 Chr 16) werden David Auszüge aus den Psalmen 96, 105 und 106 in den Mund gelegt: Ps 30 wird allerdings nicht erwähnt. Salomos Gebet anläßlich der Tempelweihe (1 Kön 8 par. 2 Chr 6) greift nicht auf einen Psalm zurück, aber sein Gebet kreist um ein inhaltlich mit Ps 30 verwandtes Thema: Salomo bittet, Gott möge den Betern, die sich zum Tempel wenden, Vergebung und Rettung zuteil werden lassen.

Zwischen Ps 30 und dem Bericht der Volkszählung in 1 Chr 21 besteht ein midraschartiger Zusammenhang.[60] Mit der eigenmächtig durchgeführten Volkszählung lädt David große Schuld auf sich. Um Buße zu tun, gehen er und die Ältesten in Sacktuch gehüllt (1 Chr 21,16 vgl. Ps 30,12). Gottes Strafe erstreckt sich nicht wie angekündigt über drei Tage, »denn sein Zorn dauert nur einen Augenblick« (Ps 30,6a). Als Jhwh auf Jerusalem herabblickt, wird er von Mitleid (נחם) erfasst, und wendet die Pest von seiner Stadt ab (1 Chr 21,15). Jhwh fordert David auf, zum Zeichen des Dankes die Tenne Ornans zu kaufen, um ihm darauf einen

---

[57] Vgl. Ps 3; 4; 5; 6; 8; 9; 12; 13; 15; 19; 20; 21; 22; 23; 29; 31; 38; 39; 41; 51; 62; 63; 64; 65; 108; 140; 141; 143.
[58] לְדָוִד מִזְמוֹר in Ps 24; 40; 68; 101; 110; 139.
[59] בַּיִת wird in 1 Kön 8,19f; Jes 6,4; Esra 3,12; 6,3 u. ö. im Sinne von Tempel gebraucht.
[60] So auch Hossfeld/Zenger, Psalmen I, 188, die allerdings die Art der Verknüpfung der beiden Textstellen nicht näher explizieren.

Altar zu errichten. Von einem Opfer wie in 1 Chr 21,26 berichtet der Psalm zwar nicht, allerdings steht der Dank für die erfahrene Rettung im Mittelpunkt.

Es wird deutlich, daß auch in Ps 30,1 die Notiz לְדָוִד nicht im Sinne einer historischen Datierung zu verstehen ist. Sie trägt vielmehr der chronistischen Idee Rechnung, daß David als Initiator des Kults gilt. Über die Überschrift hinaus wird der Leser zur Konsistenzbildung aufgefordert, da Überschrift und Psalmcorpus ebenfalls in einem Spannungsverhältnis stehen. Läßt die Überschrift ein kultisches Formular, etwa einen Zionhymnus erwarten, so stellt das Textcorpus von Ps 30 ein Danklied des einzelnen dar, das ausführlich die vergangene Situation der Klage referiert. Auch für den Autor der Überschrift wird dieser Widerspruch evident gewesen sein.[61] Durch die so entstandene Leerstelle öffnete er die individuelle Rettungserfahrung des Psalmcorpus für eine kollektive Aneignung.[62] Im Prozeß des Lesens wird die Erwartung der good continuation durchbrochen, denn den Überschriften ist nicht an einer Kongruenz zwischen den Psalmen und dem historischen Ereignis gelegen.[63]

Ps 3,1 – die erste davidische Leserfiktion[64]
Nicht allein zwischen der Überschrift und dem nachfolgenden Psalmcorpus bestehen unterschiedliche Leserfiktionen, die zueinander in Beziehung gesetzt werden wollen, sondern bei kanonischer Lektüre kann die Überschrift auch psalmenübergreifend Leseperspektiven aufzeigen: so an der Schnittstelle zwischen Ps 2, der neben Ps 1 den Prolog des Psalters bildet, und Ps 3, dem Auftakt des ersten Davidpsalters. Bezeichnend ist dabei, daß die erste Überschrift innerhalb des Psalters eine situative Einordnung des Psalms in das Leben Davids darstellt:

1 Ein Psalm. Für David. Als er vor dem Angesicht Absaloms, seines Sohnes, floh.
(מִזְמוֹר לְדָוִד בְּבָרְחוֹ מִפְּנֵי אַבְשָׁלוֹם בְּנוֹ)

Die Überschrift ist in knappen Worten formuliert. Im Kontext der Samuelbücher, dem diese Episode entstammt (2 Sam 15–19), bleibt der Vater-Sohn-Konflikt nicht auf ein Familiendrama beschränkt, vielmehr schwingt die politische Dimension mit. Durch die Einbindung des Psalms in die Wirren um die Thronnachfolge wird aus dem bedrängten

---

[61] Smend hält diesen Widerspruch für unmöglich, denn dann hätte »die jüdische Gemeinde hier jedenfalls einen seltsamen Geschmack bewiesen« (Über das Ich der Psalmen, 53). Er löst die Leerstelle auf, indem er das Ich der Psalmen als ursprünglich auf die Gemeinde bezogen deutet (56).
[62] Füglister, Die Verwendung der Psalmen, 378 spricht in diesem Zusammenhang von einer »Kollektivierung des Psalters«.
[63] Vgl. Slomovic, Formation of Historical Titles, 350f.
[64] Vgl. Childs, Psalm Titles, 143f und Kleer, Der liebliche Sänger, 90f.

§ 8 David als Leserfiktion – die Psalmenüberschriften 67

Beter der bedrängte Vater und König. Heißt es in 2 Sam 15,12, daß das Volk um Absalom immer zahlreicher wurde, so belagern Zehntausende des Kriegsvolks den Beter (V7). Eingangs stöhnt der Beter: »Jhwh wie zahlreich sind meine Feinde« (V2a). Die Rettung, um die er bittet, realisiert sich im Segen für das Volk (V9).
Absalom erkennt den Herrschaftsanspruch seines Vaters nicht an. Ein Leser, der von Ps 2, einem messianischen Psalm herkommt, hat gerade gelesen, daß der Anspruch des Königs göttlich legitimiert ist. Das Vater-Sohn-Verhältnis von Ps 2 ist ein anderes. Der Psalm zitiert in direkter Rede die Zusage Gottes an den König: »Mein Sohn bist du« (V7). Zugleich schließt sich der Kreis zwischen Ps 2 und 3. Dem Spott der fremden Völker über den göttlich legitimierten König in Ps 2 entspricht der Griff Absaloms nach der Herrschaft. In der bedrohten Situation hält sich David an die Verheißung des göttlichen Beistands für den König in Ps 2. Was Ps 2 in universaler Hinsicht programmatisch formuliert, erfährt in Ps 3 mittels der Überschrift eine geschichtlich-partikulare Konkretisierung.[65]
Die Überschrift wird zum Bindeglied zwischen dem Prolog und dem ersten Davidpsalter.[66] Ein Leser von Ps 3, der um diese Zusage an David aus Ps 2 weiß, kann sich in der Situation der Bedrohung an die Verheißung des göttlichen Beistandes für den König halten, wie es der vorhergehende Psalm exemplifiziert. Die aggressive Bildsprache der altorientalischen Königsideologie (Ps 2,7–9), verbunden mit der Vision (V10–12) der Umkehr der Völker zu Jhwh, entspricht der Art und Weise der Rettung, wie sie der Beter nach Ps 3 erfährt: »Die Zähne der Gottlosen hast du zerschmettert«.[67]
Die Liste der Anknüpfungspunkte zwischen Ps 3 und den Samuelbüchern läßt sich fortführen. Eine erste Stichwortverknüpfung entsteht durch die Beschreibung der Gegner des Beters (Ps 3,2): Es sind viele, die gegen ihn aufstehen (Part. pl. von קום und Präp. עַל)[68]. In der abschließenden Bemerkung in 2 Sam 18,31 heißt es zur Auseinandersetzung mit Absalom: »Denn der Herr hat dir heute Recht verschafft aus der Hand aller, die sich gegen dich erhoben« (Part. pl. von קום). Childs sieht eine Verbindung zwischen dem Erwachen des Beters nach der Nacht (V6) und der ersten Nacht Davids auf seiner Flucht.[69] Allerdings liegt die

---

[65] Anders Millard, Die Komposition des Psalters, 235, der, obschon er Ps 2 mit dem klagenden und verfolgten David aus Ps 3 korreliert, geltend macht, daß Ps 2 auf dem Hintergrund des Übergriffs Absaloms auf die Macht in Ps 3 nicht als Legitimation einer Dynastie gelesen werden könne.
[66] Barbiero, Das erste Psalmenbuch, 65–68.
[67] Vgl. Hossfeld/Zenger, Psalmen I, 49–54.
[68] קום als Handlung der Feinde: vgl. Riede, Im Netz des Jägers, 37–42.
[69] Vgl. Childs, Psalm Titels, 144.

Pointe der Erzählung in 2 Sam gerade darin, daß David sich den Rat Huschais zunutze macht und sich nicht zur Ruhe legt. Er rettet vielmehr sich und das Volk bis zum Morgenanbruch auf die andere Seite des Jordan (2 Sam 17,16.22). Es ist wohl weniger das Nachtmotiv als das Motiv der Hilfe Gottes am Morgen, das beiden Texten gemeinsam ist. Das Feindzitat in V3 »Es ist dir keine Hilfe bei Gott« korreliert mit dem Fluch Schimis über David (2 Sam 16,8), daß Gott seinen Segen von ihm zurückgezogen habe. Die Geschichte selbst gibt Anhaltspunkte dafür, daß David sich auf seiner Flucht zu Gott wandte. Es wird erzählt, daß er sich weinend auf eine Anhöhe begibt und dort Jhwh in einem Stoßgebet bittet, daß der Rat Ahitofels zunichte gemacht werde (2 Sam 15,31). Im darauffolgenden V32 heißt es weiter, daß David an den Ort kam, an dem er sich gewöhnlich zum Gebet niederwarf. Dieser Vers ist als Leerstelle für Ps 3 zu verstehen.[70]

Nach den beiden eröffnenden Psalmen Ps 1 (Tora) und Ps 2 (Messias) führt Ps 3 in ein den Psalter bestimmendes Thema ein: die Bedrohung des Beters durch seine Feinde. In der Überschrift von Ps 3 wird David zum ersten Mal im Psalter erwähnt. Die mit David eingeführte Leserfiktion ist mehrdimensional. Auch wenn eine politische Dimension mitschwingt, wird David nicht als König vorgestellt. Der Leser wird ermutigt, sich in Situationen der Not mit dem bedrängten David an Gott zu wenden. David ist ein klagender einzelner wie die nachfolgenden Beter der Psalmen. Dieses Davidbild wird prägend über Ps 3 hinaus vor allem für den ersten und zweiten Davidpsalter. Nur die Überschrift von Ps 30 greift auf Elemente des chronistischen Davidbildes zurück, indem sie David mit der Einweihung des Tempels in Verbindung bringt und damit auf die Rolle Davids für den öffentlichen Kult Bezug nimmt. Wie die innertestamentlichen Rezeptionsprozesse im einzelnen verlaufen, wird in den nächsten beiden Unterpunkten deutlich.

5. Zur innertestamentlichen Hermeneutik

Die Anordnung der Psalmen mit einem Bezug zum Leben Davids läßt keine chronologische Ordnung erkennen. Dennoch sind die dreizehn Psalmenüberschriften, die die Psalmen mit der Vita Davids verbinden, Ergebnis intensiver Schriftlektüre.[71] Im Unterschied etwa zu anderen altorientalischen Gebetssammlungen geschieht im Psalter eine Verknüpfung mit Teilen der narrativen Tradition.[72] Die einzelnen Kanonteile wer

---

[70] So auch Millard, Die Komposition des Psalters, 131.
[71] Anders das Urteil von Duhm über die Verknüpfung mit Situationen aus dem Leben Davids. Es liege dabei »überall wilde Kombination« vor (Psalmen, XIX).
[72] Anfänge mesopotamischer Gebete sind zumeist nach der adressierten Gottheit geordnet (vgl. Wilson, The Editing of the Hebrew Psalter, 55), wobei diese Fang-

§ 8 David als Leserfiktion – die Psalmenüberschriften   69

den so ineinander verwoben. In jüngster Zeit wurden diese Verknüpfungen auch im Blick auf die Psalmen(überschriften) mit dem Terminus der Intertextualität erklärt.[73] Intertextualität bezeichnet das Phänomen, daß ein Text nie isoliert steht, sondern sich in einem Verweisungszusammenhang mit unterschiedlichen Texten befindet. Das Programm der Intertextualität untersucht im Unterschied zur Redaktionsgeschichte, die diachronisch arbeitet, deskriptiv die Wechselverhältnisse zwischen den einzelnen Texten: Es trifft sich darin mit dem methodischen Ansatz des Midrasch.[74] Die Verknüpfung kann dabei auch unabhängig von der Intention des Autors bzw. gegenläufig zur chronologischen Ordnung geschehen. Bei einer intertextuellen Analyse sind etwaige Bezüge, die ein Autor intendiert hat, nicht entscheidend, sondern allein die Verknüpfungen, die im Akt des Lesens geschaffen werden, sind von Relevanz.[75] Obgleich die Überschriften eine konkrete Situation als Sitz im Leben anführen, werden die Texte nicht auf eine geschichtliche Situation fixiert. Vielmehr haben die Überschriften die Funktion von Leerstellen. Äußerst vage klingen Formulierungen wie »als David vor Saul in die Höhle floh« (Ps 57,1) oder »als er in der Höhle war« (Ps 142,1). Führt Ps 57 zur genaueren historischen Bestimmung noch Saul ein, so konzentriert sich die Überschrift von Ps 142 auf den Hinweis, daß David in einer Höhle Zuflucht fand. Gleich zwei Stellen in den Samuelbüchern (1 Sam 22; 24) ließen sich mit diesen Angaben verknüpfen. Auch die Situationsbeschreibung »in der Wüste« in Ps 63,1 kann mehreren Wegstationen Davids zugeordnet werden.[76]
Neben dem Phänomen, daß im Leser durch die Überschrift unterschiedliche Szenen aus dem Leben Davids in Erinnerung gebracht werden, findet sich auch der umgekehrte Fall, daß ein Ereignis aus dem Leben Davids durch mehrere Psalmen kommentiert wird. Die Analyse von Ps 34 und 56, die in ihrer Überschrift beide auf die Begegnung Davids mit dem König von Gat referieren, wird dies verdeutlichen. Die Verweisungssignale der Texte sind dabei häufig nicht eindeutig (vgl. Ps 60,2)

---

zeile der Auflistung der Gebete in einem getrennten Verzeichnis dient (vgl. Maul, Herzberuhigungsklagen, 3.56). Zum Vergleich von Psalmen innerhalb der narrativen Tradition der Hebräischen Bibel und anderen altorientalischen Epen und Prosatexten vgl. Watts, Psalm and Story.

[73] Vgl. Bail, Gegen das Schweigen klagen.
[74] Vgl. Boyarin, Intertextuality, 16, der Midrasch als einen innertestamentlichen Auslegungsprozeß versteht (»a radical intertextual reading of the canon, in which potentially every part refers to and is interpretable by every other part«).
[75] Im Unterschied dazu wird anhand der rezeptionsästhetischen Untersuchung von Ps 18 und 2 Sam 22 das Ineinander ästhetischer wie geschichtlicher Prozesse deutlich (siehe unten S. 78–85).
[76] 1 Sam 25, als sich David vor Saul in die Wüste zurückzieht und 2 Sam 15–17, als er vor seinem Sohn auf der Flucht ist.

und lassen Leerstellen entstehen, die den Texten eine dialogische Struktur verleihen.[77] In einem letzten Schritt wird der Blick weg von den Leerstellen in den Psalmen auf Leerstellen formaler Art in den narrativen Texten gelenkt. So wird deutlich, wie auch Leerstellen in erzählender Literatur Verknüpfungsprozesse mit den Psalmen initiieren.

Zwei Rezeptionsweisen eines narrativen Textes (Ps 34 und Ps 56)
Beide Psalmen, Ps 34 und 56, werden gemäß den Angaben der Überschriften mit der Begegnung von David und dem König von Gat (1 Sam 21,11–16) in Verbindung gebracht[78], wobei sich Ps 34 darüber hinaus als Kommentar weiterer Texte liest. Die situative Überschrift in diesem Psalm – ohne hymnologische Angabe – ordnet ihn in die Reihe der (Klage-) Lieder des einzelnen ein:

Ps 34,1: Für David. Als er seinen Verstand vor Abimelech verstellte und er ihn vertrieb und er wegging.

(לְדָוִד בְּשַׁנּוֹתוֹ אֶת־טַעְמוֹ לִפְנֵי אֲבִימֶלֶךְ וַיְגָרֲשֵׁהוּ וַיֵּלַךְ)

Der Leser wird in mehrfacher Hinsicht überrascht, stilistisch wie inhaltlich. Bezieht sich das Suffix der 3. Person sing. (וֹ) des einleitenden Partizips (בְּשַׁנּוֹתוֹ) auf David zurück, so bleibt auf formaler Ebene unklar, wer das Subjekt der beiden folgenden Verben ist. Allein der Fortgang der durch die Psalmüberschrift evozierten Geschichte aus den Samuelbüchern – sofern der Leser sie bereits erkannt hat – bringt eine Klärung der Frage: David stellt sich wahnsinnig und wird daraufhin von Abimelech vertrieben. Auch das zweite Suffix der dritten Person sing. (הוּ) verweist damit aus inhaltlichen Gründen auf David. Subjekt des Handelns ist der zuvor genannte Abimelech. Er vertreibt David. Nochmals wird der Leser mit einer Leerstelle konfrontiert; ein erneuter Subjektwechsel folgt: Und er – David – ging weg (וַיֵּלַךְ).[79]
Psalmüberschrift und Psalmcorpus stehen in einem gewissen Spannungsverhältnis. Der Psalm ist ein Akrostichon, und nach den einleitenden Lobankündigungen des Beters wechselt die Ich-Rede über zu Aussagen in der 3. Person sing. Der Beter spricht über sich selbst in der dritten Person und präsentiert sich in V7 als exemplarisches Ich. Der Psalm, anfangs noch von Anklängen an ein Danklied bestimmt, ist ab V11 von weisheitlicher Belehrung geprägt. Immer wieder setzt der Beter neu an, um die ihm zuteil gewordene Erfahrung der Erhörung und Errettung in

---

[77] Boyarin, Intertextuality, 41 spricht in diesem Zusammenhang ebenfalls von Leerstellen (»gaps«), die der Leser zu vervollständigen hat.
[78] Vgl. Childs, Psalm Titels, 144.146; Slomovic, Formation of Historical Titles, 369f.372; Kleer, Der liebliche Sänger, 91f.99f.
[79] Mit einem ähnlichen Verwirrspiel in der Subjektfrage sind die schriftkundigen Leser in Ps 51,1 konfrontiert (siehe oben S. 59f).

§ 8 David als Leserfiktion – die Psalmenüberschriften

paradigmatischen Formulierungen festzuhalten. Entsprechend folgen Aufforderungen an Dritte zur Gottesfurcht (V9.10.12.14f). Der Psalm konzentriert sich auf das Zeugnis des Beistands Gottes für den Gerechten.
Die Überschrift skizziert eine Handlungsabfolge. Doch zugleich evoziert sie beim ersten Lesen eine Reihe von Fragen: Weshalb stellt sich David wahnsinnig? Wer ist in diesem Zusammenhang Abimelech? Die Leerstellen schicken den Leser auf die Suche. Die Rede vom Wahnsinn Davids verweist ihn auf das singuläre Ereignis in 1 Sam 21: Dort wird erzählt, daß David sich aus Angst vor den Leuten in Gat wahnsinnig stellt und durch sein Verhalten Anstoß erregt. Mit der Überschriftnotiz »und er ging weg« wird auf 1 Sam 22,1 angespielt, wo das Entkommen Davids berichtet wird.
Die Überschrift in Ps 34 spricht davon, daß David seinen Verstand vor Abimelech (אֲבִימֶלֶךְ) wandelte (d.h. sich wahnsinnig stellte); in der Erzählung in 1 Sam 21,11–16 geschieht die Szene jedoch vor dem König Achiš von Gat (אָכִישׁ מֶלֶךְ גַּת). Die Schreibweise in der Überschrift אֲבִימֶלֶךְ (Abimelech) mag eine »Verballhornung«[80] von אָכִישׁ מֶלֶךְ (Achišmelech) sein. Daß sie auf einen Irrtum zurückgeht[81], scheint unwahrscheinlich. Oder wurde der Name des Königs mit dem des Priesters אֲחִימֶלֶךְ (Achimelech), bei dem David kurz zuvor (1 Sam 21,2–10) Station machte, verschmolzen?[82] Oder will die Überschrift die gefährliche Lage Abrahams und Saras vor אֲבִימֶלֶךְ (Abimelech) in Gerar (Gen 20)[83] ins Spiel bringen? Der Text läßt diese Leerstelle offen und schickt den Leser damit auf die Reise durch die Geschichte des Volkes Israel. David gerät ähnlich wie seine Stammväter Abraham und Isaak in der Fremde darüber in Unsicherheit, wie er sich gegenüber dem fremden König verhalten soll. Der Name Abimelech, des Königs des Stadtstaates in Gerar, wird zum Prototyp des Königs der Philister.[84] Die Stammväter rechnen jeweils mit Schwierigkeiten und sehen sich in Gefahr, so auch David; doch in allen Geschichten bleiben die Protagonisten verschont. Ps 34 führt mit der Überschrift eine konkrete Situation an, in der Jhwh durch sein Eingreifen in der Fremde den Bedrängten rettet.

---

[80] Hossfeld/Zenger, Psalmen I, 213.
[81] Duhm, Psalmen, XIX spricht von einer Verwechslung; vgl. in letzter Zeit wieder Seybold, Psalmen I, 141.
[82] Der oberägyptische Text und die Vulgata lesen Achimelech in Ps 34,1.
[83] Vgl. Gen 26.
[84] Delitzsch, Psalmen. Erste Hälfte, 283 erklärt Abimelech als »Würdename der philist. Könige«. Ähnlich Craigie, Psalms 1–50, 278: »It is more plausible to assume that Abimelech ... was an offical title for Philistine kings«. Die explizierende Angabe in Gen 26,1 (gegenüber Gen 20), daß Abimelech der Philisterkönig ist, weist in diese Richtung.

Auch die Überschrift in Ps 56 spielt auf die Begegnung Davids mit den Gefolgsleuten des Königs von Gat an. Allerdings ist diese gegenüber Ps 34,1 und 1 Sam 21 anders pointiert:[85]

Ps 56,1: Dem Chorleiter. Nach der Taube der fernen Götter. Für David. Ein Miktam. Als die Philister ihn in Gat ergriffen.
(לַמְנַצֵּחַ עַל־יוֹנַת אֵלֶם רְחֹקִים לְדָוִד מִכְתָּם בֶּאֱחֹז אֹתוֹ פְלִשְׁתִּים בְּגַת)

Die Überschrift spricht vom Ergreifen Davids (אחז). David scheint den Philistern ausgeliefert zu sein. Entsprechend steht auch im Psalmcorpus die Situation der Not im Vordergrund. Die Verse 2–9 sind von der Feindklage bestimmt. Die Erhörungsgewißheit geht einher mit der Erkenntnis, daß Gott zugunsten des Beters eingreift und daß die Feinde von ihrem Treiben ablassen (V10f).
Beide Psalmen bedienen sich gleichermaßen der Stichwortentsprechung. Ps 34 zitiert in der Überschrift aus 1 Sam 21,14: »und er verstellte seinen Verstand«. Ps 56 greift im Psalmcorpus die Formulierung aus 1 Sam 21,13 »und David fürchtete sich sehr« (וַיִּרָא מְאֹד) in der Klage des Beters über seine Furcht in V4 auf: »Am Tag, wenn ich mich fürchte (אִירָא)«. Der Beter weint (V9) und wird verfolgt (V2). Das Psalmcorpus unterstreicht damit die Dramaturgie der Samuelerzählung. Das Motiv der Furcht wird in negierter Form nochmals aufgegriffen: sie wird gewendet (V5.12).
In Ps 34 mag die Aussage in V5 »und aus allen meinen Ängsten (וּמִכָּל־מְגוּרוֹתַי) befreist du mich« als Anknüpfungspunkt gedient haben. Verknüpfungen werden nicht nur über direkte parallele Wortfelder geschaffen wie in Ps 56,4 und 34,1, sondern ein gemeinsamer Vorstellungshorizont genügt (Ps 34,5; 56,1), um assoziative intertextuelle Bezüge zu eröffnen.[86]
Die beiden Überschriften stellen gegensätzliche Kommentare zu 1 Samuel 21 dar. Liest Ps 34 die Geschichte von der Erfahrung der Rettung her und ist an einer Belehrung darüber interessiert, so ist der Tenor des 56. Psalms von der Übermacht der Feinde über den Beter bestimmt. Entscheidend ist die Perspektive, aus der das Ereignis wahrgenommen wird. Die divergierenden Rezeptionsprozesse der Samuelstelle spiegeln

---

[85] Dies führt Seybold dazu, den Konnex zwischen Psalm 56 und der Samuelstelle zu negieren: »Die Szene ist biblisch nicht bezeugt, vgl. 1 S 21,11ff (27;28), gemeint ist die typische Situation der Gefangennahme« (Psalmen, 226). Seybold verliert dabei aus dem Blick, daß das Typische der Überschriften gerade in der Relation zu einer konkreten Geschichte sich entfaltet. Laut Gunkel, Psalmen, 243 bezieht sich die Überschrift auf eine »Legende«, die 1 Sam 21,11ff fortführt.
[86] Vgl. Childs, Psalm Titles, 147f. Er spricht von »general parallels between the situation described in the Psalm and some incident in the life of David«. Linguistische Parallelen seien zweitrangig.

§ 8 David als Leserfiktion – die Psalmenüberschriften 73

die Polysemie eines Ereignisses bzw. des biblischen Textes. Außerdem fordern die Leerstellen in Ps 34,1 zu weiteren intertextuellen Verknüpfungen auf. Dabei wird, wie die Leerstelle in Ps 34,1 (Abimelech) zeigte, das Assoziationsfeld bewußt für eine Vielzahl an biblischen Bezügen offengehalten. Den situativen Psalmenüberschriften liegt es fern, die Biographie Davids nachzuzeichnen. Sie wollen Impulse geben, die zur Rezeption der erzählenden Tradition anregen. Zugleich entwerfen sie ein eigenständiges Davidbild gegenüber dem Davidbild der Samuel- und Königsbücher bzw. dem der Chronikbücher.

Ps 60 – Sieg oder Niederlage?
Ein augenfälliges Beispiel für den Zusammenstoß differierender Leserfiktionen findet sich neben dem bereits analysierten Ps 30 in Ps 60. In Ps 60 folgt auf eine hymnologische Überschrift (V1) zur Aufführungspraxis eine situative (V2):[87]

1 Dem Chorleiter. Nach der Weise der Lilie. Ein Zeugnis. Ein Miktam. Für David. Zum Lehren.
2 Als er mit Aram-Naharim stritt und mit Aram-Zoba, und Joab kehrte zurück, und er schlug die Edomiter im Salztal, 12.000.

Die Überschrift ist neben Ps 18,1 die einzige, die von einem Sieg Davids berichtet. Der Leser erwartet daher ein Danklied, doch konträr zur Erwartung folgt ein Klagelied des Volkes.[88] Die Überschrift faßt verschiedene Auseinandersetzungen mit Aram-Zoba und mit Edom zusammen, wie sie in 2 Sam 8,1–14 (par. 1 Chr 18,1–13) dargestellt werden. Auch Moab und Philistäa, die im Psalmcorpus genannt sind, werden in 2 Sam als Besiegte Davids aufgelistet. Obgleich im ersten Teil der situativen Überschrift der militärische Konflikt durch das Suffix auf David rückbezogen ist, kommt im zweiten Teil Joab der aktive Part zu: er soll 12.000 Edomiter erschlagen haben. In 2 Sam 8 wird hingegen nur von David berichtet, er habe 22.000 Aramäer (V5 vgl. 1 Chr 18,5) und 18.000 Mann, ebenfalls Aramäer, im Salztal (V13) getötet.[89] Nochmals davon unterschieden ist die Angabe in 1 Chr 18,12: Dort ist Abischai, der Bruder Joabs, der Feldherr.
Die Rückblende aus Anlaß des Streits mit Edom in 1 Kön 11,15f wirft ein ganz anderes Licht auf den Kampf Davids mit den Edomitern. Hier wird Joab – wie in der Psalmüberschrift – die entscheidende Rolle zuge-

---

[87] Vgl. Childs, Psalm Titles, 146ff und Kleer, Der liebliche Sänger, 102–106.
[88] Dies veranlaßt Gunkel, Psalmen, 259 zu dem Urteil: »Die Überschrift hat den Psalm, in völligem Mißverständnis seines Inhalts, auf Davids Kampf mit den Aramäern und Edomitern bezogen«.
[89] Der Unterschied in der Anzahl mag mit einer Verwechslung von שְׁנַיִם (2) und שְׁמֹנֶה (8) erklärt werden (so Gunkel, Psalmen, 259).

schrieben. Er habe alles Männliche in Edom erschlagen (1 Kön 11,15.17).[90]
Daß der militärische Erfolg den Heerführern Davids zuerkannt wird, Joab in der Psalmüberschrift und in 1 Kön 11 sowie Abischai in 1 Chr 18,12, ist möglicherweise ein Reflex auf 2 Sam 10. In 2 Sam 10 sendet David Joab und dessen Bruder Abischai aus, um gegen die Ammoniter und Aramäer ins Feld zu ziehen. Es wird weiter berichtet, daß Joab die Aramäer in die Flucht schlug (V13). Als sich diese erneut zum Kampf versammeln, werden sie von David geschlagen (V17). Es liegt nahe, 1 Chr 18 und Ps 60,2 jeweils als zwei unterschiedliche kombinatorische Leseprozesse von 2 Sam 8 und 2 Sam 10 (par. 1 Chr 19) zu verstehen.[91] Damit läßt sich das Verhältnis von 1 Chr 18 und der Psalmüberschrift eher als ein Nebeneinander denn als ein Nacheinander beschreiben. 1 Chr 18 spricht in Übereinstimmung mit 2 Sam 8,13 von 18.000 Erschlagenen. Die Septuaginta, die syrische Überlieferung und einige hebräische Handschriften bezeugen gemäß der geographischen Lokalisierung des Kampfes im Salztal eine Schlacht gegen Edom und nicht gegen Aram, wie der MT.[92] Außerdem heißt es in 2 Sam 8 im darauffolgenden V14, daß David in Edom Vögte eingesetzt hat. Die Rede von den gefallenen Edomitern, die auch in der Psalmüberschrift genannt werden, läßt sich entsprechend als konsequente Exegese von 2 Sam 8 erklären. Zugleich verweist sie auf das Gotteswort im Corpus von Ps 60: »auf Edom will ich meine Sandale werfen« (V10).
Die vermeintlichen machtpolitischen Errungenschaften eines davidischen Herrschers werden in den als Gottesspruch formulierten Versen 8–10 korrigiert.[93] Das Gebiet, das mit Ephraim und Juda als Kernland davidische Verhältnisse widerspiegelt[94], wird als Gottes Herrschaftsbereich deklariert: »Mein ist Gilead, mein ist Manasse« (V9a). Die Erobe-

---

[90] Gegen diese Anspielung führt Kleer, Der liebliche Sänger, 105 an, daß die Ortsangabe »im Salztal« fehle. Zudem stehe in 1 Kön 11,15, Joab habe *alles* Männliche ausgerottet, die Überschrift hingegen spreche von 12.000 Mann.
[91] Vgl. Delitzsch, Psalmen, 429, der Ps 60,2 als Kompilationsprozeß von 2 Sam 8 und 10–12 deutet.
[92] In der Septuaginta wird allerdings keine Aussage darüber gemacht, wer in dieser kriegerischen Auseinandersetzung getötet wird. Genannt wird dort nur die Zahl.
[93] Diese Verse sind durch die Textstruktur beim Leseprozeß nicht als ein Heilsorakel gekennzeichnet (vgl. Emmendörffer, Der ferne Gott, 169). Nach der Bitte um Erhörung (V7b Qere bzw. Ketiv) hält der Beter Gott anklagend dessen Zusage, die er im Heiligtum erhalten hat – ohne daß dabei von einem institutionell vermittelten Zuspruch ausgegangen werden muß – in Form eines wörtlichen Zitates entgegen. Anders Tournay, Seeing and Hearing God, 178f.180, der von einem Orakel eines levitischen Sängers für die Verse 7f ausgeht.
[94] Vgl. Weiser, Psalmen, 297. Seybold, Psalmen, 237.239 sieht darin einen Hinweis auf die josianische Restaurationspolitik, die die davidischen Verhältnisse wiederherstellen will.

§ 8 David als Leserfiktion – die Psalmenüberschriften

rung des Landes hat sich daher nicht, wie die Überschrift vordergründig suggeriert, militärischen Erfolgen zu verdanken. Vielmehr sind diese nur mit Gottes Hilfe möglich, wie der Psalmbeter in V14 bekräftigt: »Mit Gott werden wir mächtige Taten tun«. Die Grundeinsicht in das eigene Unvermögen ist das Movens des Psalms. Rückblickend von der Klage »Du hast das Land erschüttert« (V4aα), erscheint die Überschrift in einem veränderten Licht. Umgekehrt erhalten auch die Klagen und Bitten vor dem Hintergrund der Psalmüberschrift eine andere Dimension. Der Zuspruch im Zitat des Gotteswortes, daß Gottes Besitzansprüche geographisch gesprochen vom Norden (Manasse/Ephraim) bis in den Süden (Juda/Moab/Edom) und vom Ostjordanland (Sukkot) bis an die Küste im Westen (Philistäa) reichen, wird in der narrativen Überschrift exemplifiziert und teils eingelöst.[95] Wie schon zu Davids Zeiten wird jede nachfolgende Generation Rettung vor den Bedrängern erfahren. Das gilt es zu tradieren.

Der Psalm bezieht sich zusammen mit der Überschrift auf eine längere Phase kriegerischer Auseinandersetzungen, die von Sieg und Niederlage gleichermaßen geprägt ist. In diesem Zusammenhang ist auch die marginale Notiz in 1 Kön 11 zu lesen, daß Joab hinaufzog, um die erschlagenen Israeliten zu begraben. Das Psalmcorpus nimmt gegenüber der Überschrift und ihrer Siegesmeldung eine kritische Funktion wahr. Möglicherweise ist es die Einsicht in das Ineinander von Sieg und Niederlage, die eingeübt (למד V2) werden soll. Denn Ps 60,2 gibt vor, ein Lehrgedicht zu sein, das David seinen Kriegern vorträgt; allerdings wohl nicht zur Einübung in die rechte Kampftechnik[96], sondern als Einübung in das rechte Singen bzw. Vortragen des Psalmliedes.[97]

---

[95] Eine politisch-geschichtliche Deutung dieser Gebiete, wie sie unabhängig von der Psalmüberschrift naheliegt, impliziert den Untergang des Nordreiches und die Situation des Exils für das Südreich. Mit Moab, Edom und Philistäa sind Namen feindlich gesinnter bzw. agierender Nachbarvölker Judas kurz vor dem Exil genannt (vgl. Spieckermann, Heilsgegenwart, 105 und Emmendörffer, Der ferne Gott, 162f, der den Psalm in nachexilische Zeit datiert).

[96] So allerdings Delitzsch, Psalmen, 429 und Kittel, Psalmen, 208.

[97] Vgl. Jenni, Art. למד, 873. An vier weiteren Stellen bezeichnet למד (im Pi bzw. Pu) das Erlernen eines Liedes. Vom Moselied wird ausdrücklich gesagt, daß es aufgeschrieben werden soll, um es Israel als bleibendes Zeugnis (עֵד) für Mose zu lehren (Dtn 31,19.22). Vgl. die Notiz עֵדוּת in der Überschrift. Als David sein Klagelied (קִינָה 2 Sam 1,18) über Sauls und Jonatans Tod anstimmt, heißt es: »und er sagte, daß man den Söhnen Judas den Bogen lehren sollte. Siehe es ist geschrieben in dem Buch des Aufrichtigen«. Wie beim Lied des Mose wird in 2 Sam 1 der Akt der Verschriftlichung und damit das dauerhafte Tradieren des Liedes betont. In Jer 9,19 werden die Frauen aufgefordert, ihre Töchter in den Klagegesang (קִינָה) einzuweisen. Die Liste der Musiker und Sänger Davids in der Chronik (1 Chr 25,7) spricht von 288 im Gesang für Jhwh Geübten. Zentrales Anliegen in den aufgeführten Stellen ist die fortdauernde Überlieferung eines Liedes und die rechte Weise des Vortrags.

Die Weitergabe von Ps 60 ist deshalb so wichtig, weil in Erinnerung bleiben soll, daß die Beter wie zu Davids Zeiten Rettung von ihren Feinden durch Jhwh erfahren. Dies gilt es zu lehren. In der Situation äußerster Bedrängnis inmitten der Volksklage wird in der narrativen Sequenz der Überschrift den verzweifelten Lesern vor Augen geführt, welche konkrete Bedeutung den Verheißungen Gottes (V8–10) zukommt. Darin erweist sich die Überschrift mit ihren Siegesmeldungen als identitätsstiftende Leserfiktion für das zerstreute Volk.

Die konkurrierenden Perspektiven, die dem Leser angeboten werden, lassen sich nicht in eine Richtung auflösen. Sie fordern den Leser dazu auf, die eigenen, sehr wohl vom Text erzeugten Erwartungen aufzugeben.

Die Überschrift mit ihren vielfältigen Anspielungen in Ps 60,2 (2 Sam 8.10; 1 Kön 11; 1 Chr 18) und in Ps 34,1 macht deutlich, daß Psalmenüberschriften nicht einfach die narrativen Traditionen kopieren, sondern vielmehr kreative Rezeptionsvorgänge darstellen, wobei diese sich nicht willkürlich vollziehen. Der Assoziationsrahmen ist definiert durch die Polysemie des Textes, und damit an die Schrift gebunden.

Die Psalmenüberschriften und ihre Leerstellen in narrativen Texten
Bei den intertextuellen Verknüpfungsprozessen zwischen 1 Sam 21 und Ps 34 (respektive Ps 56) bringen die Lesenden, ausgehend von den Rezeptionssignalen, die Texte miteinander ins Gespräch. Diese innertestamentlichen Verknüpfungen sind primär durch die Überschriften initiiert, wobei die narrativen Texte diesen Prozeß mittels Wort- und Gedankenverbindungen befördern.

Darüber hinaus bieten einige wenige Episoden der biblischen Überlieferung direkten Anhalt dafür, daß David sich in bestimmten Situationen mit Worten des Gebets bzw. eines Psalms zu Gott gewandt haben könnte. Ein Rezeptionssignal ganz anderer Art als in den Überschriften stellen formale Leerstellen in den erzählenden Büchern des Pentateuchs und in den Geschichtsbüchern, allen voran in 1/2 Samuel, dar. Den Psalmen kommt dabei, motiviert durch ihre situativen Überschriften, die Bedeutung zu, diese Leerstellen nicht einfach auszufüllen, sondern auszulegen. Die moderne rabbinische Exegese spricht von Pisqah Be'emsa' Pasuq (p.b.p.).[98] Die p.b.p. ist eine im Schriftbild gekennzeichnete Leerstelle[99], oder wörtlich eine »Abschnittseinteilung in der *Mitte* eines Verses«[100]. Sie zeigt »einen inhaltlichen Bruch« an[101]. Dies geschieht in

---

[98] Vgl. Talmon, Pisqah; Fishbane, Biblical Interpretation.
[99] Fishbane, Biblical Interpretation, 405 spricht von »intersential lacuna« (vgl. Watts, Psalm and Story, 182–185).
[100] Tov, Der Text der Hebräischen Bibel, 42.
[101] Tov, Der Text der Hebräischen Bibel, 43.

§ 8 David als Leserfiktion – die Psalmenüberschriften 77

Anlehnung an die Markierung der Paraschen mit einem ס bzw. פ. Bereits in der Erscheinungsform des Textes wird die Leerstelle für den Psalm festgehalten. Das ס und der damit verbundene optische Freiraum unterbricht häufig den Satz und so den Lesefluß.
Auch in diesem Zusammenhang stoßen wir auf das Phänomen, daß einer p.b.p., einer formalen Leerstelle in der Versmitte, mehrere Psalmen zugeordnet werden können. Die in 2 Sam 16,13 mit einem פ gekennzeichnete p.b.p. mag auf Ps 3 hin gelesen werden: »Und David machte sich mit seinen Männern auf den Weg, um seinem Sohn zu entkommen«, da bat er Gott um Beistand. Eine Verknüpfung mit außermasoretischen Psalmen wie 11QPs^a Ps 151 legt die mit ס gekennzeichnete Leerstelle in 1 Sam 16,12 nahe.[102] Die p.b.p. lädt den Leser ein, innezuhalten und anhand des autobiographischen Ps 151, sofern dieser zu seinem Leserepertoire gehört, die Perspektive Davids einzunehmen. Der Erzählfluß wird unterbrochen. Die Spannung steigt. Die Leerstelle läßt den Leser die Frage stellen, ob David, der gerade von seinen Schafen geholt wurde, gesalbt wird. Die Anweisung Gottes, David zu salben (1 Sam 16,12b), wird verzögert. Der p.b.p kommt eine dramaturgische Funktion zu.
Die Konfrontation Davids mit seinem Ehebruch durch Nathan in 2 Sam 12 enthält zahlreiche Anklänge an Ps 51[103], dessen situative Überschrift David, Bathseba und Nathan mit jeweils demselben Verb בוא (kommen/gehen) verkettet. David bekennt in 2 Sam 12,13 mit den Worten aus Ps 51,6 seine Schuld, wobei der Richtungswechsel zu beachten ist: Wendet er sich im Psalm direkt an Gott »Gegen dich allein habe ich gesündigt«, so spricht er im Samuelbuch zu Nathan in dritter Person über Gott. Einige Handschriften, denen sich auch die BHS anschließt, unterteilen außerdem V13 mit Hilfe einer p.b.p. und kennzeichnen dies mit einem ס.[104] Das Schriftbild als formale Leerstelle im Text lädt den Leser dazu ein, mit den Worten des einundfünfzigsten Psalmbeters fortzufahren, um in ein ausführliches Schuldbekenntnis einzustimmen.
Teilweise wird die p.b.p. als Platzhalter für verlorenes bzw. unterdrücktes Material gedeutet. Im Blick auf die Samuelbücher, die den weitaus größten Anteil der p.b.p. enthalten, können allerdings zahlreiche Leerstellen mit einem Psalm verknüpft werden. Der lose Charakter der Verknüpfung anhand der Leerstellen verweist darauf, daß es nicht um eine

---

[102] Vgl. Talmon, Pisqah, 19f, der den Status von 11QPs^a Ps 151 und damit der gesamten Psalmenrolle als nichtkanonischen, liturgischen Psalter festzuschreiben versucht. Allerdings kann er diese These nicht mittels der Verknüpfung von Ps 151 mit der Samuelstelle affirmieren. Eher legen seine Ausführungen den gegenteiligen Schluß nahe. Ps 151 wird so in eine Reihe neben kanonische Psalmen wie Ps 3; 51 gestellt (siehe § 9, S. 98–106).
[103] Siehe oben S. 59f.
[104] Die p.b.p. übernimmt hier die Funktion eines Sof Pasuq (vgl. Talmon, Pisqah, 15).

schematische Verbindung zweier Texte geht. Vielmehr ist der Leser zur intensiven Schriftlektüre aufgefordert, wobei keine Harmonisierung angestrebt wird. Die Leerstelle ist durch Hinweise der Umgebung determiniert, und zugleich läßt sie die jeweilige Rezeption offen. Dabei kommt dem Leser selbst und seiner Lebenssituation ein aktiver Part zu. Die Psalmüberschrift wie die Leerstelle in den narrativen Texten lenken den Rezeptionsvorgang. Intertextualität ist daher ein Phänomen, das in den Psalmenüberschriften wie auch in den narrativen Texten angelegt ist, um die verschiedenen Kanonteile aufeinander zu beziehen.

6. Rezeptionsästhetik und Rezeptionsgeschichte (Ps 18)

An Ps 18 wird exemplarisch deutlich, wie ein Psalm durch seine Überschrift neu kontextualisiert wird. Seine Analyse soll das Ineinander von Rezeptionsästhetik und Rezeptionsgeschichte zusammenfassend veranschaulichen. Ps 18 hebt sich in besonderer Weise von den übrigen (David-)Psalmen ab. Als einziger Psalm ist er außerhalb des Psalters in 2 Sam 22 als Abschluß der Davidgeschichte nochmals überliefert.[105] An seiner zweifachen Überlieferung lassen sich die rezeptiven Bewegungen von einem Psalm hin zum narrativen Kontext et vice versa erkennen.[106] Die formgeschichtliche Bestimmung des Psalms ist nach wie vor umstritten.[107]

Durch die Psalmüberschrift (V1) und den abschließenden V51 wird Ps 18 eindeutig auf David und auf den König bezogen.[108] Die situative Überschrift ist nicht wie gewöhnlich mit בְּ und Infinitiv konstruiert, sondern mit einem Relativsatz (אֲשֶׁר) angeschlossen.[109] Sie hat eher Ähnlichkeit mit der Einleitung zu den Abschiedsworten Moses (Dtn 31,30) bzw.

---

[105] Zum Problem der Doppelüberlieferung vgl. Schmuttermayer, Ps 18 und 2 Sam 22; Cross/Freedman, A Royal Song; Kleer, Der liebliche Sänger, 30–34. Zur Frage der Einordnung von 2 Sam 22 in den narrativen Kontext der Samuelbücher vgl. Watts, Psalm and Story, 99–117. Watts ordnet 2 Sam 22 synchron in den Zusammenhang der Kapitel 21–24 ein, im Kontext des Samuelbuches allerdings wird dieser Abschnitt als redaktionelle Einfügung erklärt.

[106] Unverständlich bleibt daher, weshalb Berry, The Psalms and their Readers, v.a. 65.77.88, der am Lesen und am Leser der Psalmen interessiert ist, in seiner Studie zu Ps 18 sowohl die Doppelüberlieferung als Phänomen unterschiedlicher Leseakte als auch die Psalmüberschrift unberücksichtigt läßt.

[107] Zur Einordnung von Ps 18 vgl. Mathys, Dichter und Beter, 140–157; Vesco, Lecture Davidique; Hossfeld/Zenger, Psalmen I, 118–128.

[108] Vesco, Lecture Davidique, 5–62 zeichnet exemplarisch die von der Psalmüberschrift gewiesene Leseanweisung – als Lektüre auf David hin und von ihm her – an Ps 18 nach.

[109] Ansonsten ist nur noch die Überschrift in Ps 7,1 mit Hilfe eines Relativsatzes konstruiert.

§ 8 David als Leserfiktion – die Psalmenüberschriften

Davids (2 Sam 23,1) als mit den biographischen Überschriften des Psalters:

1 Dem Chorleiter. Im Blick auf den Knecht Jhwhs. Für David, der zu Jhwh die Worte des Liedes sprach an dem Tag, als Jhwh ihn aus der Hand aller seiner Feinde und aus der Hand Sauls errettete.

לַמְנַצֵּחַ לְעֶבֶד יְהוָה לְדָוִד אֲשֶׁר דִּבֶּר לַיהוָה אֶת־דִּבְרֵי הַשִּׁירָה הַזֹּאת בְּיוֹם הִצִּיל־יְהוָה אוֹתוֹ מִכַּף כָּל־אֹיְבָיו וּמִיַּד שָׁאוּל

Die Überschrift in Ps 18 und die narrative Einbettung in 2 Sam 22 stellt eine Einladung dar, die Geschichte Davids zu lesen, um die Leerstelle zu verstehen, die mit der Formulierung »an dem Tag, als Jhwh ihn errettete«, geschaffen wurde.[110] Sie spricht bestimmt, und doch bleibt offen, von welchem Tag die Rede ist, an dem Jhwh David aus der Hand aller seiner Feinde befreit hat. Nicht an ein singuläres Ereignis ist gedacht, denn die Erfahrung der Rettung durch Jhwh läßt sich nicht auf ein Datum eingrenzen.[111] Fast summarisch bündeln sich in der Überschrift die Erfahrungen Davids mit Jhwh.[112]

Die Überschrift in Ps 18 verweist auf die Samuelbücher und damit auf die Doppelüberlieferung im narrativen Kontext der Geschichte Davids in 2 Sam 22. Innerhalb des Kontextes der Samuelbücher mag die Angabe den Abschluß der militärischen Auseinandersetzungen, die im vorhergehenden Kapitel 21 expliziert werden, referieren, ohne allerdings einen expliziten Bezug zum Kontext aufzuweisen.[113] Der Leser, der – ausgehend von der Überschrift in den Samuelbüchern – auf die Suche geht, tut dies, ohne eine konkrete Situation vor Augen zu haben. Singulär ist, daß eine solche Suchbewegung zur Rezeption des Psalms im Samuelbuch geführt hat. Oder ist der Rezeptionsprozeß in umgekehrter Richtung verlaufen, daß ein Leser ein Gebet aus der erzählenden Tradition in den Psalter aufnahm?

Ein vergleichender Blick auf die beiden Überschriften gibt Indizien an die Hand, wie sich die Rezeptionsprozesse vollzogen haben könnten.[114]

---

[110] Vgl. Vesco, Lecture Davidique, 17.
[111] Vgl. Hertzberg, Die Samuelbücher, 324: »[...] man wollte das gesamte militärische Handeln des Königs durch den Psalm kennzeichnen und deuten. Darum steht er an dieser Stelle. Denn in 21,15–22 wird zum letzten Mal von kriegerischer Betätigung Davids gesprochen«.
[112] Vgl. Hertzberg, Die Samuelbücher, 324: »Ps 18 hat umfassende Bedeutung. Ja er liefert den theologischen Kommentar zur Davidgeschichte«.
[113] Vgl. Watts, Psalm and Story, 101.
[114] Zu den Textvarianten in 2 Sam 22 gegenüber Ps 18 vgl. Schmuttermayer, Ps 18 und 2 Sam 22. Die Beschreibung der unterschiedlichen Rezeptionsvorgänge von Ps 18 und 2 Sam 22 bedarf keiner Rekonstruktion des ursprünglichen Textes. Gerade aufgrund der Doppelüberlieferung wurden die Texte unterschiedlichen Überlieferungsprozessen ausgesetzt, bewußten in Form von redaktionellen Bearbeitungen wie unbewußten in Form von Abschreibefehlern (vgl. Schmuttermayer, Ps 18 und 2 Sam 22, 18). Cross/Freedman gehen bereits von zwei ur-

Die schlichte Formulierung לְדָוִד לַמְנַצֵּחַ ist in Ps 18 durch einen Zusatz gesperrt: »für den Knecht Jhwhs«. Dieser für die Psalmenüberschriften charakteristische Teil לַמְנַצֵּחַ לְעֶבֶד יְהוָה לְדָוִד (»Dem Chorleiter. Im Blick auf den Knecht Jhwhs. Für David«) fehlt in 2 Sam 22. Dort findet sich allein eine narrative Einleitung. Es liegt daher nahe, daß die Überschrift aus dem Samuelbuch übernommen und dem Duktus der Psalmenüberschriften angeglichen wurde, ohne daß dabei die spezifische Prägung verlorenging.

Die Bezeichnung Davids als עֶבֶד (Knecht) Jhwhs hat eine Parallele in der Überschrift von Ps 36.[115] Diese Titulierung – obgleich nicht in 2 Sam 22 überliefert – findet in der erzählenden Tradition häufig für David Verwendung,[116] etwa in der Selbstbezeichnung Jhwh gegenüber[117] oder in der Rede Jhwhs im Zusammenhang mit Verheißungen an das Geschlecht Davids[118]. Der עֶבֶד (Knecht) wird als ein von Gott Erwählter charakterisiert. Dem Hause Davids wird Gottes Mitsein und ewiger Bestand zugesichert. Die Einführung Davids als עֶבֶד spannt den Bogen zur Davidverheißung am Schlußvers des Psalms in V51[119] (vgl. Ps 132,10: dort steht עֶבֶד parallel zu Gesalbter). Die Näherbestimmung Davids als עֶבֶד läßt sich daher als sekundäre Rezeptionsbewegung, ausgehend von den Samuelbüchern hin zu Ps 18, verstehen. Daß die Formulierung לְעֶבֶד יְהוָה in die Überschrift von 2 Sam 22 keinen Eingang gefunden hat, erklärt sich nicht nur aufgrund der fehlenden Konstruktion לַמְנַצֵּחַ. So hätte עֶבֶד יְהוָה auch im Verbund mit der einleitenden Notiz וַיְדַבֵּר דָּוִד (»und es sagte David«) als Näherbestimmung Davids anschließen können. Gerade das häufige Vorkommen dieses Titels in der Davidgeschichte erklärt das Fehlen. Das Rezeptionssignal, der Verweis auf die Verheißungen, erschien im Kontext der Samuelbücher überflüssig.

Auch ist die innerhalb des Psalters nur einmal überlieferte feminine Form שִׁירָה anstelle des üblichen שִׁיר in der erzählenden Tradition des (deuteronomistischen) Geschichtswerkes, in das 2 Sam 22 integriert ist,

---

sprünglich unterschiedlichen Traditionen aus, die erst im Laufe der Zeit eine Harmonisierung erfuhren (A Royal Song, 15), wobei 2 Sam 22 für sie die ältere Variante darstellt.

[115] Auch im Psalmcorpus findet sich dieser Titel für David (Ps 78,70; 89,4.21; 132,10; 144,10).

[116] Vgl. Simian-Yofre, Art. עֶבֶד, 991–993.

[117] Vgl. 1 Sam 23,10f; 25,39; 2 Sam 7,19.20.21.25.26.27.28.29 par. 1 Chr 17; 2 Sam 24,10 par. 1 Chr 21,8.

[118] 2 Sam 3,18; 7,5.8; 1 Kön 11,13.32.34.36.38; 14,8; 2 Kön 19,34; 20,6.

[119] Diese Beobachtung veranlaßt Kleer, Der liebliche Sänger, 27 zur Annahme, beide als Einfügung von einer deuteronomistischen Hand zu verstehen.

§ 8 David als Leserfiktion – die Psalmenüberschriften   81

durchaus gebräuchlich.[120] Diese Beobachtungen können so gelesen werden, daß die syntaktisch wie inhaltlich für den Psalter singuläre Überschrift, die den Psalm in den summarischen Erzählkomplex 2 Sam 21–24 einordnet, als Überschrift von dort in variierter Form für den Psalter übernommen wurde. Anstelle des syntaktisch auffälligen Relativsatzes, der sich an לְדָוִד in Ps 18,1 anschließt, steht in 2 Sam 22 ein einfacher Hauptsatz.

Die Psalmüberschrift wurde ganz im Tenor der einführenden narrativen Notiz und des Subskripts des Moseliedes (Dtn 31,30; 32,44) formuliert:[121] In 2 Sam 22,1 respektive in Ps 18,1 heißt es, daß David die Worte des Liedes (אֶת־דִּבְרֵי הַשִּׁירָה) gesprochen (דבר) hat. Im Psalmcorpus ist die Rede davon, daß er den Namen Gottes mit Gesang und Lied verherrlichen will (זמר V50). Scheinbar unverbunden stehen hier zwei Davidbilder nebeneinander: David der Sänger und David der Beter. In 2 Sam 23 sind die letzten Worte Davids festgehalten und zugleich ist die Rede von den Gesängen. Die Titulierungen Davids in der einleitenden Überschrift zu 2 Sam 23 kulminieren in der doppelsinnig deutbaren Prädikation: נְעִים זְמִרוֹת יִשְׂרָאֵל[122]. Auf dem Hintergrund der Samuelbücher ist es plausibel, diese Formulierung aktivisch im Sinne von »lieblicher Sänger der Gesänge Israels« zu verstehen. Die Lieder Davids sind nicht mehr nur Privatlieder zum Leierspiel, sie tragen öffentlichen Charakter. Davids Psalmen sind geisterfüllt. Sein Wirken wird in 2 Sam 23 mit dem eines Propheten parallelisiert. Das gesprochene und das gesungene Wort bilden keine sich ausschließenden Gegensätze. Mit der Aussage, daß Davids Worte durch den Geist Gottes inspiriert sind (2 Sam 23,2), wird sein Gesang wie sein Gebet von menschlichen Bemühungen abgehoben.

Auf der Ebene des masoretischen Textes lassen sich Rezeptionsbewegungen in beide Richtungen, vom Psalm zum Samuelbuch et vice versa, verfolgen, wobei die Davidüberlieferung der Geschichtsbücher das Rezeptionsfeld bildet.[123] Der Rahmen (V1 und V51) fügt das Gebet in den Gesamtduktus der Davidüberlieferung ein. Die Rezeptionsbewegung für die Überschrift nahm ihren Ausgang in den Samuelbüchern und führte von dort zu Ps 18. Hatte der Psalm seinen ersten Kontext innerhalb des ersten Davidpsalters[124], so gab wohl die einfache Verknüpfung des Psalms mit David (לְדָוִד) den Anstoß für die Bezugnahme auf die

---

[120] Während שִׁירָה an fünf Stellen im Dtn Verwendung findet (31,19bis.21.22.30; 32,44), gibt es für שִׁיר dort keinen Beleg.
[121] Zur Parallelität der beiden Texte 2 Sam 22 und Dtn 31,30 bzw. 32,44; vgl. Vesco, Lecture Davidique, 54f und Watts, Psalm and Story, 106f.
[122] Vgl. Kleer, Der liebliche Sänger, 71–73.
[123] So auch Kleer, Der liebliche Sänger, 27f.
[124] Vgl. die redaktionskritische Analyse Kleers, Der liebliche Sänger, 23–26.

Samuelbücher. Dabei wurde dann eine der Gesamtkomposition des Abschlusses der Davidgeschichte entsprechende Überschrift geschaffen. Die narrative Einleitungsnotiz, die für die Einbettung des Psalms in die Samuelbücher formuliert wurde, wirkte zurück auf Ps 18 und wurde zu einer narrativen Psalmüberschrift transformiert. Durch die biographische Einordnung in das Leben Davids erhält der Psalm auch im Kontext des Psalters eine neue Leserichtung, wie im folgenden an ausgewählten Punkten verdeutlicht wird.

Die Gottesepitheta in V3 erhalten durch die Überschrift vor dem Hintergrund der Samuelbücher Bezüge zum Leben Davids:[125]

3 Jhwh, mein Fels (סַלְעִי) und meine Bergfeste (וּמְצוּדָתִי) und meine Zuflucht. Mein Gott, mein Felsvorsprung (צוּרִי), auf dem ich mich berge, mein Schild und das Horn meiner Hilfe, meine Zuflucht.[126]

David stieg zu einem Felsen (סֶלַע 1 Sam 23,25) hinab, als er hörte, daß Saul und seine Leute ihm nachstellten. Wiederholt fand David auf einer Bergfeste Zuflucht (מְצוּדָה 1 Sam 22,4.5; 23,14.19; 24,1.23; 2 Sam 5,17; 23,14).[127] Wenn David Jhwh als Fels und Bergfeste bezeichnet, dann verschränkt sich darin seine Weltwahrnehmung und seine Gotteserfahrung. Die Anrede Jhwhs mit »Fels« (צוּר)[128] erweist sich auf dem Hintergrund der Davidgeschichte als erfahrungsgesättigte Rede von Gott.[129] Der Fels, der David sicheren Schutz vor den Nachstellungen Sauls bietet, macht Gottes Beistand und somit das Wesen Gottes konkret erfahrbar.[130]

---

[125] Vesco, Lecture Davidique, 29 zeichnet detailliert die wechselseitige Auslegung zwischen dem Psalm und der Davidgeschichte nach.

[126] 2 Sam 22,3 ist gegenüber Ps 18,3 um ein Kolon erweitert: »und meine Zuflucht (מְנוּסִי). Mein Retter, vor Gewalttat rettest du mich«. Daß מָנוֹס (Zuflucht) nur in 2 Sam 22 Verwendung findet, liest Mathys (Dichter und Beter, 151) als ein Zeichen dafür, daß die Anrede in den V2f »nie ohne Bezug auf die beiden Samuelbücher existiert« hat. Denn מָנוֹס findet sich im Psalter nur noch in Ps 59,17 und 142,5, zwei Psalmen, die durch ihre Überschriften mit den Samuelbüchern verknüpft sind. Wohl stellt dieser Versteil das Ergebnis des Kontextualisierungsprozesses des Psalms in seinem neuen Rahmen (den Samuelbüchern) dar. Eine Priorität von 2 Sam 22 ist daher nicht zwingend.

[127] Auch an Jerusalem, die Feste Zions, kann gedacht werden (vgl. 2 Sam 5,7.9.17). Vgl. zum realen Bildgehalt der Metapher Keel, Die Welt der altorientalischen Bildsymbolik, 159f.

[128] Die Gottesbezeichnung צוּר findet sich neben der Verwendung in 2 Sam 22 noch in 2 Sam 23,3 und Dtn 32,4.

[129] Seifert, Metaphorisches Reden, 77.262 expliziert am Hoseabuch ihre Grundannahme, daß jegliches metaphorisches Reden von Gott eine Offenbarung Gottes voraussetzt und in der Geschichte begründet ist.

[130] Vor dem Hintergrund der Samuelbücher versteht Delitzsch, Die Psalmen, 181 diesen Vers ganz ähnlich: »In der Zuflucht, die ihm damals die Naturumgebung des Gebirges gewährte, [...] sieht David nur phänomenelle Besonderungen dessen, was ihm in letztem Grunde J.[Jhwh] selbst war«. Wie das Zitat deutlich

§ 8 David als Leserfiktion – die Psalmenüberschriften

Oder anders formuliert: Die Rede von Gott als Zufluchtsort ist kontextuelle Rede, in der sich die biographische Erfahrung Davids gleichsam verdichtet.[131]
Auf der ersten Rezeptionsebene innerhalb von 2 Sam 22 steht der militärisch und politisch erfolgreiche König dank seiner engen Beziehung zu Jhwh im Vordergrund. Zugleich wird durch die Überschrift, die Anleihen an die Einleitungen von Lied und Segen des Mose aufweist, David neben Mose gestellt.[132] Diese Parallelisierung der beiden großen Figuren ist durch die kompositorische Anordnung im Samuelbuch unterstützt: Wie Mose so wird David am Ende seines Lebens ein Testament als Gebet in den Mund gelegt. Auf den Dankpsalm (2 Sam 22) folgen die letzten Worte Davids (2 Sam 23,1–7), wie auf das Moselied (Dtn 31,30–32,44) der Mosesegen (Dtn 33) folgt.[133]
Auch in Ps 18 mag die Anspielung auf einen militärisch agierenden König mit anklingen. Bedingt durch den intertextuellen Zusammenhang mit den weiteren situativen Überschriften stellt dort die erste Leserfiktion der bedrängte und errettete David dar. Ganz in diesem Sinne läßt sich der einleitende Teil des Psalms (V3–20) in die Reihe der (Dank-)Lieder des einzelnen einordnen.[134] Vom Ende des Psalms (V51) her erhält der Leser von Ps 18 eine Näherbestimmung, die Verse des Dankes für den Sieg über die innen- und außenpolitischen Widersacher (V32–50) als Danklied eines Königs zu lesen:

51 Der groß macht seinem König Rettungstaten und der Gnade gibt seinem Gesalbten, dem David und seinem Samen auf ewig.

---

werden läßt, ist Delitzschs Verständnis der Gottesepitheta anders akzentuiert. Letztlich versteht dieser Gott als Naturphänomen. Im Unterschied zu seiner Position verstehe ich die Anrede Gottes mit Fels wie Eco, Einführung in die Semiotik, 213 als ikonisches Zeichen. »Das ikonische Zeichen konstruiert also ein Modell von Beziehungen [...], das dem Modell der Wahrnehmungsbeziehungen homolog ist, das wir beim Erkennen und Erinnern des Gegenstandes konstruieren. Wenn das ikonische Zeichen mit irgendetwas Eigenschaften gemeinsam hat, dann nicht mit dem Gegenstand, sondern mit dem Wahrnehmungsmodell des Gegenstandes«.

[131] Schneider-Flume, Glaubenserfahrung in den Psalmen, 77 spricht in diesem Zusammenhang von »Felsenfestigkeitserfahrung« des Beters.
[132] Entsprechend läßt sich der Psalter als Tora Davids bezeichnen (vgl. Kratz, Die Tora Davids, 1–34). Frühe rabbinische Kommentatoren parallelisierten die fünf Bücher Moses mit der Fünfteilung des Psalters.
[133] Vgl. zur editorischen Intention der Einfügung des Psalms in 2 Sam 22 Watts, Psalm and Story, 106f.110–117.
[134] Vgl. das literarkritische Urteil von Hossfeld, Der Wandel des Beters, 190, der in V3–7 (8–16a) 17–20 eine spätvorexilische Erweiterung zum Danklied des einzelnen sieht; ähnlich Mathys, Dichter und Beter, 147.

Der auffällige Perspektivenwechsel von der Anrede Jhwhs in der ersten Person sing. in V50 zur Rede nicht nur über Jhwh, sondern auch über den Beter[135] ist für den Lesevorgang von Bedeutung. Nicht das Ich des Beters selbst identifiziert sich mit König David, dieser Schritt wird seitens Dritter vollzogen. Gottes Gnade und ewiger Bestand wird ihm von außen zugesprochen. Stilistisch wie inhaltlich entspricht dies dem Tenor der Samuelbücher, etwa dem des Nathanorakels.[136] In diesem zweiten Schritt nimmt der Psalmleser David nicht allein als Bedrängten, sondern auch als öffentliche Person und damit als König wahr.[137]
Wurde der Tod Sauls bereits in 1 Sam 31 berichtet, so ist die Auseinandersetzung doch erst mit der fast vollständigen Vernichtung der Nachkommen Sauls (2 Sam 21) zum Abschluß gekommen. Die generalisierende Formulierung »aus der Hand der Feinde« steht für die zahlreichen Siege Davids, zuletzt über die Philister (2 Sam 21,15ff). Gleichsam testamentarisch – die Rivalität mit Saul bestimmte über weite Strecken die Aufstiegsgeschichte Davids – verdichtet sich in diesem (Dank-)Lied die Erkenntnis, daß Gott zugunsten Davids und darin zugunsten der Bedrückten (עֲנִי vgl. V26ff) eingreift. Die biographische Erfahrung der Rettung wird öffentlich zugänglich gemacht. Bestimmendes Thema des gesamten Psalms ist die Rettung (ישׁע V3.4.28.36.42.47.51)[138]. Im Akt des Lesens von Ps 18 vollzieht sich eine nochmalige Reindividualisierung beim Lesen der Verse 21–25.[139] Die persönliche Frömmigkeit des impliziten Beters (Davids) wird zum Paradigma erhoben.[140]
Der Psalm ermöglicht eine zweifache Rezeptionsbewegung: Das Schicksal des einzelnen ist transparent für die Rettungserfahrungen des Königs et vice versa.[141] Die einmal vom Text evozierten Bilder werden im Prozeß des Lesens vom Text selbst revidiert, und zugleich bietet der Psalm dem Leser die Möglichkeit einer Synthese der unterschiedlichen Leserichtungen an, ohne dabei die divergierenden Davidbilder zu nivellieren. Der Psalm, obgleich er nicht den Erzählstrang der Samuelbücher weiter-

---

[135] Für Veijola, Ewige Dynastie, 121f gibt dieser Wechsel Anhalt für eine redaktionelle Hand in V51.
[136] Vgl. Vesco, Lecture Davidique, 51.
[137] Vgl. Mathys, Dichter und Beter, 147.
[138] Vgl. Vesco, Lecture Davidique, 32f.
[139] Für Veijola, Ewige Dynastie, 123 gehen die V22–25 auf die Hand eines nomistischen Redaktors (DTrN) zurück, für den David »der gerechte und fromme König par excellence« ist.
[140] Allerdings wird erst vom Ende des Psalms her bzw. im Kontext des deuteronomistischen Geschichtswerks darin das vorbildliche Verhalten des *Königs* gesehen (anders Kleer, Der liebliche Sänger, 14f). Auch Berry, The Psalms and their Readers, 79 betont die moralische Integrität des Königs.
[141] Vgl. Zitat aus Midr. zu Ps 18 zitiert nach Preuß, Die Psalmüberschriften, 50: »Alles, was David in seinem Buche [der Psalmen] gesagt hat, hat er in bezug auf sich, und in bezug auf ganz Israel und in bezug auf alle Zeiten gesagt«.

schreibt, ist durch vielfältige Wortfelder mit seinem Kontext verknüpft. Die Einbindung von Ps 18 an dieser Stelle innerhalb der Samuelbücher wurde daher als ein erster Schritt innertestamentlicher Schriftauslegung beschrieben.

Als hermeneutisches Prinzip der situativen Überschriften läßt sich festhalten, daß die Rettungserfahrungen Davids für den bedrängten Beter offen sind. Der in den Psalmenüberschriften explizit genannte Beter David wird zum impliziten, paradigmatischen Leser der Psalmen und stellt darin eine erste Leserfiktion dar.

Die Psalmenüberschriften sind innertestamentliches Zeugnis kontextueller Schriftauslegung. Die Erfahrungen des Beters werden durch die Verknüpfung mit Situationen aus dem Leben Davids gedeutet, und umgekehrt erhalten die Erzählungen in den Samuelbüchern durch die Psalmen einen neuen Interpretationsrahmen. Dieser rezeptionsästhetische Lesevorgang läßt sich mit dem Begriff der Intertextualität erfassen. So wurden neben redaktionsgeschichtlichen Erklärungsmodellen bzw. den rezeptionsgeschichtlichen Fortschreibungsprozessen auch die Bedeutung der Verknüpfungsakte durch die Lesenden deutlich.

Das Ineinander der rezeptionsästhetischen und rezeptionsgeschichtlichen Funktion der Zuschreibung eines Psalms zu David wird im folgenden Paragraphen weiterverfolgt.

§ 9 Das Davidisierungsprogramm im Septuagintapsalter und in 11QPs^a

Am rezeptionsgeschichtlichen Prozeß der Psalmenüberlieferung in der Septuaginta (LXX) und in Qumran läßt sich die rezeptionsästhetische Bedeutung Davids für den Leseprozeß der Psalmen weiter entfalten. Ziel ist es, anhand der Psalmenüberschriften die spezifische Prägung der Figur Davids in der jeweiligen Psalmensammlung zu charakterisieren. Auf die einleitende Übersicht über die Eigenheiten der Psalmenüberschriften in der LXX (1.) folgt die Entfaltung der Bedeutung Davids in den narrativen Überschriften (2.). Ein singuläres Davidisierungsprogramm findet sich im vierten Psalmenbuch der griechischen Tradition (3.). Die Psalmensammlungen aus Qumran (4.), die ältesten auf uns gekommenen Psalmenausgaben, eröffnen für die Frage der Verhältnisbestimmung von LXX und MT neue Perspektiven. Bei der Darstellung des Befunds der davidischen Überschriften in Qumran konzentriert sich der Blick auf die Psalmenrolle 11QPs^a, sie enthält Ps 151, der ebenfalls in der Septuaginta überliefert ist. An diesem Psalm, der Form und Inhalt der narrativen Überschriften weiterschreibt, läßt sich im Vergleich zwischen der griechischen Fassung und der qumranischen die Funktion Davids konturieren (5.). Abchließend (6.) werden die unterschiedlichen hermeneutischen Funktionen Davids in den Psalmensammlungen des MT, der LXX und der Psalmenrolle 11QPs^a einander gegenübergestellt.

1. Der Befund im Septuagintapsalter[142]

Die am masoretischen Text gemachten Beobachtungen zur Funktion der Psalmenüberschriften im Rezeptionsprozeß gewinnen bei einem Vergleich mit dem griechischen Psalter an Prägnanz[143]. Die autobiographische Tendenz ist hier verstärkt. Die Verknüpfung mit David mittels τῷ Δαυιδ geschieht häufiger als im MT. Im ersten Davidpsalter werden die beiden Psalmen, die im MT überschriftslos sind, Ps 33 (LXX 32) und 43 (LXX 42), David zugeordnet. Im vierten und fünften Psalmenbuch ist

---

[142] Die Analyse der Überschriften des Septuagintapsalters geschieht unter Rückgriff auf bereits vorliegende Studien zur Verhältnisbestimmung zwischen dem vorfindlichen hebräischen Text und der Septuaginta bzw. zur Übersetzungstechnik: vgl. Slomovic, Formation of Historical Titles; Pietersma, David in the Greek Psalms, 213–226; Wilson, The Editing of the Hebrew Psalter.

[143] Bereits bei der Deskription des Befundes werden terminologische Schwierigkeiten offenkundig. Rezeptionsgrundlage und damit Referenztext unserer Vergleiche ist der masoretische Text (MT). Da nur Vermutungen über die Gestalt des protomasoretischen Textes gemacht werden können und der griechische Psalter und die Psalmensammlungen aus Qumran älter bezeugt sind, aber nicht einfach als vormasoretisch vereinnahmt werden sollen, wird von außermasoretischen Texten gesprochen.

§ 9 Das Davidisierungsprogramm im Septuagintapsalter und in 11QPs^a   87

das gleiche für Ps 90; 92; 93; 94; 95; 96; 98; 103; 136[144] (LXX) zu konstatieren. Auch Ps 97, im hebräischen Text nur mit einfachem מִזְמוֹר überschrieben, wird mit David assoziiert. Durch die Verknüpfung mit David wird in der LXX der Gruppencharakter der Psalmen 92–98 unterstrichen. Die Gruppe weist außerdem Angaben zur liturgischen Rezeptionspraxis auf. Im Gegenüber zum MT fehlt nur in den Wallfahrtsliedern Ps 121 und Ps 123 die Notiz τῷ Δαυιδ. Jede narrative Notiz, die sich im masoretischen Text findet, hat ihr Pendant in der Septuaginta.
Die Psalmenüberschriften der LXX heben sich von denen des masoretischen Textes durch einige Merkmale ab: Während der masoretische Text lediglich Ps 92 (LXX 91) mit dem Sabbat verbindet, werden in der LXX fünf weitere Psalmen Wochentagen zugeordnet (Ps 23; 37; 47; 92; 93)[145]. Der fortschreitende Davidisierungsprozeß läßt sich auch an der Verbindung von Psalmen mit zusätzlichen Ereignissen aus dem Leben Davids erkennen (Ps 26; 142; 151). Aber auch andere Erzählungen und Personen der Überlieferung fanden Eingang in die Überschriften der LXX: vor allem die Erfahrungen des Exils (Ps 56; 64; 70; 95) und die Auseinandersetzung mit den Assyrern (Ps 75; 79).
Gerade hinsichtlich der narrativen Psalmenüberschriften der LXX ist es communis opinio, daß zahlreiche im MT nicht bezeugte Überschriften nicht auf eine hebräische Vorlage zurückgehen, sondern Reflex einer bestimmten Rezeptionspraxis sind. Diesen Rückschluß legen auch stilistische Merkmale nahe. So übersetzt die LXX die Infinitivkonstruktion der masoretischen Überschriften (בְּ und inf. constr.) durchgängig mit ὁπότε oder mit ἐν und inf.; ὅτε hingegen, das nicht zum Sprachschatz des Psalters gehört, findet in allen außermasoretischen Überschriften Verwendung.
Für die zwölf Psalmenüberschriften, die gegenüber dem MT eine zusätzliche Verknüpfung mit David aufweisen, ist die Problemlage schwieriger. Die außermasoretische Zuschreibung erfolgt durchgängig mit τῷ Δαυιδ, entsprechend der für die LXX üblichen Wiedergabe der Notiz לְדָוִד.[146] Die äußerst seltene Übersetzung dieser Notiz mit dem Genitiv τοῦ Δαυιδ, die nur im ersten Davidpsalter (Ps 16; 25; 26; 27; 36) vorkommt und zudem textkritisch schlecht belegt ist, läßt sich von Überschriftsangaben anderer Psalmen (Ps 64; 137; 139; 145–148) her verstehen. Dort werden die Personen zur Angabe der Verfasserschaft im

---

[144] In anderen griechischen Handschriften bzw. frühen Übersetzungen wird der Psalm neben David auch Jeremia (mittels des Genitivs) zugeordnet. Diese Verbindung mag Resultat dessen sein, daß der Psalm Volksklagelied ist, das die Situation des babylonischen Exils thematisiert.
[145] Auf eine Rezitation am Laubhüttenfest verweist LXX Ps 29.
[146] Vgl. Pietersma, David in the Greek Psalms, 215–218.

Genitiv aufgeführt.¹⁴⁷ Haggai und Sacharija, die in der Überschrift der Ps 145–148 (LXX) im Genitiv stehen, werden so als Autoren dieser Psalmen interpretiert. Entsprechend heißt es in Ps 64,1 LXX:

> 1 In Ewigkeit. Für David. Ein Lied von Jeremia und Hesekiel aus dem Wort der Fremde. Als sie beabsichtigten herauszugehen.
> (Εἰς τὸ τέλος ψαλμὸς τῷ Δαυιδ ᾠδὴ Ιερεμιου καὶ Ιεζεκιηλ ἐκ τοῦ λόγου τῆς παροικίας ὅτε ἔμελλον ἐκπορεύεσθαι)

Neben der gebräuchlichen Verknüpfung des Psalms mit David durch τῷ Δαυιδ (Dativ) wird der Psalm Jeremia und Hesekiel (Genitiv) zugeschrieben. Wie auch die zusätzliche narrative Angabe zum ausgehenden Exil deutlich macht, dient der Genitiv jedoch nicht einfach der Angabe der Verfasserschaft, vielmehr beschreibt er eine konkrete Rezeptionssituation. Denn wenn mit Haggai und Sacharija bzw. Jeremia und Hesekiel eine Angabe zur geschichtlichen Verortung des Psalms gemacht werden soll, dann kann die Zuschreibung zu David nicht ebenfalls als historisch verstanden werden – et vice versa. Der Psalm hält durch die Verknüpfung mit Jeremia und Hesekiel bzw. die narrative Sequenz eine weitere innertestamentliche Auslegungstradition fest. Zugleich erfährt die Person Davids dabei eine fortschreitende Interpretation: Der historische David wird zu einer Figur, auf die nachfolgende Generationen in Krisenzeiten ihre Hoffnung setzen können. Darin wird die eschatologische Dimension der Gestalt Davids sichtbar.¹⁴⁸ Dieser rezeptionsgeschichtliche Prozeß spiegelt das rezeptionsästhetische Phänomen, daß ein Text unterschiedliche Aneignungen erfahren kann. Die beiden Angaben sind daher nicht als konkurrierend zu verstehen. Wie die Angabe לְדָוִד im masoretischen Psalter dient die Notiz τῷ Δαυιδ als Lesehinweis. David wird zum paradigmatischen Leser, wie vor allem die narrativen Überschriften deutlich werden lassen.

2. David als narrative Leserfiktion

Die Verknüpfung der einzelnen Teile des sich formierenden Tenach durch die narrativen Überschriften ist im griechischen Psalter zahlreich belegt. Zwei Aspekte dominieren dabei: Episoden aus dem Leben Davids und nationale Ereignisse; wobei im folgenden die davidische Leserfiktion im Zentrum steht.

Die Anspielungen auf Ereignisse im Leben Davids in den Psalmenüberschriften der Septuaginta entsprechen in ihrem Tenor dem der masoreti-

---

[147] So auch Füglister, Die Verwendung der Psalmen, 375.
[148] Füglister, Die Verwendung der Psalmen, 375 spricht von einer messianischen Deutung.

§ 9 Das Davidisierungsprogramm im Septuagintapsalter und in 11QPs^a   89

schen narrativen Überschriften. Referenzrahmen bilden wie im MT die Samuelbücher. Es sind auch in der LXX Situationen der Not, die herangezogen werden. Eine Ausnahme bildet Ps 26 LXX, den David vor der Salbung (πρὸ τοῦ χρισθῆναι) gesprochen haben soll. Bereits die Verortung ist mehrdeutig. Wird an die Salbung durch Samuel im Kreis seiner Brüder (1 Sam 16,13) oder an die Salbung durch das Volk (2 Sam 5,3) gedacht? Die von der Überschrift evozierte Erwartung wird allerdings durch das Psalmcorpus enttäuscht. Der Psalm enthält keine Königsideologie. Das Motiv der Bedrohung durch Krieg in V3 mag an eine militärische Auseinandersetzung und damit an einen König denken lassen. Doch im Zentrum stehen die weisheitlichen Bitten eines Bedrängten. Eine Leerstelle zwischen Psalmüberschrift und Psalmcorpus bleibt offen. Die Überschrift von Ps 142 LXX verortet den Psalm wie schon Ps 3 MT/LXX in der Situation der Flucht Davids vor seinem Sohn:

1 Ein Psalm. Für David. Als ihn sein Sohn verfolgte.
(ψαλμὸς τῷ Δαυιδ ὅτε αὐτὸν ὁ υἱὸς καταδιώκει)

Einige Textzeugen präzisieren die Situation durch die Angabe des Namens, sie sprechen von Absalom. Ist die Überschrift von Ps 3 aus der Perspektive Davids formuliert, so die von Ps 142 LXX aus der Absaloms. Eine Stichwortverknüpfung der Überschrift von Ps 142 mit dem Psalmcorpus (V3) erfolgt über das Verb »verfolgen« (καταδιώκω). Der Feind, der die Seele (ψυχή) des Ichs verfolgt, gewinnt von der Überschrift her an Konkretion. Der griechische Psalter legt David auf der Flucht vor seinem Sohn zwei Psalmen in den Mund. Die Leerstelle ist damit doppelt gefüllt. Mit dem Kampf gegen Goliath werden ebenfalls zwei Psalmen assoziiert (Ps 143[149] und 151 LXX[150]). Der Leser wird durch die Verknüpfung einer Situation mit zwei Psalmen zu einem kreativen Aneignungsprozeß aufgefordert.
Insgesamt zeichnet sich in der griechischen Überlieferung die Tendenz zur Konkretion ab: Der Sohn wird mit Namen genannt, der Feind nimmt in Goliath konkrete Gestalt an.

Eine paradigmatische Leserfiktion (Ps 69,1 LXX)
Paradigmatisch formuliert die Überschrift von Ps 69 LXX die individuelle Rezeption eines Psalms in Zeiten der Bedrängnis:

---

[149] Durch die zusätzliche Verbindung der Psalmen 142 und 143 mit Szenen aus dem Leben Davids in der Septuaginta entsteht eine Dreiergruppe an situativen Überschriften: Ps 141 in der Höhle, Ps 142 auf der Flucht vor dem Sohn und Ps 143 anläßlich des Kampfes mit Goliath.
[150] Siehe unten S. 98–106.

1 Im Blick auf das Ende.[151] Dem David. 2a Zur Erinnerung, damit mich der Herr rettet.
(Εἰς τὸ τέλος τῷ Δαυιδ εἰς ἀνάμνησιν εἰς τὸ σῶσαί με κύριον)

Der situative Teil der Überschrift weist einige Besonderheiten auf. Obwohl die Überschrift im ersten Teil mit David verknüpft ist, transzendiert die Angabe ein spezifisches Ereignis bzw. generell die Biographie Davids. Ein Blick auf Ps 70,1 MT legt den Schluß nahe, daß die Septuaginta die wohl vormasoretische Verknüpfung mit David übernahm und zu einer situativen Überschrift ergänzte. Die Überschrift formuliert nicht »als David gerettet wurde«, vielmehr hat sie eine Appellstruktur (εἰς und inf.). Sie wird darin an das Psalmcorpus angeglichen, das bis zum letzten Vers von Bitten bestimmt ist.[152] Die Dringlichkeit der Bitte, daß Gott eingreifen soll, manifestiert sich bereits in der Struktur der Überschrift. In einer weiteren Hinsicht ist V2a auffällig. Im Unterschied zu der allgemeingültigen Überschrift in 101,1 LXX (102,1 MT) »ein Gebet des Armen, wenn er schwach ist und seine Sorgen vor Jhwh ausschüttet«, ist die von Ps 69 in der ersten Person sing. formuliert. Dies hebt sie auch von den übrigen situativen Überschriften Davids ab, die allesamt in der dritten Person sing. reden. Damit reiht die griechische Überlieferung die Überschrift auf formaler Ebene in den Duktus des Psalmcorpus ein. Der situative Teil der Überschrift und das Psalmcorpus verschmelzen in Ps 69 (LXX). Biographische Details sowie die Person Davids treten völlig in den Hintergrund. Die Überschrift trägt autobiographischen Charakter und ermöglicht dem Leser und durch das Zurücktreten der Person Davids in verstärktem Maße auch der Leserin Möglichkeiten der Identifikation.

3. Das Davidisierungsprogramm im vierten Psalmenbuch

Verknüpft die Septuaginta die im MT überschriftslosen Psalmen des ersten Davidpsalters mit David und betont damit deren Zugehörigkeit zur Sammlung der Davidpsalmen, so führt sie im vierten Psalmenbuch mit τῷ Δαυιδ weitere Dimensionen des Davidbildes ein.[153] Diese gegenüber dem MT zusätzlichen liturgischen bzw. erzählenden Angaben in der Überschrift greifen nur teilweise auf das Repertoire der narrativen Überschriften des MT zurück.

---

[151] Vgl. Delekat, Probleme der Psalmenüberschriften, 287–289.
[152] Siehe zur offenen Bittstruktur von Ps 70 MT § 13, S. 152–156.
[153] Ganz im Unterschied zur Ausrichtung des vierten Psalmenbuches im MT (vgl. Koch, Der Psalter und seine Redaktionsgeschichte, 262f spricht von einer »antidavidischen Tendenz«).

§ 9 Das Davidisierungsprogramm im Septuagintapsalter und in 11QPsª

Nach dem Gebet Moses (Ps 90, LXX 89), das das vierte Psalmenbuch eröffnet, folgt in der Septuaginta eine Gruppe von Psalmen (90; 92–98), die bis auf Ps 91 (LXX) ausnahmslos David zugeschrieben werden. Sind im masoretischen Text die Psalmen 93–97.99 dadurch gekennzeichnet, daß sie überschriftslos sind (Ps 98 MT ist nur mit מִזְמוֹר überschrieben), so werden sie in der LXX mittels ihrer Überschrift einander zugeordnet. Nur die Überschrift von Ps 91, die auch im MT (Ps 92) den Psalm mit dem Sabbat in Verbindung bringt, enthält keine Zuschreibung zu David. Dieser Psalm ist der Gruppe der Psalmen (92; 94–98 LXX), die die Königsherrschaft Jhwhs besingen, vorgeordnet. Neben der Davidisierung fallen die narrativen Elemente bzw. die Verbindungen mit Wochentagen[154] auf: Ps 91 wird wie im MT mit dem Sabbat assoziiert, Ps 92 mit dem Vortag des Sabbats und Ps 93[155] mit dem vierten Tag.[156] Die Tagespsalmen, zu denen auch Ps 23 LXX (erster Tag) und Ps 47 LXX (zweiter Tag) zurechnen sind, besingen die Königsherrschaft Jhwhs. Die Überschriften dienen einer theologischen Strukturierung der Woche. Der Wochenablauf ist auf den Sabbat ausgerichtet und auf die Proklamation der Herrschaft Gottes.[157] Die Weltschöpfung in sieben Tagen wird mit der Welterhaltung durch das Königtum Jhwhs parallelisiert.

Ps 92 LXX bildet den Auftakt der Jhwh-Königslieder. Er legt den Akzent auf die Königsherrschaft Gottes und begreift diese als ein gegenwärtiges Geschehen. Dies wird in der griechischen Wiedergabe der Formel יְהוָה מָלָךְ mit ἐβασίλευσεν (der Herr wurde König V1b)[158] und nicht zuletzt in der dreigliedrigen Überschrift sichtbar:

Ps 92,1a: Am Tag des Vorsabbats, als die Erde besiedelt worden war. Ein Lobpreis, ein Lied für David.

---

[154] Unter anderem aufgrund der Zuschreibung einzelner Psalmen zu Wochentagen bzw. Festen zieht Schaper, Eschatology in the Greek Psalter, 131–133, den Schluß, daß die griechischen Psalmen in Palästina entstanden, dort im jüdischen Gottesdienst Verwendung fanden und auch von Diasporagemeinden benutzt wurden (Vgl. die Rezension von Peters). Schaper nimmt weder eine Analyse der Überschriften vor, noch äußert er sich zur Rolle Davids. Auch der Vergleich mit den Psalmen in Qumran bleibt aus (vgl. die Rezension von Wright).

[155] Obschon das Königtum Jhwhs nicht explizites Thema von Ps 91 und 93 LXX ist, sind diese den Jhwh-Königspsalmen zur Seite gestellt. Inhaltlich läßt sich ihr Thema der Gerechtigkeit und des Gerichts Gottes als zentrales Anliegen der nachfolgenden Psalmen begreifen: Der Gerechte möge sprossen wie eine Palme (Ps 91,13 LXX), auf die Übeltäter wird ihre Ungerechtigkeit zurückfallen (Ps 93,23).

[156] Die Vetus Latina ordnet den Geschichtspsalm Ps 81 dem fünften Tag zu. Bestimmendes Thema ist die Herausführung aus Ägypten.

[157] Die Mischna (mTaanit 4,2) berichtet, daß Juden, die nicht nach Jerusalem zogen, in der Synagoge die Schöpfungsgeschichte lasen.

[158] Vgl. zur Diskussion um die Formel יְהוָה מָלָךְ im masoretischen Psalter Spieckermann, Heilsgegenwart, 180–186 und Janowski, Das Königtum Gottes, 148–213.

(Εἰς τὴν ἡμέραν τοῦ προσαββάτου ὅτε κατῴκισται ἡ γῆ αἶνος ᾠδῆς τῷ Δαυιδ)

Die erzählende Sequenz der Überschrift weist auf die liturgische Angabe zurück. Der Psalm soll am Tag vor dem Sabbat, als die Erde besiedelt worden war,[159] gesprochen werden oder mit den Worten der Schöpfungsgeschichte in Gen 1,28f: nachdem die Menschen am sechsten Tag geschaffen worden waren und bevor Gott am siebten Tag ruhte.[160] Der Erdkreis (οἰκυμένη V1b) ist befestigt, so daß er nicht mehr wankt. Die Schöpfung, wie sie der Psalm beschreibt, realisiert sich in der Gründung und Stabilisierung der Welt. Der Psalm, dessen Rezeption am Vorsabbat den urzeitlichen Vorgang der Bevölkerung der Erde in Erinnerung rufen soll, wird auffälligerweise als ein Lied Davids bezeichnet.[161] Die bereits mehrfach am MT gemachte Beobachtung, daß die Verknüpfung mit David keineswegs im Sinne einer historischen Zuschreibung zu verstehen ist, wird hier bestätigt. Eine ganz ähnliche Vorstellung wie in Ps 92 ist in der Überschrift von Ps 96 LXX formuliert:

Ps 96,1: Für David. Als seine Erde gegründet wurde.
(Τῷ Δαυιδ ὅτε ἡ γῆ αὐτοῦ καθίσταται)

Auf den ersten Blick irritiert auch hier, daß die Weltgründung mit David assoziiert wird. Das Personalpronomen im Genitiv läßt eine Leerstelle offen. Ist von der Erde Davids oder von der Erde Gottes die Rede, so die Frage. Die Überschrift formuliert bewußt mehrdeutig. Die Struktur der Überschrift legt nahe, an die Einsetzung der Erde Davids, d.h. seines Herrschaftsgebietes, zu denken. Kontrastiv dazu formuliert das Psalmcorpus die Erkenntnis der Herrschaft des Herrn: Die Völker sehen seine Herrlichkeit (V6b).
Die Überschrift in Ps 96 »Für David. Als seine Erde gegründet wurde« assoziiert die Nathansverheißung in 2 Sam 7. Gott sichert in den Samuelbüchern den Nachkommen Davids ewigen Bestand des davidischen Thrones zu (V16b) und verschaffte Davids Königtum innen- wie außenpolitische Stabilität (V1.11). In Ps 96 LXX ist demgegenüber vom Thron

---

[159] Die Septuaginta blickt bereits auf die Besiedlung der Erde zurück – sie formuliert perfektisch –. Einige Handschriften (L^pau; 1219) formulieren mit dem Aorist (κατῴκισθη).

[160] Vgl. Delitzsch, Psalmen II, 123 und Briggs/Briggs, The Book of Psalms II, 299.

[161] Vgl. Ps 103 LXX, ein Schöpfungspsalm, der anders als der überschriftslose masoretische Psalm 104 mit David verknüpft ist, trägt in einigen Handschriften eine zusätzliche narrative Ergänzung, die das Thema des Psalmcorpus bereits in die Überschrift (επι / υπερ / περι της του κοσμου γενεσεως) aufnimmt, so daß auch in Ps 103 die Person Davids in einen kosmologischen Zusammenhang gestellt wird.

§ 9 Das Davidisierungsprogramm im Septuagintapsalter und in 11QPs^a   93

Jhwhs die Rede, dessen Stützen Gerechtigkeit und Recht sind.[162] Durch die Überschrift wird das Königtum Davids mit Jhwhs Königtum in Verbindung gebracht, ohne daß David allerdings als König bezeichnet wird. Die Befriedung des Herrschaftsgebietes – oder mit den Worten der Überschriften gesprochen, die Weltgründung – erhält eine kosmische und eschatologische Ausrichtung. Der Rückblick auf die Bedrohung der Erde in der Kampfschilderung (V3f) geschieht aus der Situation der Sicherheit heraus: Gott ist erhaben über alle Götter (V9). Allerdings läßt sich die kurze Notiz auch anders verstehen: als Hinweis auf die Befriedung der Erde Gottes.[163] So greift die Überschrift mit dem Lexem γῆ auf einen Schlüsselbegriff des Psalms zurück. Immer wieder wird in Ps 96 betont, daß Gott der Herr (κύριος) der Erde ist (V1.4.5.9). Die Erde (γῆ) bezeichnet im Psalmcorpus den gesamten Erdkreis, das Herrschaftsgebiet Gottes.[164]
Die Frage bleibt, weshalb die Septuaginta gerade diese Psalmen, die die Königsherrschaft Jhwhs besingen, David zuordnet. In welchem Verhältnis steht David, der König Israels, zu Jhwh, dem König über alle Völker und Götter? Die Überschrift von Ps 95 LXX kann Hinweise geben:

Ps 95,1: Als das Haus gebaut wurde[165] nach der Gefangenschaft. Ein Lied für David.
(Ὅτε ὁ οἶκος ᾠκοδομεῖτο μετὰ τὴν αἰχμαλωσίαν ᾠδὴ τῷ Δαυιδ)

Wie in Ps 30 (29 LXX) enthält die Überschrift in sich widersprüchliche Angaben. Selbst wenn das Haus (οἶκος)[166] hier als Wohnhaus Davids und nicht als Tempel aufgefaßt wird, bildet die gleichzeitige Erwähnung Davids und des Exils einen Anachronismus. Davids Lieder sind bereits im Blick auf die Zeit nach ihm gedichtet. Seine prophetische Gabe wird darin implizit deutlich. Die Überschrift läßt hinsichtlich der historischen Einordnung eine Leerstelle offen. Sie lenkt mit ihren bewußt divergierenden Angaben den Rezeptionsvorgang. Anläßlich der Überführung der Lade durch David nach Jerusalem wird unter anderem eben dieser Psalm (LXX 95, MT 96) rezitiert (vgl. 1 Chr 16,23–33). Durch die Bezugnah-

---

[162] Vgl. mit der Aussage in Ps 93,2, daß Jhwhs Thron seit dem Uranfang besteht.
[163] Ein weiterer Aspekt der Überschrift wird in Briggs/Briggs, The Book of Psalms, 300 angeführt: Die Überschrift sei als Hinweis auf die Wiederherstellung des Landes durch die zurückgekehrten Exilierten zu verstehen (ähnlich legt es die Vulgata nahe: »quando terra eius restituta est«).
[164] γῆ gibt in den Psalmen אֶרֶץ wieder (vgl. Hatch/Redpath, A Concordance to the Septuaginta. Vol I., 248–250).
[165] Die LXX versteht das Verb imperfektisch (ᾠκοδομεῖτο), daneben lesen einige griechische Handschriften das Plusquamperfekt bzw. den Aorist und akzentuieren damit die Aussage unterschiedlich.
[166] οἶκος gibt in den Psalmen בַּיִת wieder (vgl. Ps 29,1 LXX / 30,1 MT) und ist entsprechend ein polyvalentes Lexem, das neben dem Haus im allgemeinen Sinn auch das Haus Jhwhs, den Tempel, bezeichnet.

me auf den kultischen Akt Davids ist der Psalm in der Septuaginta offen für die veränderte Rezeptionssituation zur Zeit der Wiederaufnahme des Dienstes im Tempel nach dem Exil. Weil David nach der Chronik als Gründer des Tempelkults gilt, wird er mit dem Bau des Hauses Gottes in Verbindung gebracht. Dieses Davidbild macht sich die Überschrift zu eigen.

In 2 Sam 6 trägt David anläßlich der Überführung der Lade keinen Psalm vor. Aber zwischen der anschließenden Notiz in 2 Sam 7,1, die zur Nathansverheißung überleitet, und den Überschriften von Ps 95 und 96 (LXX) lassen sich Verbindungen knüpfen.

Als der Tempel (οἶκος) nach der Gefangenschaft gebaut war (Ps 95,1 LXX), kann Israel ein neues Lied anstimmen. Die Rückkehr aus dem Exil läßt Hoffnung schöpfen. Möglicherweise wird dabei in Ps 95 LXX noch auf ein weiteres historisches Datum angespielt: die Wiedereinweihung des Tempels im Jahre 164 v. Chr., nachdem er zuvor von dem Seleukiden Antiochus IV. geschändet worden war. Die Überschrift in ihrer polysemen Struktur ermöglicht es, daß ein geschichtliches Ereignis transparent wird für immer neue Situationen.[167]

Der weltumspannende Lobpreis Jhwhs im Psalmcorpus gibt den Psalmen eine universale Dimension. Die LXX verbindet insgesamt die Gruppe der Jhwh-Königspsalmen mit David (vgl. Ps 93; 94; 97; 98). Indem die Psalmen David zugeschrieben werden, wird die (politisch-) messianische Leserichtung der Jhwh-Königspsalmen intensiviert.[168] In David kulminieren die unterschiedlichen Traditionen. Er wird implizit zum Prototyp des gerechten Herrschers.

4. Der Befund in 11QPs^a

Auch in Qumran läßt sich ein spezifisches Davidisierungsprogramm feststellen, das sich nochmals von dem der Septuaginta abhebt.[169] Zugleich wird erkennbar, daß beiden gemeinsame Traditionen zugrundeliegen. Obwohl die Anordnung und der Textbefund stark von dem des protomasoretischen Psalters abweichen, stimmt die Textgestalt der Psalmen aus Qumran größtenteils mit dem des masoretischen Textes über-

---

[167] Slomovic, The Formation of Historical Titles, 357 gibt der historischen Deutung der Überschrift von Ps 95 den Vorzug vor der liturgischen, allerdings ohne dabei in den Überschriften eine messianische Leserichtung zu erkennen.
[168] Bislang blieben die Überschriften der Jhwh-Königspsalmen für die Frage nach einer möglichen messianischen Ausrichtung des LXX-Psalters zu unrecht unberücksichtigt.
[169] Zur Bedeutung Davids in Qumran vgl. Evans, David in the Dead Sea Scrolls, 183–197 und im besonderen für 11QPs^a Kleer, Der liebliche Sänger, 204–317.

§ 9 Das Davidisierungsprogramm im Septuagintapsalter und in 11QPs^a 95

ein.[170] Der Bestand der situativen Überschriften in den Psalmen aus Qumran konvergiert mit dem von den Masoreten festgeschriebenen Text. Aufgrund der fragmentarischen Textgrundlage ist die Zahl der überlieferten Psalmenübergänge und damit auch der eindeutig bezeugten Psalmenüberschriften gering.[171] Im ersten Davidpsalter stimmen alle Psalmenanfänge bis auf den von Ps 33, der im MT keine Überschrift trägt, mit dem MT überein. In der späten Psalmenrolle 4QPs^q (50 n. Chr.) trägt dieser Psalm die Überschrift לדויד שיר מזמור und schließt direkt an Ps 31 an.[172] Ein weiterer im MT überschriftsloser Psalm – Ps 71 – steht in 4QPs^a, der ältesten Psalmenrolle aus Qumran, direkt im Anschluß an Ps 38.[173] Insgesamt läßt sich beobachten, daß die Funde aus Qumran im Blick auf die Anordnung im ersten bis dritten Psalmenbuch in einem hohen Maß mit dem bekannten masoretischen Psalter übereinstimmen. Ein vom masoretischen Psalter völlig divergierender Aufbau läßt sich in 11QPs^a erkennen. Die in dieser Rolle enthaltenen Psalmen entstammen dem vierten und fünften Psalmenbuch.[174] Diese Rolle, eine der längsten auf uns gekommenen (4,2 m), wird im Zentrum der Untersuchung stehen. Auch wegen der zusätzlichen bis zu ihrem Fund im Jahre 1965 unbekannten apokryphen Texte bietet sie Anlaß zur Diskussion.[175] Von 49 Texten haben zehn kein Pendant im masoretischen Psalter. Neben der

---

[170] Trotz aller Unterschiede, die zwischen den einzelnen Ausgaben bestehen, weisen die Psalmensammlungen aus Qumran an einigen Stellen, an denen sie vom masoretischen Text abweichen, eine hohe Kongruenz mit der griechischen Überlieferung auf. Vgl. Flint, The Dead Sea Psalms Scrolls, 231–236 und Pietersma, David in the Greek Psalms, 225. Für Flint, der entsprechende Beispiele aus dem Textcorpus anführt, sind dies Zeichen dafür, daß es eine andere hebräische Vorlage als den auf uns gekommenen hebräischen Text gab.
[171] Vgl. zur Darlegung des Materials Flint, The Dead Sea Psalms Scrolls, 118–134; Wilson, The Editing of the Hebrew Psalter, 96–116 und Fabry, Der Psalter in Qumran, 137–163, v.a. 139–147.
[172] Auch die LXX verknüpft diesen Psalm durch τῷ Δαυιδ mit David. In einer älteren Rolle aus derselben Höhle 4QPs^a (2. Jhd. v. Chr.) hat Ps 33 jedoch wie im MT keine Überschrift (vgl. Wilson, The Editing of the Hebrew Psalter, 96 und Fabry, Der Psalter in Qumran, 139).
[173] In der LXX hat Ps 70 eine narrative Überschrift. In den Psalmenüberschriften der qumranischen Psalmenausgaben läßt sich eine ähnliche Tendenz wie in den griechischen Ausgaben beobachten: Die im masoretischen Text überschriftslosen Psalmen werden mit David verknüpft (Ps 33 in 4QPs^a, Ps 91 in 11QPs Ap^a).
[174] 4QPs^b (aus der zweiten Hälfte des 1. Jhd. v. Chr.) stellt demgegenüber eine Rolle dar, die in der Reihenfolge der Psalmen des 4. und 5. Psalmenbuchs mit dem masoretischen Text teilweise übereinstimmt: [91;92], [99;100], [102;103].
[175] Vgl. Sanders, Ps.151 in 11QPSS, 73–86; Einen Überblick über die Flut der Publikationen bis 1975 bietet Magne, Recherches sur les Psaumes 151, 154 und 155, für den nachfolgenden Zeitraum bis 1988 van der Woude, Fünfzehn Jahre Qumranforschung, 45–47 und Charlesworth, The Dead Sea Scrolls, 156f.

weisheitlichen Ausrichtung von 11QPs^a ist die Davidisierung zentrales Merkmal der Rolle.[176] Dieser Aspekt wird bereits am Aufbau ersichtlich: 101; 102; 103; 109; 118; 104; 147;[177] 105; 146; 148 [+120]; 121; 122; 123; 124; 125; 126; 127; 128; 129; 130; 131; 132; 119; 135; 136 mit Catena; 145; 154; Bitte um Errettung (Plea for Deliverance); 139; 137; 138; Sirach 51,13–20,30; Zionslied (Apostrophe to Zion);[178] 93; 141; 133; 144;[179] 155; 142; 143; 149; 150; Hymne an den Schöpfer; Davids Letzte Worte (2 Sam 23,1–7); Davids Komposition (DavComp); 140; 134; 151A; 151B; Leerzeile.[180]

Die Psalmen 101; [103]; 122; [124]; [131]; 132; 138; 140; 145 werden wie im MT in der Überschrift David zugeordnet.[181] Die Psalmen 104 und 123 sind darüber hinaus gegen den MT, im Falle von Ps 104 allerdings wie in der LXX, mit David verbunden.[182] Die zentrale Ausrichtung auf David erhält 11QPs^a allerdings durch die an das Ende der Rolle gestellten Stücke, die David als Dichter und Sänger der Psalmen porträtieren. Im Anschluß an die Letzten Worte Davids, die aus 2 Sam entnommen sind, folgt ein bislang unbekanntes Prosastück: die sogenannte Komposition Davids (Kol. XXVII, Zeile 2–11).[183] Obwohl sich diese Zeilen als eine abschließende Notiz über die göttliche Gabe Davids lesen, Psalmen und Lieder für die unterschiedlichsten (liturgischen) Anlässe zu schaffen, werden noch zwei weitere Psalmen (140; 134) angefügt, um dann erst mit Ps 151 A und B zu enden, einem Psalm, der auch in der Septuaginta überliefert ist.

---

[176] Vgl. Wilson, The Qumran *Psalms Scroll*, 454.462f.

[177] Diese im Fragment Eii in 11QPs^a belegte Reihenfolge (104; 147) hält Flint, The Dead Sea Psalms Scrolls, 139 noch in 4QPs^e für möglich. In 4QPs^d liegt die umgekehrte Reihenfolge vor (vgl. Tigchelaar / van der Woude, Qumran Cave 11,II, 33f und Flint, The Dead Sea Psalms Scrolls, 139).

[178] 11QPs^b, das wohl ein Parallelexemplar zu 11QPs^a darstellt und ebenfalls in die erste Hälfte des 1. Jhd. n. Chr. datiert wird, enthält ein Fragment aus der Zions-Apostrophe, das Varianten aufweist (vgl. 4QPs^f 50 v. Chr.), daneben auch Teile aus dem Plea for Deliverance (vgl. DJD XXIII, 42–45 und Sanders, The Psalms Scroll of Qumran Cave 11, 85–89).

[179] Die Abfolge 141; 133; 144 ist auch in 11QPs^b bewahrt (vgl. DJD XXIII, 38f und Charlesworth, The Dead Sea Scrolls, 155).

[180] Vgl. zum Aufbau von 11QPs^a Flint, The Dead Sea Psalms Scrolls, 159 und Wilson, The Qumran *Psalms Scroll* (11QPs^a), 458–463, in seiner Übersicht (450f) fehlen die Psalmen 141 und 133.

[181] Ps 144 weist in 11QPs^a keine Überschrift auf im Unterschied zu LXX und MT, die den Psalm mit David verknüpfen.

[182] 4QPs^d stimmt an diesen Punkten mit dem MT überein.

[183] Vgl. den Text in DJD IV, 48.91f; zur Auslegung der Komposition vgl. Kleer, Der liebliche Sänger, 289–302, der das Davidbild der DavComp eschatologisch deutet.

5. Ps 151 in LXX und in 11QPs^a. David als Dichter und Beter

Ps 151 LXX – eine autobiographische Leserfiktion
Daß die narrative Überschrift eine autobiographische Leserfiktion darstellt, betont die Überschrift von Ps 151 LXX ausdrücklich. Novum ist, daß das Psalmcorpus dieses Programm konsequent weiter entfaltet.

1 Dies ist der selbstverfaßte Psalm von David, und er ist außerhalb der Zahl. Als er allein mit Goliath kämpfte.
Klein war ich unter meinen Brüdern und der Jüngste im Haus meines Vaters, ich weidete das Kleinvieh meines Vaters.
2 Meine Hände machten ein Instrument. Meine Finger fügten eine Lyra zusammen.
3 Und wer verkündet es meinem Herrn? Der Herr selbst, er selbst hört.[184]
4 Er selbst sandte seinen Boten. Und er nahm mich weg von dem Kleinvieh meines Vaters. Und er salbte mich mit seinem Salböl.
5 Meine Brüder, sie waren schön und groß. Und nicht fand der Herr Wohlgefallen an ihnen.
6 Ich ging hinaus zur Auseinandersetzung mit dem Fremden. Und ich wurde verflucht mit seinen Götzen.
7 Ich aber zückte sein Schwert. Ich köpfte ihn und nahm Schmach von den Söhnen Israels.

Entspricht der letzte Teil der Überschrift »Als er allein mit Goliath kämpfte« dem Tenor der narrativen Überschriften – wie die der außermasoretischen Überschriften ist er mit ὅτε konstruiert –, so unterscheidet sich der erste Teil doch deutlich von der Struktur der Psalmenüberschriften in der Septuaginta und im MT. Das einleitende Demonstrativpronomen lenkt die Aufmerksamkeit auf den folgenden Text. Daß die Verknüpfung mit David im Sinne einer Autorenschaft Davids verstanden werden will, unterstreicht die singuläre Formulierung: Dies ist ein ψαλμὸς ἰδιόγραφος, ein eigenhändig verfaßter Psalm. Gerade im Wissen darum, daß der Psalm außer der Reihe steht (ἐξωθεν τοῦ ἀριθμοῦ), d.h. außerhalb der (vor)masoretischen Zahl von 150 Psalmen, wird dies betont.[185]

---

[184] Codex Sinaiticus und die altlateinischen Übersetzungen (La^G, Psalterium Gallicanum) lesen »er hört alles« und sind damit der hebräischen Vorlage in Qumran näher.

[185] Sanders, Ps.151 in 11QPSS, 77f versteht diese Beteuerungen der Autorenschaft Davids als Apologie. In 11QPs^a Ps 151 ist in der Überschrift nichts davon zu lesen, denn diese Psalmensammlung kennt mehrere in den Augen eines masoretischen Lesers ›apokryphe Psalmen‹. Im Blick auf die Qumrangemeinde führt diese Terminologie nur zu Mißverständnissen. 11QPs^a stellt innerhalb Qumrans eine normative Psalmensammlung dar. In diesem Zusammenhang sei auch die Prosakomposition in 11QPs^a Kol. XXVII aus dem letzten Teil des Psalters erwähnt, die dazu dient, David als Autor aller Psalmen hervorzuheben (vgl. Wilson, The Editing of the Hebrew Psalter, 136f und Flint, The Dead Sea Psalms Scrolls, 209f).

Der Psalm spielt auf ein autobiographisches Ereignis an, das bereits in Ps 143 LXX zitiert wurde: den Kampf Davids mit Goliath. Singulär ist, daß auch im Psalmcorpus eine explizite Bezugnahme auf das durch die Überschrift evozierte Ereignis geschieht (V6f). Darüber hinaus referiert der gesamte Psalm Stationen der Vita Davids. Überschrift und Psalmcorpus lassen sich nicht mehr voneinander trennen. Der Psalm ist eine prolongierte Überschrift.[186] Auch stilistisch unterscheidet sich Ps 151 von den übrigen Psalmen. Der Psalm ist in 1. Person sing. formuliert und hat dabei eindeutig David als Sprecher vor Augen. Er blickt zurück auf seinen Werdegang, vom Hüter der Herde seines Vaters bis zur Auseinandersetzung mit dem Philister Goliath.

Keine Bitte, keine Klageformulierung findet sich hier. Der Psalm ist durchgängig im erzählenden Gestus des lyrischen Ich gehalten. Die dialogische Anrede Jhwhs fehlt. Der Psalm ruft die Jugend Davids in Erinnerung. Assoziationsfeld bildet 1 Sam 16–17. David wird als Hirte und Harfenspieler eingeführt (Ps 151,1f). Durch die Salbung wird er von seinen Brüdern abgehoben, obgleich diese größer als David waren und durch Schönheit gekennzeichnet. Dabei wird auf die Erzählung in 1 Sam 16 angespielt: »Denn Gott sieht nicht auf das, worauf ein Mensch sieht« (V7b). Der Sieg Davids über Goliath wendet schließlich die Schmach des Spottes von Israel ab. Der letzte Vers des Psalms (V7), der vom tödlichen Schlag durch das Schwert berichtet, gibt nur die zweite Hälfte der Auseinandersetzung zwischen den beiden ungleichen Gegnern wieder. David wird in 1 Sam 17,40.43f.50 als unbewaffnet geschildert. Allein mit seiner Hirtenschleuder versehen, tritt er Goliath gegenüber.[187] Mit dieser versetzt er dem Philister den tödlichen Schlag (1 Sam 17,50). Er eilt zu dem gestürzten Goliath, zieht dessen Schwert und schlägt ihm damit den Kopf ab.

Obwohl auch Ps 151 LXX im Kontext der Samuelbücher zu lesen ist, erfährt das Davidbild gegenüber den übrigen narrativen Überschriften in diesem Psalm eine spezifische Umdeutung. Wird etwa Ps 143 LXX, der

---

[186] Was Noth, Die fünf syrisch überlieferten apokryphen Psalmen, 22 in bezug auf die syrische Version des Psalms bemerkte, gilt auch für die griechische. Für ihn ist in Ps 151 zum ersten Mal das, was die kanonischen Psalmen »vergeblich« versuchen, verwirklicht: »nämlich auf eine konkrete Situation im Leben einer der biblischen Gestalten zu passen.« Für Noth erweist sich darin »mit voller Deutlichkeit sein nachkanonischer Charakter«.

[187] In der weiteren Rezeptionsgeschichte des Psalms (etwa im lateinischen Augsburger Codex) wird dieses Detail der Samuelerzählung, daß David Goliath mit einem Stein zu Fall brachte, in den Psalm eingeflochten (vgl. Dupont-Sommer, Le Psaume CLI, 25–62 und Magne, Le Verset des Trois Pierres, 565–591). Die Tendenz zur Ausschmückung findet ihre Anleihen in der biblischen Überlieferung (vgl. in der syrischen Version die Notiz, daß David als Hirte einen Löwen und einen Wolf bezwang, die auf 1 Sam 17,35ff zurückgeht).

ebenfalls die Auseinandersetzung mit Goliath vor Augen hat, als Vergleich herangezogen, fallen die Unterschiede sofort auf. Ist dieser ein Klagelied, in dem um Rettung gebeten wird, so fehlt in Ps 151 LXX jegliches charakteristische Formelement eines Klageliedes. Der Tenor ist eher der eines Heldenepos. Gelobte der Beter in Ps 143,9 LXX – gemäß der Überschrift ist es David angesichts der Auseinandersetzung mit Goliath – nach seiner Rettung das Harfenspiel (ψαλτήριον) anzustimmen, so nimmt Ps 151 dieses Motiv wieder auf (V2f). Der Sprecher des Psalms ist nicht, wie ansonsten das Ich in den Psalmen mit narrativer Überschrift, in einer bedrängten Lage. Die Konfrontation mit Goliath dient vielmehr dem Erweis seiner Tapferkeit. Neue Seiten an David werden erhellt. Gleich zweimal wird betont, daß er von Haus aus die Herden seines Vaters hütete (V1.4). Diese Hirtenidylle wird durch das lyrische Davidbild untermalt: David ist Erfinder und Bauer von Saiteninstrumenten. Der letzte Halbvers des Psalms (V7b) führt einen weiteren Aspekt an: Davids kämpferischer Einsatz dient Israel. Durch die Rahmung (V1.6–7), die Verbindung mit Goliath, erhält Ps 151 LXX seine spezifische Leserichtung.[188]

Ungewöhnlich ist allerdings, daß die Instrumente, die David herstellt, nicht zum Klingen gebracht werden. Sie bleiben stumm. Unvermittelt stehen Frage und Antwort in V3 im Raum:»Wer verkündet es meinem Herrn? Der Herr selbst, er selbst hat es gehört«. Weshalb lautet die Antwort nicht einfach: Es ist David, der zu seiner Lyra Gott preist? Fehlt der Frage in V3a bereits der Zusammenhang mit den angrenzenden Psalmversen, so bleibt darüber hinaus auch die Antwort kryptisch.[189] Erst im Vergleich mit 11QPs^a Ps 151A wird diese Leerstelle verständlich.[190]

---

[188] Die Notiz zu Goliath fehlt in der Überschrift in 11QPs^a Ps 151A. Auch im Psalmcorpus findet die Episode keine Erwähnung. In den beiden fragmentarisch erhaltenen Zeilen der nachfolgenden Komposition in der Psalmenrolle 11QPs^a Ps 151B wird auf die Auseinandersetzung mit dem Philister angespielt:»Zu Beginn des Mannesalters Davids, nachdem der Prophet Gottes ihn gesalbt hatte. Da sah ich einen Philister, der Schmähungen...« (vgl. Sanders, PS.151 in 11QPSS, 80f und Charlesworth, The Dead Sea Scrolls, 168f). Diese Veränderung in LXX gegenüber 11QPs^a Ps 151A ist Resultat eines Kompilationsprozesses von 11QPs^a Ps 151A und B (vgl. Sanders, PS.151 in 11QPSS, 81; Kleer, Der liebliche Sänger, 205f).

[189] Vgl. Sanders, The Dead Sea Psalms Scroll, 94f.

[190] Im folgenden wird gezeigt werden, daß der griechische Ps 151 die Parallelüberlieferung in Qumran als Verstehenshorizont hat. Es sei ferner angemerkt, daß die syrische Version von Ps 151, dem ersten Psalm von fünf außermasoretischen Psalmen, auf die griechische Textfassung zurückgeht. (vgl. Dupont-Sommer, Le Psaume CLI, 50).

11QPs^a Ps 151 und das Davidbild des Qumranpsalters 11QPs^a

Die in Höhle 11 in Qumran gefundene hebräische Fassung von Ps 151, die zusammen mit einem Fragment von Ps 151B den Abschluß der Psalmenrolle 11QPs^a bildet, divergiert erheblich von der griechischen Fassung des Psalms.[191]

Die markantesten Unterschiede gegenüber der griechischen Version von Ps 151 bestehen darin, daß in dem in Qumran überlieferten Psalm die Auseinandersetzung zwischen David und Goliath fehlt[192] und daß 11QPs^a Ps 151 einen ausgedehnten Mittelteil hat (Kol. XXVIII Zeile 5 – Mitte Zeile 8 ≙ V2b–4), der um die Frage des rechten Gotteslobes kreist. In Ps 151 LXX entspricht dies dem unverständlichen V3. Aber auch in 11QPs^a Ps 151 geben die entsprechenden Verse 2b–4 Probleme auf und sind bereits hinsichtlich ihrer paläographischen Rekonstruktion umstritten.[193]

V2b/Zeile 5 ואשימה לֿיֿהֿוֿהֿ[194] כבוד אמרתי אני בנפשי ההרים לוא יעידו
V3/Zeile 6 לו והגבעות לוא יגידו עלו העצים את דברי והצואן את מעשי
V4/Zeile 7 כי מי יגיד ומי יספר את מעשי אדון הכול ראה אלוה
Zeile 8[195] הכול הוא שמע והוא האזין

Liest man in V3a ein Waw[196] (Suffix 3. Person sing.) in Verbindung mit der Präposition ל und nimmt auch in V3b ein Schlußwaw (עלו) und nicht ein Jod[197] an und versteht עלו dann als Verbform[198], ist wie folgt zu übersetzen:

---

[191] Die textgeschichtliche Priorität von 11QPs^a Ps 151A ist allgemein anerkannt. Die Plausibilität dieser Annahme wird sich auch im folgenden erweisen. Vgl. Sanders, Ps.151 in 11QPSS, Meyer, Die Septuaginta - Fassung, 164–172; Magne, Orphisme, 506–545; Kleer, Der liebliche Sänger, 204–316; anders Haran, Two Text-Forms of Psalm 151, 171–182.

[192] Diese wird in der Überschrift des sich anschließenden Psalmfragments 11QPs^a Ps 151B thematisiert (Kol. XXVIII, Zeile 13–14).

[193] Teilweise etwa sind י und ו aufgrund ihrer sich angleichenden Länge schwer voneinander zu unterscheiden (vgl. zu den unterschiedlichen Lesevarianten Kleer, Der liebliche Sänger, 210f.234ff). Da anhand der Paläographie keine letztgültigen Entscheidungen getroffen werden können, müssen inhaltliche und syntaktische Gründe den Ausschlag geben.

[194] Zur Wiedergabe des Gottesnamen in Qumran: Rösel, Art. Names of God, 601.

[195] Vgl. Sanders, Ps.151 in 11QPSS, 75 und Charlesworth, The Dead Sea Scrolls, 162–165.

[196] Vgl. Sanders, Ps.151 in 11QPSS, 75f und Kleer, Der liebliche Sänger, 210f.241.

[197] So allerdings Magne, Orphisme, 529ff, der überall ein Schlußjod liest und Delcor, Zum Psalter von Qumran, 15–28, der V3b folgendermaßen wiedergibt: »Die Berge können nicht für mich [עלי] Zeugnis ablegen« (18) und Skehan, The Apocryphal Psalm 151, 407–409.

[198] Als erster Sanders, Ps.151 in 11QPSS, 73.82, der עלו mit dem Verweis auf nachbiblischen Sprachgebrauch als eine Pielform von עלה versteht (»The trees have cherished my words«). Demgegenüber begreift Kleer, Der liebliche Sänger, 241

§ 9 Das Davidisierungsprogramm im Septuagintapsalter und in 11QPsᵃ

2b Und ich will Jhwh Ehre erweisen, in meiner Seele habe ich gesprochen:
3 Die Berge legen kein Zeugnis für ihn (לו [Jhwh]) ab, noch verkünden die Hügel. Die Bäume erheben (עלו) meine Worte und das Kleinvieh meine Taten.
4 Aber wer kann verkünden und wer kann sagen und wer kann erzählen die Werke des Herrn? Die Gesamtheit hat Gott gesehen, alles hat dieser gehört und hat dieser vernommen.

In 11QPsᵃ Ps 151 will David Jhwh Ehre erweisen (V2b), denn die Berge und Hügel können Gott nicht bezeugen (V3a). Aber Bäume und Tiere erkennen die großen Leistungen Davids an.[199] Der Frage, die in 11QPsᵃ Ps 151 Anlaß dazu war, das Gotteslob groß zu machen, »wer kann letztlich Gottes Taten bezeugen?«(V4), entspricht in Ps 151 LXX der kryptische V3. Der zu biblischen Aussagen, wie etwa in Ps 96,1; 97,1; Jes 42,10f, konträr stehende V3a aus 11QPsᵃ fehlt in der griechischen Version. Der Schluß liegt nahe, daß ein griechischer außerqumranischer Rezipient von 11QPsᵃ Ps 151 aufgrund dogmatischer Vorbehalte gegenüber der Aussage, daß die Berge Jhwh nicht preisen können, V3a in seiner Version von Ps 151 nicht aufnahm. Immer wieder lesen Kommentatoren aufgrund ähnlicher theologischer Einwände in V3 לי (für mich).[200] Die entsprechende Übersetzung lautet dann: »Die Berge zeugen für mich und die Hügel tragen zu meiner Sache bei«.[201] Die Negationen werden dabei als Glossierungen verstanden. Im Kontext des Psalms bleibt jedoch unverständlich, weshalb der demütige David universales Lob für sich in Anspruch nehmen könnte.[202]

עלו als Verbform des klassischen Hebräisch, »nämlich als 3. mask. Pl. Perfekt von עלה im *Kal*«. Er übersetzt entsprechend: »Es haben sich aufgerichtet die Bäume bei meinen Worten«.

[199] So stimmen in Ps 148 Berge, Hügel, Bäume und alle Tiere gemeinsam in den Lobgesang der Menschen mit ein. In 11QPsᵃ ist Ps 148 von Ps 151 durch 39 (38) Psalmen bzw. Prosastücke getrennt. Vgl. die einleitenden Worte (V1-2a) des außermasoretischen Bittgebets, das in 11QPsᵃ überliefert ist (Kol.XIX): »Surely a maggot cannot praise thee nor a grave-worm her loving kindness. But the living can praise thee« (Sanders, The Dead Sea Psalms Scroll, 71).

[200] So Rabinowitz, The alleged Orpheus, 193–200; Delcor, Zum Psalter von Qumran, 18ff.

[201] Vgl. Magne, Orphisme, 532. Einen anderen Weg geht Dupont-Sommer, Le Psaume CLI, 32.36f. Er versteht den Vers als rhetorische Frage, ohne den textlichen Befund zu ändern. Sein Versuch mag auf syntaktischer Ebene zu rechtfertigen sein. Allerdings bleibt zu fragen, ob nicht auch bei ihm dogmatische Bedenken eine Entschärfung der Negationen bewirkten. So läßt sich die Pointe der Fragen des folgenden V4 nicht mehr erklären. Denn diese setzt voraus, daß niemand angemessen Gottes Lob verkünden kann. Ein der vorliegenden Arbeit entsprechendes strukturelles Verständnis der Frage hat Rabinowitz, The alleged Orpheus, 198. Er schlägt vor, das einleitende כ in V4 mit »but« bzw. »sondern« wiederzugeben. Die inhaltlichen Konsequenzen, die nicht zuletzt aus seiner Lesart von V3 resultieren – י anstelle von ו –, differieren von der hier eingenommenen Position.

[202] Vgl. die Kritik bei Dupont-Sommer, Le Psaume CLI, 61.

James Sanders hat schon kurz nach dem Fund von 11QPs^a darauf hingewiesen, daß die Aussage, daß die Bäume und Tiere schweigend und ehrfurchtsvoll dem Lob Davids lauschen können, eine Anleihe bei der antiken Figur des Orpheus macht.[203] Wie Orpheus bezaubert David mit seinem Leierspiel die Natur. Die Samuelbücher berichten nicht davon, daß David Instrumentenbauer (und auch Erfinder?) ist, möglicherweise hat dieser Aspekt sein Vorbild ebenfalls in der antiken Figur des Orpheus. Der Assimilierungsprozeß hat die Differenzen zwischen beiden Gestalten keineswegs verwischt. David, der Sänger Israels, wird nicht von der hellenistischen Kulturwelt verschlungen. Vollzogen hat sich eine Akkommodation, die nur bestimmte Züge auf David überträgt.

Psalm 151 hat in seiner hebräischen Version ein spezifisches Davidbild geprägt. Davids Wegstationen werden plastisch geschildert: vom Leierspieler, der zur Ehre Gottes musiziert, und vom Hirten der Herde des Vaters zum Herrscher (מושל) über die Söhne des Bundes (ברית). Der Psalm erhebt David über die konkrete historische Situation hinaus,[204] seine Herrschaft wird jedoch nicht in politischer Dimension beleuchtet, vielmehr wird sie theologisch begründet. David wird nicht direkt als König bezeichnet, sondern als Gesalbter.[205] Der Duktus des Psalms ist erzählend, das Davidbild trägt lyrische Züge.[206] Allerdings wird durch die messianisch-eschatologische Dimension, etwa der Komposition Davids, die Hirtenidylle durchbrochen.

Zu untersuchen bleibt, welches Verständnis sich für einen Leser von V4a »Aber wer kann verkünden [...] und wer kann erzählen die Werke des Herrn?« des Qumranpsalms ergibt: Die Antwort in V4b durchkreuzt die Erwartung des Lesers. Sie bringt auf den ersten Blick mehr Verwirrung als Klärung. Die Frage nach dem Subjekt dessen, der verkündet, verliert sich im Unbestimmten. Das Objekt, dem der Lobpreis gilt, wird in diesem Satz zum Subjekt: Gott hört alles, die Taten und Worte Davids wie auch das lautlose und wortlose Lob der Berge bzw. der Natur (vgl. Ps 19). Er hört die Gesamtheit des Universums (הכל). In Ps 151 LXX fehlt dem gekürzten Gegenstück (V3) der entsprechende Kontext. Übriggeblieben ist nach der Redaktion der Verfasser der griechischen Version

---

[203] Sanders, Ps.151 in 11QPSS, 82–85; so wieder Kleer, Der liebliche Sänger, 244ff. Magne, Orphisme, 529f unterstreicht diesen Assimilierungsprozeß zwischen David und Orpheus, der sich aufgrund seiner abweichenden Übersetzung über die Verse 3–6 erstreckt.

[204] Anders Evans, David in the Dead Sea Scrolls, 187. Er ordnet den Psalm den Texten zu, die sich auf den historischen David beziehen bzw. Davids Taten herausstellen.

[205] Die Formulierung, der über »die Söhne des Bundes« herrscht, wurde als essenisches Element bestimmt (vgl. Fabry, 11Q Ps^a und die Kanonizität, 60). Die Septuaginta redet demgegenüber von den Söhnen Israels.

[206] Meyer, Die Septuaginta – Fassung, 164 spricht von ›bukolischen Charakter‹.

die verkürzte Aussage, daß es der Herr selbst ist, der hört. Für einen Leser allerdings, der nur den Vers der griechischen Version kennt, bleibt unverständlich, was Gott überhaupt hören kann.[207] Die universale Dimension des Hörens Gottes, daß er das Wahrnehmbare und das Nichtwahrnehmbare hört, wurde weggelassen. Dies bestätigt nochmals, daß der außerqumranische griechische Leser und Rezipient seine strengen inhaltlichen Kriterien an den hebräischen Psalm angelegt hat. Es galt, hellenistisches und damit in seinen Augen synkretistisches Gedankengut abzuwehren.[208] Ps 151 LXX trägt die Spuren dieses rezeptionsgeschichtlichen Prozesses, die einen rezeptionsästhetischen Ausgangspunkt schaffen. Entstanden ist dabei eine Leerstelle, die den Leseakt unweigerlich unterbricht.

David wird in der qumranischen Fassung des Psalms von Gott erwählt und von seinem Boten gesalbt, allein weil er Gott die Ehre gibt, und nicht, wie die griechische Version des Psalms gelesen werden kann, weil er Goliath besiegt.

David und die Frage der Normativität der Sammlung
Ist die Autorschaft Davids für die qumranische Version des Psalms selbstverständlich durch den Aufbau der Psalmensammlung gegeben, so muß Ps 151 LXX dies ausdrücklich in der Überschrift betonen. Die Formulierung, daß der Psalm »außerhalb der Reihe« steht, ist Reflex auf eine bereits gegebene, abgeschlossene Sammlung mit einer normativen Anzahl von Psalmen. Davon hebt sich das Selbstverständnis von 11QPs^a ab. Die Normativität der Psalmenrolle ist für die qumranische Gemeinde Resultat der Ausrichtung auf David. Struktur und Inhalt des letzten Teils des Psalters weisen eine gegenüber der Reihenfolge des masoretischen bzw. griechischen Psalters divergierende Anordnung und Komplementierung durch zusätzliche Stücke auf. Neben außermasoretischen Psalmen (Ps 151; 154; 155; Hymne an den Schöpfer [Kol XXVI Zeile 9–15]; Zionslied [Kol XXII Zeile 1–15]) enthält 11QPs^a auch Prosastücke der narrativen Tradition (wie z.B 2 Sam 23,1–7). Die Komposition Davids (Kol. XXVII. 2–11), auf die Ps 151 kurz darauf folgt, beschreibt die Rolle Davids für die Psalmensammlung: »David, der Sohn Jesses, war weise und ein Licht wie die Sonne und gebildet und [...] er schrieb 3600 Psalmen und Lieder«[209], insgesamt habe er 4050 Liedtexte verfaßt. David ist aufgrund seiner Geistbegabung dazu fähig, die Lieder und Psalmen zu schreiben. 2 Sam 23,2 spricht vom Geist (רוּחַ) Jhwhs, der

---

[207] Ähnliches gilt für die syrische Übersetzung von Ps 151 (vgl. den Text bei Charlesworth, The Dead Sea Scrolls, 166–169).
[208] Vgl. Fabry, 11QPs^a und die Kanonizität, 63–65.
[209] Vgl. Martínez, The Dead Sea Scrolls Translated, 309. Zur eschatologischen Deutung dieser Zahl vgl. Kleer, Der liebliche Sänger, 299–301.316f.

David reden läßt, und in der Komposition Davids ist es sein einsichtiger und leuchtender Geist (רוח נבונה ואורה Kol. XXVII. 4). Davids Fähigkeit, Psalmen zu dichten, wird implizit als prophetische Gabe verstanden (כול אלה דבר בנבואה Kol. XXVII. 11), ohne daß David explizit Prophet genannt wird.[210] Diese Notiz macht deutlich, daß David als Autor der gesamten Rolle 11QPs^a gepriesen werden soll.[211]

Angesichts der beachtlichen Menge von Psalmen, die ihm in DavComp zugeschrieben werden – selbst mehr als Salomo, der neben 3000 Sprüchen 1005 Lieder dichtete (vgl. 1 Kön 5,12) –, würde eine Formulierung wie die der griechischen Überlieferung »ein Psalm Davids außerhalb der Zahl« fragwürdig wirken. Durch die Schlußstellung von Ps 151 wird die Autorschaft Davids für die gesamte Rolle unterstrichen. Kanonisch bzw. von bindender Gültigkeit, so läßt sich thesenartig formulieren, ist für die Qumrangemeinde jeder Psalm, der von David stammt.[212] Auch unter der Annahme, daß 11QPs^a eine liturgische Psalmensammlung darstellt, bleibt die Frage nach ihrer normativen Bindung weiter offen, denn gerade liturgische Sammlungen beanspruchen bzw. setzen eine bindende Gültigkeit voraus.[213] Für die griechische bzw. masoretische Überliefe-

---

[210] Vgl. zur prophetischen Deutung Davids bzw. des Psalters bei Füglister, Die Verwendung der Psalmen, 367f. Koch, Der Psalter und seine Redaktionsgeschichte, 270.274 schließt aufgrund dessen für 11QPs^a auf einen prophetischen Sitz im Leben zurück.

[211] Vgl. Wilson, The Editing of the Hebrew Psalter, 137: »The prose ›epiloque‹ ›David's Compositions‹ must also be considered as functionally oriented. Its purpose is clearly to exalt David as the author of a myriad of pss for a variety of occasions. It may well intend to extend Davidic authorship and authority to all the works of the scroll«.

[212] Die Sammlung wird dadurch zu »einem echten davidischen Psalter« (»a true Davidic Psalter«), so Flint, The Dead Sea Psalm Scrolls, 224 im Anschluß an Sanders; vgl. Kleer, Der liebliche Sänger, 288, der betont, daß David kanonischer Psalmdichter ist. Ähnlich bereits Fabry, 11Q Ps^a und die Kanonizität, 57: »Davidische Autorschaft wird zum Garanten der Kanonizität«. Fabrys Einschätzung klingt in jüngster Zeit skeptischer. In seinem Aufsatz »Der Psalter in Qumran« wendet er sein Argument nochmals neu: »Obwohl der 11QPs^a-Psalter massiv davidisiert war, konnte er nicht verhindern, daß der proto-masoretische Psalter letztlich dominierte« (Fabry, Der Psalter in Qumran, 156). Auch wenn er sich mit der These von Flint äußerst kritisch auseinandersetzt und davon abgrenzt, räumt er resümierend ein: »Die konsequente Davidisierung von 11QPs^a könnte auf eine kanonische Konkurrenz zwischen dem regulären Psalter und dem 11QPs^a-Psalter hinweisen, muß sich aber darin keineswegs erschöpfen« (159).

[213] Vgl. Fabry, 11QPs^a und die Kanonizität, 52. Ein liturgischer Sitz im Leben von 11QPs^a nimmt Skehan, A Liturgical Complex in 11QPs^a, 195–205 an; vgl. auch den Versuch bei Flint, The Dead Sea Psalm Scrolls, 189–201, die Rolle in Zusammenhang mit einem solaren Kalender zu bringen, ist meines Erachtens allerdings bislang nicht zwingend begründet worden. Mögliche Hinweise auf tägliche öffentliche Gebete und Lieder sieht Falk, Daily, Sabbath, and Festival Prayers, 95f.125f.193f in der Rolle 11QPs^a, ohne daraus einen direkten Rückschluß auf eine konkrete Sammlung von 364 Psalmen ziehen zu wollen.

rung des Psalters markiert die klar umrissene Zahl von 150 Psalmen den Kanon. Rückblickend eröffnet der autobiographische Psalm Davids am Ende des Psalters einen neuen Verstehenshorizont für die vorangegangenen Davidpsalmen. Das Davidbild von Ps 151 LXX vereint mehrere Aspekte in sich: David als musizierender Hirt, David als der Gesalbte und der kämpferisch erfolgreiche David. Darin führt es Neues gegenüber den übrigen narrativen Überschriften ein.
Gerade dadurch, daß die Autorschaft Davids betont wird, werden die Psalmen als Gebete für nachfolgende Leser erhalten. David ist im griechischen Psalter und in 11QPs^a prophetisch inspirierter Dichter, Sänger und Beter in einem.

6. David als hermeneutischer Schlüssel

Der rezeptionsgeschichtliche und rezeptionsästhetische Gang durch die unterschiedlichen Psalmensammlungen in diesem und im vorhergehenden Paragraphen haben gezeigt, daß David im masoretischen und griechischen Psalter sowie in prominenter Weise in einer Psalmensammlung aus Qumran (11QPs^a) eine entscheidende Rolle im Sammlungsprozeß der Psalmen zukommt. Rezeptionsästhetische und rezeptionsgeschichtliche Aspekte fließen dabei ineinander. Die jeweilige Interpretationsgemeinschaft prägt das Davidbild, so daß David zu einer vielschichtigen und komplexen Identifikationsfigur wurde. Dies wurde mit Hilfe der Struktur des impliziten Beters herausgearbeitet.
Für den individuellen Leseakt steht in den narrativen Überschriften der bedrängte David im Vordergrund. Durch die einleitenden Angaben wird die erzählende Tradition mit den Psalmen verknüpft. Die Bitten um Errettung erhalten in den Davidsgeschichten der Samuel- und Königebücher einen lebendigen Kontext. In der Septuaginta wird dieses intertextuelle Gewebe weitergesponnen.
Die am masoretischen Psalter gemachte Beobachtung, daß die einfache Zuschreibung zu David als Strukturierungsmerkmal dient,[214] läßt sich auch auf den Septuagintapsalter ausweiten, wobei die Zuschreibung zu David in der LXX öfter als im MT geschieht. Die Verknüpfung mit David ermöglicht zugleich eine den einzelnen Psalm übergreifende Rezeption. David diente als Einigungsfigur und beförderte die Sammlung und Stabilisierung der Psalmen.[215]

---

[214] Vgl. Zenger, Was wird anders bei kanonischer Auslegung, 407. Bei kanonischer Auslegung sind die Psalmenüberschriften als Deutemuster mitzulesen. David kommt dabei eine wichtige Rolle zu.

[215] Vgl. Millard, Zur Komposition des Psalters, 230, der in diesem Zusammenhang von David als einer »Integrationsfigur« spricht. Koch, Der Psalter und seine

Griechischen wie qumranischen Trägerkreisen diente David gleichermaßen als Identifikationsfigur, an der sich messianische Hoffnungen auf ein davidisches Königtum entfachten. Berührungspunkte dieser Strömungen lassen sich neben allen Unterschieden noch deutlich an der Doppelüberlieferung von Ps 151 festmachen.

Ps 151 eröffnet für den Septuagintapsalter und für die Psalmenrolle 11QPs^a neue Perspektiven auf David. Dort steht nicht der in Not geratene David, wie er aus den hebräischen und griechischen Überschriften bekannt ist, im Zentrum. David ist in Ps 151 leierspielender Hirte, der nach der griechischen Version seine Tatkraft darin erwies, daß er Goliath schlug. 11QPs^a Ps 151 prägt ein eigenes Verständnis des Königtums Davids bar jeglicher universaler Machtansprüche: Der Sänger wird als Herrscher über die Söhne des Bundes bezeichnet.

Die Davidisierungstendenz, die einen ersten Rezeptionsprozeß der LXX beschreibt, beschränkt sich nicht auf einen quantitativen Aspekt. Die Jhwh-Königspsalmen zeichnen sich im griechischen Psalter durch ein eigenständiges Davidisierungsprogramm aus. In den Überschriften der LXX innerhalb der Jhwh-Königslieder (Ps 92; 95; 96) wird ein neuer Assoziationsrahmen eröffnet: David ist Träger weltgründenden und welterhaltenden Handelns. Darin wird der zentrale Aspekt der Königsherrschaft Jhwhs, wie er am Ende des masoretischen Psalter betont wird, zurückgedrängt. Durch David erfahren die Jhwh-Königslieder in der Septuaginta eine Umwertung. Die protomasoretischen Psalmen 93–99, die in Qumran gut belegt sind,[216] wurden bis auf Ps 93, so drängt sich zumindest der Schluß auf, in 11QPs^a explizit nicht aufgenommen. Die Königsherrschaft Jhwhs gerät dadurch in den Hintergrund.[217]

Im Unterschied zur Septuaginta, die in weiteren Überschriften Episoden der Biographie Davids anführt, fügt 11QPs^a zusätzliche Stücke ein, die die Person Davids beschreiben. David ist in diesen Stücken vom Geist Jhwhs inspirierter Dichter und Sänger. Er ist Weiser, mit prophetischen Gaben ausgestattet,[218] und zugleich Hirte und Gesalbter sowie Herrscher über die Söhne des Bundes (Ps 151) bzw. gerechter Herrscher (Letzte Worte Davids). Der Königstitel findet allerdings keine Erwähnung.

Redaktionsgeschichte, 244 macht darauf aufmerksam, daß die »Endgestalt einer biblischen Schrift [...] keineswegs mit der Kanonisierung unmittelbar zusammenfallen« muß, wie vor allem die Psalmen-Handschriften aus Qumran zeigen.

[216] Ps 92; 94; 95/96 in 1Q1Ps^a (50 v. Chr.); Ps 92; 93; 94; 96; 98; 99; 100 in 4Q8Ps^b (1. Jh. v. Chr.); Ps 99 4QPs^k (100–50 v. Chr.); Ps 93; 95; 97; 98 in: 4QPs^m (um Christi Geburt).

[217] Vgl. Wilson, The Qumran *Psalms Scroll*, 453.464, der aus dieser Beobachtung den Schluß zieht, daß Davids exponierte Stellung dadurch gewahrt bleibt.

[218] Jüdische Schriften gegen Ende der Zeit des zweiten Tempels bezeichnen David als Propheten und verleihen den mit ihm in Verbindung gebrachten Schriften so Legitimität (vgl. Carr, Canonization, 40–46).

Wurden in 11QPs^a bestimmte Züge von Orpheus auf David übertragen, so mißbilligten griechische Kreise diese Akkommodation. Die Streichungen in Ps 151 LXX lassen sich entsprechend als Abgrenzungsversuch gegenüber dem hellenistischen Gedankengut von 11QPs^a Ps 151 erklären.

Aufgrund der gemachten Beobachtungen zur Bedeutung Davids erscheint es im Blick auf die Kanonfrage angemessen, von einem allmählichen Stabilisierungsprozeß[219] der Psalmensammlungen zu sprechen. Die Gleichzeitigkeit mehrerer Ausgaben (griechische, protomasoretische, mehrere qumranische) spiegeln die Pluralität an jüdischen Strömungen im dritten bis ersten vorchristlichen Jahrhundert.[220] Auch wenn die qumranischen Psalmenausgaben nicht explizit die Kanonfrage stellen, d.h. ›apokryphes‹ (außermasoretisches) Material nicht gekennzeichnet ist, etwa im Gegensatz zur Bemerkung in der Überschrift von Ps 151 LXX, macht nicht zuletzt die Strukturierung der Rolle durch die Figur Davids deutlich, daß in 11QPs^a eine eigenständige Psalmensammlung mit normativem Anspruch vorliegt.

In der unterschiedlichen Akzentuierung Davids fanden die jeweiligen Trägerkreise der einzelnen Sammlungen einen Weg, ihre Sammlungen zu bündeln und zu legitimieren. Der Stabilisierungsprozeß des Psalters wurde begleitet und beeinflußt durch mehrere Davidisierungsschübe. Der im Text implizite Leser und Dichter David hat ersten Lesern in den Jahrhunderten um die Zeitenwende neue Rezeptionsmöglichkeiten eröffnet und gibt darüber hinaus nachfolgenden Lesern und Leserinnen Leseanweisung.

---

[219] Vgl. Flint, The Dead Sea Psalms Scrolls, 135–144 der von »stabilization« spricht. Auch Wilson wählt für den Vorgang der Kanonisierung einen ähnlich neutralen Begriff: die Herausgabe des Psalters (vgl. den Titel seiner Monographie: The Editing of the Hebrew Psalter). Fabry, Der Psalter in Qumran, 154.160 plädiert dafür, die Kanonfrage im Zusammenhang mit 11QPs^a auszublenden.
[220] Zugleich wird damit der scheinbar selbstverständliche Rekurs auf den einen Kanon problematisiert (vgl. Flint, The Dead Sea Psalms Scrolls, 15–26.210.217f und Carr, Canonization).

B. Modelle ästhetischer Identifikation

Der in den Psalmenüberschriften eingeführte implizite Leser David wurde in Kapitel A als ein erstes Identifikationsangebot für die Lesenden vorgestellt. In Anlehnung an die bereits in Teil I skizzierten Identifikationsmodelle – Jauß spricht von der Identifikation mit dem literarischen Helden[1], der Hauptfigur des Textes – werden im folgenden Muster ästhetischer Interaktion zwischen Psalmtext, genauer gesagt dem Ich des Psalms, und dem Leser herausgearbeitet.

In einem ersten Schritt werden die durch die Ich- bzw. Er-Aussagen in den Psalmen ausgelösten Identifikationsprozesse für den Leser und die Leserin nachgezeichnet (§ 10). Auf stilistischer Ebene wird die paradigmatische $Dimension$[2] vor allem an den Seligpreisungen und den allgemeingültigen Aussagen in der 3. Person deutlich.

Stellt das Wohlergehen der Feinde und ihr Spott eine Bedrohung für das Selbstverständnis des Beters bzw. sein Gottesverhältnis dar, so wird dem Beter letztlich die Identifikation mit dem Feind verweigert (§ 11). Dem Lachen über die Feinde ist ein kathartischer Impuls eigen. Insgesamt bildet der Wandel des Verhältnisses zu den Feinden einen zentralen Punkt im Lesevorgang.

§ 10 Die paradigmatische Dimension

Mit den Seligpreisungen (1.), die aufgrund ihrer Struktur offen für die Aneignung durch Dritte sind, ist kein didaktischer Zwang verbunden. Sie laden ein zur imitatio. Die paradigmatische Dimension wird auf stilistischer Ebene am Wechsel zwischen allgemeingültigen Aussagen in der 3. Person und den Selbstaussagen in der 1. Person greifbar (2.).

1. Die Seligpreisungen

Die Protagonisten der Psalmen sind keine Helden, die bewundert werden wollen. Gepriesen werden soll Jhwh und sein Eingreifen. Mit Hilfe stilistischer Mittel wie der Seligpreisungen, weisheitlicher Lehrsätze, rheto-

---

[1] Die Psalmen fordern zu einer Kritik der Typologie des Helden auf. David wird in den Psalmen als zutiefst bedrängter Held charakterisiert und negiert so das Heldenhafte. Obgleich Jauß auch vom leidenden und bedrängten Helden spricht (Ästhetische Erfahrung, 271–274.277), scheint sein Rekurs auf den Begriff des Helden ungebrochen. Problematisch am literarischen Helden ist für ihn die Unerreichbarkeit und Vollkommenheit des Vorbildes für das Lesepublikum.

[2] Im folgenden wird im Unterschied zu Jauß, der von Funktionen ästhetischer Erfahrung spricht, von Dimensionen gesprochen werden, um den zweckfreien Charakter ästhetischer (religiöser) Erfahrung zu verdeutlichen (so auch Gehring, Schriftprinzip und Rezeptionsästhetik, 178f).

rischer Fragen (z.B. Ps 27,1; 42,6a.12a; 43,5a; 56,5), Aufforderungen an Dritte (Ps 31,24f; 32,9; 62,9.11) oder Selbstaufforderungen (Ps 42,6b.12b; 43,5b; 57,9) entgehen die Psalmen der Gefahr einer distanzierten Haltung.

Dort wo Ermahnungen des Ichs bzw. Dritter (z.B. Ps 33,1–3; 34,10a.14f; 55,23a) stehen, gehen diese einher mit Verheißungen Gottes (Ps 33,10.12.18; 34,10b.19.21; 55,23b).

Die Glückseligpreisungen (אַשְׁרֵי) laden aufgrund ihrer paradigmatischen Struktur zur Identifikation ein. Ps 1 läßt sich als weisheitliches Proömium des gesamten Psalters charakterisieren.[3] Die Seligpreisung zu Beginn des Psalms (»Selig, der nicht dem Rat der Gottlosen folgt« V1) bildet mit der am Ende von Ps 2 eine Inklusion. Dabei wird nicht durch Imperative zu einer bestimmten Lebensweise aufgefordert. In performativer Rede wird derjenige, »der auf Jhwh vertraut« (Ps 84,13; vgl. 1,1; 2,12; 33,12; 34,9; 40,5; 41,2; 84,5f.13; 112,1; 119,1f; 127,5; 128,1), seliggepriesen. Dieser Zuspruch vollzieht sich bereits im Sprechen. Aufforderung und Vollzug konvergieren.

Die Glückseligpreisungen in Ps 84 sind eingebettet in die Ich-Rede. Auf die Seligpreisung (V5) aller, die in Gottes Haus wohnen, folgt die eines einzelnen (V6) mit der ungewöhnlichen Formulierung »Glückselig der Mensch (אָדָם אַשְׁרֵי), dessen Stärke in dir ist« (vgl. V13). Der Numeruswechsel (V5 plur. – V6a sing. – V7a plur.) erweitert die Möglichkeiten der Identifikation. Auffällig ist außerdem, daß die Seligpreisungen im Rahmen der Anrede Gottes stehen. Die paradigmatische Rede ist auch in diesem Psalm verwoben mit Aussagen in Ich-Form. Ganz im Tenor der allgemein gehaltenen Seligpreisung »Glückselig sind die, die in deinem Haus wohnen« (V5a) formuliert der Beter seine Anliegen in den Versen 3 und 11. Der Bittcharakter tritt dabei hinter die paradigmatisch-weisheitliche Rede zurück: »Denn besser ist ein Tag in deinen Vorhöfen, ich ziehe ihn tausend anderen vor« (V11a vgl. V13). In weisheitlichen Psalmen steht daher die direkte Anrede Gottes nicht im Vordergrund.[4]

An Formulierungen wie in Ps 32,1 »Glückselig der, dem Übertretung vergeben ist« wird offenkundig, daß die Seligpreisung ein von außen zugesprochenes Wort ist (vgl. Ps 65,5; 144,15)[5], das sich der Verfügbarkeit des Beters entzieht.

---

[3] Vgl. Zenger/Hossfeld, Psalmen I, 45f.
[4] Vgl. Whybray, Reading the Psalms, 37: »Thus a wisdom psalm does not necessarily take the form of a prayer addressed to God, but rather of a lesson addressed to the reader«.
[5] Die Seligpreisung in Ps 137,8f mutet demgegenüber als eine Anmaßung des Beters an. Seine Vergeltungswünsche drohen in dieser Redeweise abgesegnet zu werden. Jedoch ist es nicht der Beter, der an Babylons Kindern Gewalt üben will. In seinen Phantasien wird die realpolitische Ohnmacht der Israeliten greifbar.

§ 10 Die paradigmatische Dimension

Formuliert Psalm 128 in V1 (»Glückselig jeder, der den Herrn fürchtet«) in paradigmatischer Weise das Ergehen des Gottesfürchtigen, so wird dies in der direkten Anrede des folgenden Verses in der 2. Person sing. dem Beter zugesprochen: »Glückseligkeit dir und möge es dir gutgehen«. Die Strukturabfolge, daß auf eine in der 3. Person sing. allgemeingültig formulierte Aussage ein Zuspruch in der 2. Person folgt, wiederholt sich in V4–6. Dort ist das Leitwort nicht אַשְׁרֵי, sondern die Wurzel ברך (segnen). Die Seligpreisungen laden zur Teilhabe am Geschehen der Psalmen ein.

2. Der Wechsel zwischen Aussagen in der 1. und der 3. Person

Exemplarisch soll an den Analysen der beiden Psalmen 34 und 55 gezeigt werden, daß nicht nur die allgemeingültig formulierten Aussagen in der 3. Person, sondern darüber hinaus auch die Klagen und Bitten in der 1. Person paradigmatischen Charakter tragen und zur Identifikation anregen.

Der Beter in Ps 55 bittet mit eindringlichen Worten, Gott möge sein Gebet vernehmen (V2–3). Nach der Klage (V3b–15) wiederholt er seine Gewißheit: »Ich aber, ich rufe zu Gott, und Jhwh hilft mir« (V17). Der nachfolgende Vers variiert diese Aussage:

18 Abends und morgens und mittags klage und stöhne ich; und er hat meine Stimme gehört.
(עֶרֶב וָבֹקֶר וְצָהֳרַיִם אָשִׂיחָה וְאֶהֱמֶה וַיִּשְׁמַע קוֹלִי)

Ständig wendet der Beter sich mit seinem Stöhnen und Klagen an Gott (iterativ gebrauchtes Imperfekt), und seine Stimme wurde erhört (Imperfekt consecutivum). Der Tempuswechsel im folgenden V19 »er hat meine Lebenskraft befreit« (פָּדָה Perfekt) bestärkt die Verläßlichkeit der Aussage. Die persönliche Rettungserfahrung vermag der Beter programmatisch zu formulieren (V20a): »Hören wird Gott« (יִשְׁמַע iterativ gebrauchtes Imperfekt). Die Lebensgeschichte des einzelnen wird in den Kontext der Lebensgeschichten der Gerechten gestellt. So heißt es in V23: »Wirf deine Last auf Jhwh, und dieser wird dich erhalten, und nie wird er zulassen, daß der Gerechte wankt«. Die Ermahnung zum Vertrauen auf Gott wird mit einer zweifachen Zusage verbunden, zum einen im direkten Zuspruch in der 2. Person an den Beter und zum anderen in der paradigmatischen Aussage in der 3. Person.

Nirgends in den Psalmen geschieht eine explizite Identifizierung des Ichs mit dem Gerechten. Die Sprüche über den Gerechten sind immer in der 3. Person formuliert.[6] Die weisheitlichen Aussagen in der 3. Person

---

[6] Vgl. Hauge, Between Sheol and Temple, 31.

kann sich jedoch der einzelne Beter aneignen. Aussagen in der 1. Person sind demgegenüber als Aktualisierung des Paradigmas zu verstehen.[7] Die Geschichte und Erfahrung des Ichs des Psalms verkörpert ein religiöses Ideal, dessen Erfahrungswirklichkeit für die Leser offen ist. Die Identifikation, die dem Psalmbeter ermöglicht wird, will allerdings nicht einfach zu einer bewundernden Identifizierung mit dem Ich bewegen. Sie vollzieht sich als ein reflexiver Akt.

Der Wechsel zwischen allgemeingültigen Aussagen in der 3. Person sing. und den Aussagen in der 1. Person sing. lädt zur imitatio ein. Zwischen beiden Redeformen besteht ein spannungsvolles Verhältnis. Geht einerseits die Bewegung von der Ich-Klage bzw. Bitte hin zur paradigmatischen Rede, so erfahren andererseits die Aussagen in der 3. Person sing. ihre Konkretion in den Selbstaussagen des Ich. Im Schicksal des einzelnen Beters bildet sich für alle sichtbar die Verläßlichkeit der Zusagen Gottes ab. Das Ich wird zum Exemplum und trägt darin autobiographische Züge. Die allgemeingültigen Aussagen in der 3. Person regen den Beter zur nachahmenden Identifikation an.[8] Die Lebensgeschichte des Ich der Psalmen lädt ein zur admirativen Identifikation, indem die Rettungserfahrung für alle zugänglich gemacht wird. Das Ich, dessen Geschichte für den Leser offen ist, hat Anteil am Paradigma des Gerechten. Durch die Ich-Form wird der autobiographische Zug unterstrichen. Im Wechsel von den Selbstaussagen des Ich in der 1. Person sing. hin zu Fremdaussagen in der 3. Person sing. erweist sich die paradigmatische Dimension der Rettungsaussagen des Psalms.[9] Der weisheitliche Ps 34 will im »nachkultischen«[10] Raum gemeinschaftsbildend wirken.[11] Das Ich fordert die Außen- bzw. Umstehenden auf, mit ihm in das Lob einzustimmen (V4).

5 Ich suchte den Herrn, und er antwortete mir, und von aller meiner Furcht errettete er mich.

---

[7] Vgl. Hauge, Between Sheol and Temple, 62.65, der das Verhältnis zwischen Aussagen in der dritten Person und der ersten Person anhand der Psalmen 36; 84 und 140 nachzeichnet.

[8] Hauge, Between Temple and Sheol, 63 spricht in diesem Zusammenhang von ideologischen Aussagen im Sinne von religiösen Grundwahrheiten, die der Beter sich in Ich-Form aneignet.

[9] Vgl. daneben auch den Numeruswechsel in Ps 34: V2–3 1. Person sing; V4 Imp. plur.; V5 1. Person sing.; V6 3. Person plur.; V7 3. Person sing.; V8–12a plur. (V9b 3. Person sing.); V12b 1. Person sing.; V13–15 sing.; V16–19 3. Person plur.; V20–22 3. Person sing.; V23 plur.; der die Öffnung der Erfahrungen des Ich für Dritte befördert. Vgl. Hossfeld/Zenger, Psalmen I, 213f.

[10] Diese Bezeichnung wurde von Stolz, Psalmen im nachkultischen Raum geprägt; zu Ps 34 vgl. 21f.

[11] Die persönliche Erfahrung, die im Dank ihren Niederschlag findet, ist verwoben mit der weisheitlichen paradigmatischen Rede.

§ *10 Die paradigmatische Dimension* 113

6 Sie blickten auf ihn[12], und sie erstrahlten, und ihr Angesicht möge nicht beschämt werden.
7 Dieser Elende rief, und Jhwh erhörte ihn, und von allen seinen Bedrängnissen befreite er ihn.

Die Erzählung des Ich über seine Rettung (V5) verändert den Blick der unbestimmten Menge (V6). Der nachfolgende Vers 7 objektiviert die biographische Erfahrung des Ich aus V5. Die Imperative in V4.9.10.12 und das Bild in V11 laden ein zur Partizipation. Der Geschmacks- (V9.11) und Sehsinn (V6) werden dabei angesprochen. Auffällig ist auch hier, daß Gott nicht direkt in Ich-Du-Rede angeredet wird, vielmehr über ihn in der 3. Person sing. gesprochen wird. Der Beter öffnet seine biographische Situation für die Umstehenden. Zugleich stellt er sich damit in die Solidargemeinschaft der Gerechten (V16–23).[13] Seine individuelle Geschichte ist aufgehoben in der kollektiven Erzählung der Rettung der Gerechten, und zugleich wird das Schicksal des Ich zum Paradigma des Gerechten.

---

[12] Aquila, die syrische Version und Hieronymus lesen den Imperativ, das Ineinander von admirativer und partizipativer Dimension wird dadurch besonders deutlich.
[13] Vgl. Ps 9; 32,11; 69,33; 118,15; 140.

§ 11 Die kathartisch-ironische Dimension

Die kathartisch-ironische Dimension veranschaulicht, wie sich das Verhältnis des Beters zu den Feinden verändert. Mehrere auslösende Momente sind dabei erkennbar. In ausführlichen Schilderungen des Treibens der Feinde, in der Klage und in den Zitaten ihrer lästerlichen Reden (2.) wird dem Leser eine Negativfolie vorgeführt und damit die Identifikation verstellt (1.). Durch die Abgrenzung gegenüber den Feinden wird dem Beter die Identifikation mit dem Gerechten nahegelegt.

Dort wo der Beter auf die Wirkmächtigkeit des Tun-Ergehen-Zusammenhangs vertraut, wird er von der Notwendigkeit, eigenmächtig zu handeln oder aber Selbstjustiz zu üben, befreit (3.). Kathartische Impulse gehen des weiteren von dem Spott über die Feinde (4.) und von der direkten Anrede der Feinde (5.) aus, zwei Phänomene, denen bislang in der exegetischen Diskussion fast keine Aufmerksamkeit geschenkt worden ist.

1. Identitätsabgrenzung durch Ironisierung der Feinde (Ps 73)

Die Wiederholung der Zweifel und inneren Reflexionen über das Wohlergehen der Feinde verweigert einerseits dem Leser die Identifikation, andererseits ermöglicht sie dem Beter, seinen eigenen Fragen Ausdruck zu geben, wie die Exegese von Ps 73 beispielhaft zeigt.[14] Indem die lästerliche Rede der Feinde zitiert wird, setzt sich der Beter nochmals deren verletzender Macht aus. Zugleich will er gerade dadurch, daß er den Spott coram Deo und coram publico wiederholt, diesem ein Ende bereiten.

Der Beter in Ps 73 versucht verzweifelt zu ergründen, weshalb es den Gottlosen so gutgeht. Über eine Reihe von Versen hinweg (V3–15) teilt er seine Reflexionen mit, die fast dazu geführt hätten, daß er den Halt verloren hätte (V2.15).

1 Ein Lied Asaphs. Wahrlich (אַךְ), gut ist Gott für Israel denen, die reinen Herzens sind.
2 Und ich, beinahe wären meine Füße ins Wanken geraten, und entsprechend wären fast meine Schritte ausgeglitten.
3 Denn ich habe mich über die Übermütigen geeifert, als ich das Wohlergehen der Gottlosen sah.

Was der Beter im einleitenden Vers des Psalms konstatiert, »Wahrlich, gut ist der Gott Israels denen, die reinen Herzens sind«, scheint sich

---

[14] Vgl. zu Ps 73: Irsigler, Psalm 73; Stolz, Psalmen im nachkultischen Raum, 46–50; Hauge, Between Sheol and Temple, 59f.267–280.

§ 11 Die kathartisch-ironische Dimension 115

nicht mit seiner Erfahrungswelt zu decken.[15] Der Beter muß erst in einem langwierigen Erkenntnisprozeß entdecken, daß sich Gottes Güte an ihm erweist. Die Voranstellung der Aussage dient als vorweggenommenes Ergebnis der Anfechtung »zur Beruhigung des Lesers«[16]. Völlig fassungslos kann das Ich des Psalms nur feststellen, daß es den Gottlosen gutgeht und sie sich ihrer Gewalttat sogar rühmen. Kontrastiv zum Motto aus V1 formuliert der Psalm in V13 dann: »Wahrlich (אַךְ), umsonst habe ich mein Herz rein gehalten und meine Hände in Unschuld gewaschen«. Der Gegensatz wird zusätzlich durch die parallele Konstruktion mit אַךְ (wahrlich) verstärkt, so daß eine Leerstelle zwischen den beiden Aussagen entsteht. Der weisheitliche und allgemein gehaltene Spruch aus V1 steht dem Erfahrungswissen des Beters diametral entgegen.[17] Diese beiden Weltsichten gilt es in Einklang zu bringen. Beim Nachsprechen des Psalms vollzieht der Beter die irritierenden Gedankengänge nochmals nach und ist damit erneut gefährdet, ihrer Stringenz zu erliegen. Das Feindzitat in V11 »Ja, sie sprechen: Wie sollte Gott es wissen? Gibt es ein Wissen beim Höchsten?« verschärft die Lage des Beters. Die Haltung der Gottlosen wird zur communis opinio (V10).[18]
Sagt der Beter in V15 »wenn ich gesagt hätte, ich will wie er [der Feind][19] reden, siehe, dann hätte ich an dem Geschlecht deiner Söhne treulos gehandelt«, dann klingt dies so, als wolle er all seine neidischen Worte über die Gottlosen weit von sich weisen. Hat er denn nicht fast die Grenze überschritten? Der Text spricht davon, daß nur wenige Schritte fehlten (V2). Wird in weisheitlichen Mahnreden davor gewarnt, nicht voller Eifersucht und Neid gegenüber denen zu sein, die Böses tun (Ps 37,1; Prov 23,17; 24,1.19), kann der Beter in Ps 73 nur eingestehen, daß er die Übermächtigen beneidete (V3). Der Beter ist versucht, sich beim Nachsprechen des Zitats der Feinde dessen Inhalt anzueignen und damit den gotteslästerlichen Gedanken zu verfallen. Deshalb betont er sofort nach dem Feindzitat in V11, daß es die Gottlosen sind, die so reden: »Siehe (הִנֵּה), dies sind die Gottlosen« (V12a). Vor einer Identifikation mit dem Gottlosen, wie sie der Text als Gefahr andeutet, wird der Beter bewahrt. In der Abgrenzung gegenüber den Feinden erhält er dann seine

---

[15] Anders Irsigler, Psalm 73, 300.303 u.ö., der betont, daß bereits V1 persönliches Bekenntnis des Beters vor Dritten ist.
[16] Gunkel, Die Psalmen, 312.
[17] Vgl. Stolz, Psalmen im nachkultischen Raum, 47 und Hauge, Between Sheol and Temple, 269f.274.
[18] Entsprechend schlägt Keel, Feinde und Gottesleugner, 188 vor וְאָמְרוּ mit 'und man sagt' zu übersetzen und räumt damit die Möglichkeit ein, daß das Zitat von einer größeren Menschengruppe gesprochen werden kann.
[19] Die syrische Version liest hier entsprechend zu V12 Plural. Zum Numeruswechsel in der Feindschilderung siehe §12, S. 146–148.

Identität. Der Akt der Distanznahme von der Position der Frevler vollzieht sich im Heiligtum. Dort kommt der Beter zur befreienden Einsicht in den Tun-Ergehen-Zusammenhang:

16 Ich dachte nach, um dies zu verstehen. Es war mühselig in meinen Augen.
17 Bis ich hineinging in die Heiligtümer Gottes, da verstand ich von ihrem Ende her.
18 Wahrlich, auf schlüpfrigen Grund stellst du sie. In Trümmer hast du sie gestürzt.

Der Beter erkennt in der Gegenwart Gottes das Schicksal der Feinde: »Du stellst sie auf schlüpfrigen Grund« (V18a). Mit der Formulierung אַךְ (wahrlich) wird auf V1 zurückgegriffen, im Gegensatz zur Aufnahme in V13 allerdings bekräftigend. Erst nach dem schmerzhaften Erkenntnisprozeß (ידע V16) im Tempel vermag der Beter sich von der Gültigkeit der Aussage aus V1 zu überzeugen. Die Wirklichkeit der Frevler ist »wie ein Traum nach dem Erwachen« (כַּחֲלוֹם מֵהָקִיץ V20), »der Erfolg der Gottlosen ist ein Scheinerfolg«[20]. Der Beter ist zwischen zwei Perspektiven auf die Welt hin- und hergerissen: Einerseits sieht (ראה) er den Erfolg der Frevler (V3), und andererseits erkennt (בין) er, daß ihr Weg scheitert (V17). In den heiligen Hallen, d.h. im Tempel[21], kommt er zu einer neuen Sicht der Dinge: War er zuvor wie ein unverständiges Tier (בְּהֵמוֹת) und ohne Erkenntnis (וְלֹא אֵדָע V22), so vermag er nun das Schicksal der Feinde von ihrem Ende her zu begreifen (V17b).[22] Der Beter beschreibt diesen Vorgang nicht nur als einen kognitiven Prozeß im Heiligtum, sondern auch als einen sinnlichen (V23): Gott hat den Beter bei seiner rechten Hand gefaßt, so daß er Gott gleichsam am eigenen Leib spürt.

Der Psalm greift in seinen zweifelnden, kritischen Überlegungen bezüglich der Feinde auf die überlieferte Form der Feindklage zurück und transformiert diese. Er ist damit Ergebnis eines rezeptionsästhetischen Prozesses und antwortet auf die veränderte Problemlage: das offensichtliche Wohlergehen der Gottesfeinde. Es ist nicht wie gewöhnlich die Bedrohung durch einen einzelnen Feind, die Anlaß zur Klage gibt. Der Beter ist irritiert angesichts des Erfolgs der Bedränger, die als gottlos charakterisiert werden (וּרְשָׁעִים V12). Die Frevler vermögen das Gottesverhältnis des Beters nachhaltig zu stören. Der Schilderung des Wohlergehens der Feinde stellt der Beter seine neue Erkenntnis gegenüber:

---

[20] Stolz, Psalmen im nachkultischen Raum, 49.
[21] Vgl. zur Rolle des Tempels in den Psalmen des einzelnen bei Hauge, Between Temple and Sheol, 270–272. Wie die Tempeltheologie auf die persönliche Frömmigkeit (formgeschichtlich gesprochen auf Klage-, Dank- und Vertrauenspsalmen) zurückwirkt, zeigt Spieckermann, Heilsgegenwart, 226–283 auf.
[22] Hauge, Between Temple and Sheol, 272f versucht בין als einen Wahrnehmungsvorgang zu verstehen. Seine Argumentation, diesen als ein rein psychologisch-religiöses Geschehen zu begreifen (276ff), teile ich nicht.

§ 11 Die kathartisch-ironische Dimension   117

Die Vision eines schreckenvollen Endes der Gottlosen (V17–19) führt
ihn zurück zum Vertrauen in die göttliche Weltordnung. Die Einsicht in
die Gerechtigkeit der Weltordnung ist, wie die Formulierungen deutlich
machen, kein nebulöses Geschehen. Der Prozeß wird als kognitiver Vorgang beschrieben, der sich im Tempel vollzieht. Für den Beter sind darin
menschliches und göttliches Handeln ineinander verwoben.[23]
Im Akt des Lesens von Ps 73 vollzieht sich gerade in der Abgrenzung
gegenüber den Feinden ein Identitätsbildungsprozeß. War der Beter versucht, den Weg des Übermütigen einzuschlagen, so wurde der, dem es
vermeintlich gutgeht, der Feind, im Gebetsprozeß ironisiert. Die in V1
allgemeingültig formulierte Aussage ist durch die Zweifel hindurch zum
persönlich angeeigneten und erlebten Bekenntnis geworden (V28). Ps 73
läßt sich entsprechend als autobiographischer Psalm beschreiben.[24]

2. Das Feindzitat[25]

Die Feindzitate sind im Zusammenhang mit zahlreichen Stellen zu lesen,
an denen die unheilstiftende Macht der Worte bzw. der Zunge der Frevler betont wird (vgl. Ps 5,10; 10,7; 31,19; 41,7–9; 52,4–6; 57,5; 59,13;
64,4–6; 94,4; 101,8; 140,4.10.12). Nicht immer sind die Zitate als solche
deutlich erkennbar, so kann ihnen etwa das einleitende Verb fehlen (vgl.
Ps 22,9; 59,8 u.ö.). Nur der Kontext macht an diesen Stellen deutlich,
daß es sich um ein Zitat handelt.[26]
Inhaltlich lassen sich die Feindzitate in zwei Hauptgruppen einteilen:
Die erste Gruppe umfaßt die hochmütige Rede über das eigene Tun (Ps
10,6; 12,5abα; 13,5; 35,21.25; 40,16; 41,6.9; 64,7; 70,4; 74,8; 83,5.13;
137,7) und die andere führt den Spott über Gottes Wesen aus (Ps 3,3;
10,4.11.13; 12,5bβ; 14,1 ≙ 53,2; 42,4.11; 59,8; 64,6; 73,11; 78,19;
79,10; 94,7; 115,2). Stilistisch bedienen sich die Feindzitate zweier Formen: rhetorischer Fragen und affirmativer Aussagen. Eine Randerschei-
nung bilden die scheinbar frommen Reden der Feinde, die in deren
Mund wie Hohn wirken (Ps 22,9).[27]

---

[23] Der Beter muß daher nicht, wie Gunkel, Die Psalmen, 314 betonen, daß die
    Einsicht »nicht etwa durch göttliche Eingebung, [...] sondern durch eigenes Den-
    ken« ihm zuteil wurde.
[24] Vgl. Hauge, Between Temple and Sheol, 276. Irsigler, Ps 73, 299 spricht mit
    Blick auf V2–17 von einem »autobiographischen Anfechtungsbericht«.
[25] Vgl. Keel, Feinde und Gottesleugner, 164–190 und Bail, Gegen das Schweigen
    klagen, 33–49.
[26] Fox, The Identification of Quotations, 422 spricht in diesem Zusammenhang von
    »virtual marking«. Vgl. Gordis, Quotations, 166 und Meier, Speaking of Spea-
    king.
[27] Vgl. Gordis, Quotations, 167–170, der außerdem Ps 55,22f und Ps 109,5–20 als
    Rede der Widersacher versteht.

Direkt angegriffen wird der Beter bei der ersten Gruppe. Implizit stellt jedoch auch der Spott über Gottes Wesen eine Anfechtung für das Selbstverständnis und das Gottesverhältnis des Beters dar. Wenn der Feind höhnisch fragt, wer denn überhaupt die Verschwörung sehe (Ps 64,6), oder er gar behauptet, daß kein Gott sei (Ps 10,4b; 14,1 ≙ 53,2), dann wird darin das Vertrauen des Beters auf Gottes Zuwendung aufs äußerste strapaziert. Das Feindzitat in Ps 71,11 formuliert diesen Zusammenhang zwischen dem Angriff auf Gott und auf den Beter explizit: »Gott hat ihn verlassen. Verfolgt ihn und ergreift ihn, denn kein Retter ist da« (vgl. Ps 3,3).

Die Frevler wollen in ihren Spottreden keine philosophische Disputatio über die Existenz Gottes führen, vielmehr bestreiten sie die Handlungsfähigkeit Gottes. Doch da Gott und Beter wechselseitig aufeinander bezogen sind – Gott hat seine Treue den Gerechten zugesagt, und der Beter hat sein Vertrauen darauf gesetzt –, wird jeweils der andere Partner mitangegriffen. In der Frage in Ps 42,11 »Wo ist dein Gott?« schwingt neben dem Spott des Frevlers, daß kein Gott sei, auch die Frage des Beters »Mein Gott, wo bist du?« mit. Der Psalm macht sich die Argumentationsstruktur, daß ein Angriff auf die Person des Beters zugleich einen Angriff auf die Person Gottes darstellt, in der Umkehrung zu eigen und baut darauf, daß Gott den verleumderischen und unheilbringenden Attacken der Feinde deshalb ein Ende setzt.

Wie eine ontologische Aussage über Gott mag es klingen, wenn der Tor (נָבָל) in seinem Herzen spricht: »Es ist kein Gott« (אֵין אֱלֹהִים Ps 14,1). Der folgende Vers hält jedoch dieser Behauptung das sehende und rettende Eingreifen Gottes entgegen: »Jhwh hat vom Himmel herabgeschaut« (V2aα).

Es ist keineswegs so, daß dem Beter der Gedanke, daß Gott fern, gleichgültig und machtlos ist, nicht vertraut ist. Solche Überlegungen äußert der Beter allerdings in einem anderen Rahmen, der Rede mit Gott. Ps 31, der auf die Anfechtung zurückblickt, erklärt die erfahrene Gottesferne als schmerzliches Resultat der Abwendung Gottes (V23) und nicht als Eigentümlichkeit seines Wesens. Sind die anklagenden Fragen Ausdruck der Krise des Beters, so spricht sich der Frevler in seinen höhnischen Reden selbst Mut zu und fährt fort mit seinem gewaltsamen Treiben.

Exemplarisch wird im folgenden anhand der Analyse von Ps 10 die Sprachgewalt der Feinde veranschaulicht. Der abschließende Unterpunkt »Die Feindzitate als fingierte Zitate« arbeitet in kritischer Auseinandersetzung mit der These Keels, die fingierten Zitate seien Produkte der Ängste des Beters, deren Wirkmächtigkeit heraus.

§ 11 Die kathartisch-ironische Dimension

Die Sprachgewalt der Feinde (Ps 10)[28]
Vom Unverständnis über das ungehinderte Treiben der Feinde ist auch Ps 10 bestimmt.[29] Der einleitende Vers des Psalms erfaßt dieses Problem in Form einer Frage: »Warum, Jhwh, stehst du von ferne, hältst dich verborgen in Zeiten der Bedrängnis?«.
Gleich in vier Feindzitaten manifestiert sich die sprachliche Übermacht des Gewalttäters (V4.6.11.13):

4 Der Frevler in der Hoheit seines Schnaubens: »Er wird nicht nachforschen. Es ist kein Gott«. So lauten alle seine Gedanken.
6 Er spricht in seinem Herzen: »Nicht werde ich wanken von Geschlecht zu Geschlecht, der, den kein Unglück trifft«.[30]
11 Er spricht in seinem Herzen: »Gott hat vergessen, er hat sein Angesicht verborgen, er sieht ewig nicht«.
13 Weshalb kann der Frevler Gott verachten, sprechen in seinem Herzen: »Du wirst nicht nachforschen«?[31]

Diese Übermacht ist allerdings nicht auf die Sprache beschränkt. Der Frevler übt Gewalt aus gegen den Armen (V8-10). Gleichzeitig negiert er die Anwesenheit Gottes und versucht darin, die Wirklichkeit auf das bestehende Machtgefüge zwischen sich und den Armen zu reduzieren.[32] In dieser Situation stellt sich der Beter die Frage: Warum ist es möglich, daß der Gottlose sprechen darf, daß Gott nicht nachforscht (V4)? In V13 wird dieses Feindzitat aufgegriffen. Dadurch, daß es in der 2. Person sing. formuliert ist, wird die Aussage nochmals zugespitzt. Der Feind wagt es, in direkter Anrede Gott zu verhöhnen. Das Zitat stellt eine Leerstelle dar: Indem der Feind Gott anspricht, rechnet er mit dessen Existenz, obgleich er dabei dessen Wirkmächtigkeit verneint. Die Rede der Frevler, daß kein Gott ist, scheint sich mit der Realität zu decken. Dies veranlaßt den Beter, Zweifel am Tun-Ergehen-Zusammenhang zu äußern (V5). Für den Bedrängten ist es unfaßbar, daß dem Wandel der Frevler ein solcher Erfolg beschieden ist. Denn nicht allein die Existenz des Beters, sondern das Leben der Armen und Waisen ist bedroht (V2.8.9. 14.18).
Die Charakterisierung des Frevlers trägt ironische Züge. Er wird als übermütiger Gegenspieler geschildert: »Sein Mund ist voll Fluch« (V7). Er ist hochmütig (V2 גַּאֲוָה; V4 גֹּבַהּ) und spricht selbstsicher in seinem

---

[28] Vgl. Hossfeld/Zenger, Psalmen I, 81-88 (dort auch zur Einheitlichkeit von Ps 9 und 10) und Bail, Gegen das Schweigen klagen, 33-42.
[29] Vgl. Keel, Feinde und Gottesleugner, 173f.189.
[30] Vgl. zum textkritischen Problem Bail, Gegen das Schweigen klagen, 38f.
[31] Das letzte Glied des Zitats ist in direkter Anrede an Gott formuliert. Die Septuaginta nimmt diesen Widerspruch bzw. den anmaßenden Hohn heraus, indem sie das Zitat wie in V4 in der 3. Person sing. als Aussage über Gott formuliert.
[32] Vgl. Brueggemann, Psalms 9-10, 10.

Herzen: »Ich werde nicht wanken von Geschlecht zu Geschlecht, denn kein Unglück trifft mich« (V6). Selbst der fromme Beter ist versucht, der Selbstüberschätzung zu erliegen: »Ich zwar dachte in meiner Sorglosigkeit: ›Niemals werde ich wanken‹« (Ps 30,7). Denn was der Gottlose affirmativ und selbstherrlich mit steigender Vehemenz sagt, »Gott hat vergessen, er hat verborgen sein Angesicht, ewig sieht er nicht« (Ps 10,11), ist für den Beter kein unvorstellbarer Gedanke. Die Sprachgewalt der Frevler kann so weit reichen, daß sich der Beter bzw. die Beterin selbst die Sicht der mächtigen Gewalttäter aneignet[33], denn im Nachsprechen wird den Zitaten erneut Raum gegeben. Jedoch unterscheiden sich die Gedanken des Beters in einem Punkt fundamental von denen des Gottlosen: Der Beter leidet an der Gottesferne. Seine Zweifel kleidet er in Form von Bitten bzw. in Form von anklagenden Fragen an Gott (V1). Die Sprechrichtung markiert die Differenz. Sie ist eine andere als bei den Frevlern. So reagiert der Beter auf die Gedanken der Frevler, daß Gott den Beter vergißt (שכח V11), mit der Bitte »Steh auf, Jhwh, Gott, erhebe deine Hand, vergiß (אַל־תִּשְׁכַּח) nicht die Elenden« (V12).

Das Feindzitat in V4 macht keine ontologische Aussage über Gottes Nichtexistenz, vielmehr zielt der Feind auf die scheinbar fehlende Wirkmächtigkeit Gottes. Auf die Aussage »Er wird nicht nachforschen« (בַּל־יִדְרֹשׁ), d.h. die Proklamation der Untätigkeit Gottes, folgt die Schlußfolgerung »Es ist kein Gott« (V4). Die Klimax bildet das letzte Glied. In Form einer Frage, die die Rede des Feindes zitiert, hält der Beter Gott den Hohn entgegen: »Warum darf der Gottlose Gott verachten, sprechen in seinem Herzen ›Du forschst nicht nach‹ (תִּדְרֹשׁ לֹא)« (V13). Das Feindzitat negiert die Erfahrung des Beters aus Ps 9,13α, wo es heißt: »Denn der, der dem vergossenen Blut nachforscht (דרש), denkt an sie«. Eine ähnliche Argumentation wie in V4 und V13 findet sich im Feindzitat in V11. Die Wirklichkeitsauffassung der Frevler droht für die Armen und Unterdrückten (דָּךְ 9,10; 10,18; אֶבְיוֹן 9,19; עֲנָוִים 9,13.19; 10,12.17 bzw. עָנִי[34] 10,2.9; חֵלְכָה 10,8.10.14) normativ zu werden, denn Sprache schreibt Wirklichkeit fest.

Die Frevler sind der Überzeugung, daß Gott das Unrecht, das sie begehen, nicht sieht, weil er sein Angesicht verborgen hat (V11). Dieser hochmütigen Haltung hält der Beter neben den dringlichen Bitten, daß

---

[33] Unterdrückte, Frauen wie Männer, neigen dazu, die Perspektive der Unterdrücker zu internalisieren. Für Brueggemann, Psalms 9–10, 11ff stellt das Zitat in V11 solch eine Möglichkeit dar (im Anschluß daran auch Bail, Gegen das Schweigen klagen, 40f). Ps 10,11 ist jedoch als Zitat der Frevler gekennzeichnet: durch die Einleitungsformel und den Kontext (V10 Feindklage, dessen Subjekt der Feind ist; V12 Bitte um das Eingreifen Gottes und in V13 die Wiederaufnahme des Zitats in der Frage des Beters).

[34] Beide Formen gehören zum Wortfeld ענה. Das Qere liest in 9,19 und 10,12 ענוים.

Gott den Arm des Bösen zerbrechen möge (V15 vgl. V12), die affirmative Aussage entgegen: »Du siehst ja, denn du blickst auf Mühsal und Gram, um es in deine Hand zu legen. Dir überläßt es der Schwache, der Waise bist du ein Helfer« (V14). Die Sichtweise der Frevler wird dem Beter durch Gottes Blick verweigert. Seine Zuwendung und sein Eingreifen haben befreienden Charakter.

Die Feindzitate als fingierte Zitate
Die Analysen der Texte (Ps 10; 73) haben die unterschiedlichen Funktionen des Feindzitats im Akt des Lesens anschaulich gemacht. Die Feindzitate tragen ambivalente Züge, denn im Nachsprechen werden die frevlerischen Worte wiederholt und erhalten erneut Wirkmächtigkeit. Das Zitat droht zu einer performativen Aussage zu werden.[35] Um die verletzende Macht der Worte zu zeigen, muß der Beter im Nachsprechen ihre Macht nochmals erleiden.[36] Ausgehend von der Beobachtung, daß Sprache im Akt des Sprechens verletzen kann, stellt sich die Frage, wie verletzende Rede so wiederholt werden kann, daß dabei zugleich deren Macht gebrochen wird.[37] Denn die Zitate drohen gerade das zu perpetuieren, was sie aufbrechen wollen. Im Zitat stehen wir immer in der Gefahr, das Argument des anderen zu unserem eigenen werden zu lassen bzw. dessen Sprachrohr zu werden. Paradoxerweise muß der Beter, obgleich er gerade der gotteslästerlichen Rede ein Ende setzen will, diese wiederholen. Indem das Zitat Gott vorgehalten wird, versucht der Psalm, die performative Macht des Zitats zu brechen[38]: Psalm 10 erhält in V12 eine abrupte Wende, nachdem es bereits so schien, als ob sich der Beter die Weltsicht des Frevlers zu eigen gemacht hätte. Hoffnungsvoll wird Gott aufgefordert, aufzustehen und einzugreifen. Die Wirklichkeit wird nicht länger auf den Diskurs der Mächtigen reduziert, vielmehr eröffnet der Psalm eine veränderte Perspektive.
Beim Wiederholen wird ein Erkenntnisprozeß angestoßen: Der Beter droht nicht mehr selbst, der Faszination des Erfolgs der Gewaltmenschen zu verfallen, und erkennt, daß deren gotteslästerliche Worte und Taten nicht ohne Reaktion Gottes bleiben. Er strebt danach, daß der Feind

---

[35] Vgl. Butler, Hass spricht, 125.
[36] Butler, Hass spricht, 137 exemplifiziert an pornographischer bzw. rassistischer Rede, was es heißt, daß im Zitat das Trauma im »strengen Sinn nicht erinnert, sondern wiedererlebt [wird] und zwar in und durch die sprachliche Substitution des traumatischen Ereignisses« (58). So durchleben etwa Frauen, die Opfer sexueller Gewalt wurden, bei ihrer Aussage vor Gericht oder der Polizei die Erniedrigung nochmals.
[37] Vgl. Butler, Hass spricht, 58: »Wie kann *hate speech* gleichsam gegen sich selbst zitiert werden?«
[38] Brueggemann, Psalms 9–10, 11 betont für Ps 10: »This psalm is an extraordinary act of counterspeech and counterpower«.

durch das Feindzitat selbst, also durch sein eigenes Tun, angeklagt wird. Dem Leser des Psalms wird in einem Text wie Ps 73 die Möglichkeit der Identifikation mit den Gotteslästerern verweigert. Die befreiende Dimension wird darin sichtbar, daß im Nachsprechen des Zitats dessen Vehemenz abgeschwächt wird, weil der Beter es selbst zum Argument gegen Gott umgestaltet, um ihn damit zum Handeln zu bewegen.[39] Othmar Keel erklärt die Feindzitate ganz im Horizont seiner These, daß das Feindbild Produkt der Ängste des Beters sei, die er nach außen projiziere (»projektiv-partizipatives Weltverhältnis«).[40] »Mittels der Projektion werden die Anfechtungen des Beters (z.B. die Zweifel an der Verläßlichkeit Jahwes) auf die Widersacher übertragen«[41]. Denn das Ich beziehe aufgrund seiner Gemeinschaftsverbundenheit seine eigenen Empfindungen in hohem Maße auf seine Umwelt. Der Beter bediene sich der Stilfigur des Zitats und lege seine eigenen Vermutungen in den Mund der Feinde.[42] Die Feindzitate seien daher *fingierte Zitate*.[43] Keel bringt darin zum Ausdruck, daß die Zitate Resultat der Projektionen des Beters sind. Auf stilistischer Ebene macht Keel dafür geltend, daß die Feindzitate teilweise mit der Formulierung »und sie sprachen in ihrem Herzen« (לֵב) eingeleitet werden[44] (Ps 10,6.11.13 14,1 ≙ 53,2: 35,25; 74,8 vgl. Jes 14,13; Zeph 1,12; 2,15). Woher, so die Frage, wolle denn der Beter wissen, was die Feinde im Verborgenen, in ihrem Herzen planten und dächten.[45] Doch dieser Argumentation ist entgegenzuhalten, daß dem Ich die Gedanken und Taten der Frevler nicht verborgen bleiben. Im Feindzitat holt das Ich des Psalms die Gedanken der Frevler aus dem Bereich des Verborgenen heraus und schafft damit eine breite Öffentlichkeit: die Versammlung derer, die Gott ins Recht setzt. Gott wird aufgerufen, nicht länger untätig zu sein. Das Zitat erlaubt dem Beter, seiner Bitte Nachdruck zu verleihen.[46] Es dient dazu, Gott von der Notwendigkeit des Ein

---

[39] Vgl. Keel, Feinde und Gottesleugner, 190. Anders als die vorliegende Untersuchung analysiert er nicht die Ebene des Sprechakts, sondern argumentiert auf der Ebene der Entstehung des Textes.

[40] Vgl. Keel, Feinde und Gottesleugner, 51–76.179–190, v.a. 185 (siehe § 12, S. 147–148).

[41] Keel, Feinde und Gottesleugner, 216.

[42] Anders Fox, The Identification of Quotations, 417 für den das Zitat der Einführung einer vom Ich des Textes unterschiedenen Meinung dient. Er betont, daß das Zitat primär auf der Ebene der Stimmen des Textes zu verstehen ist und nicht als Gegenstimme zum Autor betrachtet werden muß.

[43] Vgl. Keel, Feinde und Gottesleugner, 179–184. Die Annahme, daß die Zitate fiktiv sind, findet auch im Kommentar zu Psalm 40 von Hossfeld/Zenger, Psalmen I, 257 Nachhall.

[44] Vgl. Keel, Feinde und Gottesleugner, 179f.

[45] Vgl. Keel, Feinde und Gottesleugner, 180.

[46] Vgl. Gunkel, Einleitung in die Psalmen, 257: »Um ferner Jahve das Bild der Gegner so aufreizend als möglich hinzustellen, begnügt sich der Sänger nicht mit

§ 11 Die kathartisch-ironische Dimension 123

greifens zu überzeugen.[47] Nicht der Beter selbst klagt Gott an, vielmehr läßt er die Feinde für sich argumentieren. Implizit liest sich die negative Formulierung »Es ist keine Hilfe bei Gott für ihn« (Ps 3,3) als eine drängende Frage des Beters: »Wirst du mich retten, Gott?«.[48] Auch Keel geht davon aus, daß es im alten Israel Feinde des Individuums gab,[49] dennoch verschiebt er die Bedeutung ins Innerliche, indem er die Feindzitate als Produkt der subjektiven Imaginationskraft des Beters auffaßt. Gegenüber Keel muß festgehalten werden, daß sich die Feindzitate nicht nur mit den latenten Zweifeln und Ängsten des Beters erklären lassen.[50] Denn diese finden primär in Form von Bitten und Anklagen ihren Ausdruck. Die Zitate sind angemessener als Reflex auf die unentwegten Spottreden[51] bzw. das gewaltsame Treiben der Feinde zu verstehen.

Wenn im Sinne von Iser Fiktionalität nicht länger als eine Größe, die der Wirklichkeit des Beters diametral entgegengesetzt ist, verstanden wird, dann erhält der Begriff der fingierten Zitate eine neue Bedeutung. Die Feindzitate wollen die Wirklichkeit nicht abbilden, vielmehr greifen sie die Wirklichkeitserfahrung des Beters, des Spottes und der Unterdrückung, auf und verleihen ihr Ausdruck. Die Feindzitate strukturieren die Wirklichkeit und machen sie kommunizierbar. Darin lassen sie sich als ein Akt des Fingierens verstehen und tragen insofern fiktiven Charakter. So sind die fingierten Feindzitate für den Beter die letzte Möglichkeit, Gott die Brisanz der Anfeindungen vor Augen zu stellen.[52] Indem der Beter, dessen Vertrauen auf Gottes Hilfe ins Wanken geraten ist, seine Zweifel in den Mund der Frevler legt (z.B. Ps 10,1; 22,2; 27,9; 38,22), vermag er sich von diesen Gedanken zu distanzieren. Zugleich hält er Gott die anklagende Aussage entgegen. Die Feindzitate geben den realen Ängsten und Gewalterfahrungen des Beters Ausdruck. Anders

einfacher Schilderung ihres Treibens, ihre eigenen Worte hält er Jahve als unwiderlegliche Zeugnisse ihres frevlen Sinnes vor.«

[47] Coetzee spricht von »negative politeness strategies«, etwa im Unterschied zu »positive politeness strategies« wie Vertrauensäußerungen, so in seinem short paper »Putting Words«.

[48] Vgl. Keel, Feinde und Gottesleugner, 186f betont, daß die Frage, wo Jhwh bleibt, letztlich eine Frage der Jhwh-Anhänger sei.

[49] Keel, Feinde und Gottesleugner, 216.

[50] Vgl. Mowinckel, Psalmenstudien I, 112, der sich dagegen wendet, die Feindzitate als »leidenschaftliche und fanatische Übertreibung des gereizten Frommen« zu verstehen.

[51] Vgl. Delitzsch, Die Psalmen. Erste Hälfte, 335 zu Ps 42,4: »Ohne Aufhören tönt dieses höhnende Wort, immer und immer wieder von seiner Umgebung ausgesprochen, als Gesinnung dieser in der Seele des D. [David, d.h. des Beters] fort«.

[52] So auch Keel, Feinde und Gottesleugner, 190: »In den Feind- und Gottlosenzitaten trägt der Beter das Treiben der Widersacher in seiner letzten Bedeutung vor Jahwe«.

formuliert: Indem die Spottreden coram Deo und coram publico wiederholt und neu kontextualisiert werden, wird ihnen ihre zerstörerische Kraft genommen, ohne daß diese geleugnet würde.

3. Der Tun-Ergehen-Zusammenhang

Die Gewißheit, daß letztlich die Feinde keinen Bestand haben, formulieren einige Psalmen in Form von Bitten (Ps 5,11; 9,18.20f; 10,15; 40,15; 141,10; 143,12 u.ö.). Den Bitten um Vernichtung der Feinde kommt insofern eine kathartische Wirkung zu, als der Beter in dieser Struktur die Reaktion Gott anheimstellt: »Siehe, Gott ist mir ein Helfer [...]. Er wird das Böse zurückwenden (שׁוּב)[53] auf meine Bedränger« (Ps 54,6a.7a).[54] Der Beter sieht sich nicht länger selbst genötigt, die Taten der Feinde zu vergelten, vielmehr wird Gott die Initiative ergreifen.

Die Wahrnehmung des Beters, daß der Tun-Ergehen-Zusammenhang nicht greift, bedroht ihn in seiner Existenz und nötigt daher zur Reflexion. Außer in dem bereits analysierten Ps 73 wird dieser Zusammenhang auch in Ps 7; 28; 37; 41; 57; 109 thematisiert; neben Ps 41 wird Ps 7 besonders in den Blick genommen werden.

»Und ich will es ihnen zurückzahlen« (Ps 41)
Ps 41 zeichnet ein differenziertes Bild des Verhältnisses zwischen Beter und Feind. Der Klagegang (V5–10) wird durch אָמַרְתִּי (»ich sagte«) eingeleitet, so daß er sich als Rückblick gestaltet.[55] Die beiden Feindzitate in V6b und V9 lassen die Schärfe des Spotts wieder aufflammen: »Wann wird er [der Fromme] sterben und wann sein Name untergehen?« (V6b). Die Figur des Widersachers ist schillernd. Zuerst wird eine Gruppe von Feinden (אוֹיְבַי) eingeführt. Wie sich jedoch zeigt, sind es wohl Nahestehende, die den Beter am Krankenbett besuchen (V7). Im Geheimen reden sie Übles wider ihn. Selbst sein nächster Vertrauter, mit dem der Beter in Eintracht lebte (אִישׁ שְׁלוֹמִי), wendet sich nun gegen ihn (V10). Auf diesem Hintergrund wird die vernichtende Macht der Reden der Feinde deutlich. Die Wiederholung der lästerlichen Rede des Hassers ruft Befremden hervor, das zur kritischen Distanzierung von den Worten der Feinde bewegen soll.

---

[53] Gemäß dem Qere ist ein Hif zu lesen: »Das Böse wird er zurückwenden«. Die Septuaginta liest ebenso: »ἀποστρέψει τὰ κακά«. Auch der Kontext in V6 und die Verbform in V7b הַצְמִיתֵם, sofern sie als Imperativ Hif verstanden wird, legen nahe, daß Gott Subjekt des Handelns ist. Am textkritischen Problem wird die unterschiedliche Akzentuierung deutlich: der Hif unterstreicht das göttliche Handeln während im Qal der Automatismus des Tun-Ergehen-Zusammenhangs stärker in den Blick gerät.
[54] Vgl. Ps 7,10.16f; 35,24ff; 143,12.
[55] Siehe § 14, S. 165–166.

§ 11 Die kathartisch-ironische Dimension

Im Blick auf den Umgang mit den Feinden findet sich in V11 eine ambivalente Formulierung: »Und du, Jhwh, erbarme dich meiner und richte mich auf, und ich will es ihnen zurückzahlen (שלם Pi)«. Der Klage über diejenigen, die dem Beter Übles nachsagen, wird das am Versanfang exponierte »Und du, Jhwh« gegenübergestellt. Damit hält der Beter dem Treiben der Feinde die Macht Gottes entgegen. Doch wie im zweiten Halbvers deutlich wird, versteht der Beter diese Hilfe so, daß er selbst einen Ausgleich schaffen kann für das, was ihm widerfahren ist.[56] Göttliches und menschliches Handeln greifen hier ineinander (vgl. Ps 18,38ff), wobei der Zuwendung Gottes das Primat zukommt.
Lexeme wie שלם (Pi vgl. Ps 31,24; 35,12; 62,13; 137,8 u.ö.) bzw. שוב (Qal/Hif vgl. Ps 7,17; 28,4; 54,7 u.ö.) oder Formulierungen wie die Frucht des Gerechten (vgl. Ps 58,12) wollen die dem menschlichen Handeln inhärente Kausalität zum Ausdruck bringen, daß die Tat zum Täter zurückkehrt. Mit der Wurzel שלם Pi soll der Konnex zwischen Handeln und Ergehen erfaßt werden. Eine Tat wird nicht vergolten, sondern vollständig gemacht, zurückgelenkt auf den Täter und darin vollendet.[57] Die Wiedergabe von שלם mit »vollständig machen« entspricht ganz der Grundbedeutung des Wortfeldes שלם (Unversehrtheit/ Ganzheit). Dabei kann sowohl Gott als auch der Mensch das Subjekt sein, das die Taten zurücklenkt.[58]
Die Unumgänglichkeit des Tun-Ergehen-Zusammenhangs wird auch in Ps 109 vorausgesetzt (V14.16ff). Am Ende des Psalms steht die Bitte, daß die Feinde erkennen mögen (ידע), daß es Gott ist, der zugunsten des Beters eingegriffen hat (V27). Gott erwidert ihren Fluch allerdings mit Segen (V28a).

»Er ist in die Grube gefallen, die er geschaufelt hat« (Ps 7)[59]
Psalm 7 kreist explizit um den Zusammenhang von Tun und Ergehen:

4 Jhwh, mein Gott, wenn ich dies getan habe, wenn Verkehrtheit an meinen Händen sein sollte,
5 wenn ich Schlechtes getan habe dem mir friedlich Gesinnten und ich meinen Bedränger zu Unrecht ausgeplündert habe,

---

[56] Für Janowski, JHWH der Richter, 53 ist in »Ps 41,11 [...] die Grenze überschritten, die Prov 20,22 und Röm 12,19–21 sorgsam wahren – die Grenze zwischen *Racheanmaßung* und *Racheverzicht*«.
[57] Entsprechend wird die Wurzel im Zusammenhang mit den rechtlichen Bestimmungen des Bundesbuches mit »Ersatz leisten« übersetzt (vgl. Illman, Art. שלם, 96).
[58] Vgl. in Ps 31,24; Spr 19,17; 25,22 ist Gott das Subjekt; in Spr 13,21 wird unpersönlich formuliert; vgl. demgegenüber die Stellen, in denen der Mensch Subjekt ist (Ps 41,11; 137,8f).
[59] Vgl. Janowski, JHWH der Richter.

6 dann verfolge der Feind meinen Lebensatem und erreiche ihn. Und er trete mein Leben zur Erde, und meine Ehre wie Staub wohne sie.
7 Steh auf, Jhwh, in deinem Zorn, erhebe dich gegen die Zornesausbrüche meiner Bedränger. Wach auf, zu mir. Recht hast du angeordnet.
8 Und die Versammlung der Völker umgebe dich, und über ihr zur Höhe kehre zurück.[60]
9 Jhwh richtet die Völker. Schaffe mir Recht, Jhwh, entsprechend meiner Gerechtigkeit und entsprechend meiner Vollkommenheit, die auf mir ist.

Der Beter beteuert seine Unschuld (V4f) und bittet darum, gemäß seiner Gerechtigkeit gerichtet zu werden (V9). Dennoch tritt er nicht als selbstgerechter Beter gegenüber denen auf, die ihn verfolgen.[61] Er greift nicht selbst ein, vielmehr fordert er in einer Folge von Bitten Gott dazu auf, sich gegen die Bedränger zu erheben (V7). Denn wie die anschließenden Verse betonen, ist Jhwh ein gerechter Gott (V7b.9a.10b.12a). Er solle deshalb zurückkehren (V8 שׁוּבָה), um Recht zu schaffen. Denn »wenn er nicht zurückkehrt« (אִם־לֹא יָשׁוּב V13)[62], dann setzt das Treiben des Feindes wieder ein, dann schärft dieser sein Schwert und spannt seinen Bogen. Die Formulierung spielt auf V8 an. Hält der masoretische Text die Frage nach dem Subjekt in V13 offen, so vereindeutigt die Septuaginta die Subjektfrage durch die Wiedergabe der Wendung mit der 2. Person plur.: »Wenn ihr nicht umkehrt (ἐὰν μὴ ἐπιστραφῆτε), dann wird er [Gott] sein Schwert schärfen«. Die LXX hebt mit dieser Konjektur die Leerstelle des MT auf.[63]

---

[60] Die Übersetzung schließt sich dem MT an; so auch Janowski, JHWH der Richter, 58f.65–69.
[61] Siehe § 13, S. 149–150.
[62] אִם־לֹא יָשׁוּב ist hier als Protasis eines Konditionalsatzes zu verstehen (vgl. Gesenius-Kautzsch, §1591, 518f), dessen unabwendbare Folgen der Nachsatz festhält. So auch Hossfeld/Zenger, Psalmen I, 74f die allerdings Gott wie im Vorsatz als Subjekt des Nachsatzes beibehalten (vgl. Delitzsch, Die Psalmen. Erste Hälfte, 106, der die Subjekte gerade in umgekehrter Reihenfolge als hier bestimmt). Davon nochmals unterschieden Gunkel, Die Psalmen, 27 und Gerstenberger, The Psalms. Part I, 63 die V13a als einen elliptischen Schwursatz verstehen. Gunkel führt zu Recht an, daß die Verse 13f kein anderes Subjekt haben können als die Verse 15f. Aufgrund der Beobachtung des Wortspiels ist es dennoch möglich, im ersten Versteil Gott als Subjekt anzunehmen. Auch die Septuaginta versteht אִם־לֹא nicht als Schwurformel, sondern gibt es mit einem Konditionalsatz wieder. Janowski, JHWH der Richter, 60 versteht אִם־לֹא als Beteuerungspartikel (»wahrlich, fürwahr«). Die Verse 13f schildern seines Erachtens das Treiben eines Frevlers.
[63] Die rabbinische Tradition hingegen liest die Verse 13f so, daß der Feind durchgängig Subjekt ist. Aquila löst die Frage nochmals anders, indem er den ersten Versteil direkt an V12 anschließt: Gott ist Richter, der denjenigen, der nicht umkehrt, anschnaubt »ἐμβριμώμενος τῷ μὴ μετανοοῦντι«. Für Macintosh, Consideration, 487f ist Gott das Subjekt der V13f. Er versteht die Bilder auf dem Hintergrund von Dtn 32,41. Daß sich Gottes richtendes Handeln in Ps 7 jedoch nicht in Form eines kriegerischen Strafgerichts vollzieht, wie Macintosh an-

§ 11 Die kathartisch-ironische Dimension 127

Die Bilder (V13f) beschreiben das Tun des Feindes, gegen dessen mörderisches Treiben Jhwh als Richter angerufen wird. Auch die inhaltliche Nähe zur Feindschilderung in Ps 11,2 unterstreicht die Annahme, daß die Feinde in V13b Subjekt sind. Mit dem einleitenden Ausruf »Siehe (הִנֵּה), er liegt in Wehen mit Frevel« in V15 versucht der Beter, die Aufmerksamkeit Gottes für das unheilvolle Treiben zu bekommen.
In diesen Kontext gehört die Erkenntnis des Tun-Ergehen-Zusammenhangs:

16 Eine Grube hat er [der Feind] gegraben und ausgeschaufelt. Er ist in das Loch gefallen, das er gemacht hat.
17 Es kehrt sein Unheil auf sein Haupt zurück. Und auf seinen Scheitel steigt seine Gewalt herab.

Die Aufnahme der Wurzel שוב spielt auf die Bitte um Jhwhs Rückkehr zum Gericht an (V8.13). Allerdings ist das Subjekt in V17 nicht genannt bzw. nicht als solches gekennzeichnet. Der Psalm beschreibt den Untergang des Feindes in diesen Versen als einen Kausalzusammenhang. Das notwendige Eintreten des Ergehens als Folge des Tuns und das richtende Eingreifen Gottes sind für das Ich des Psalms kein Widerspruch, vielmehr zwei unterschiedliche Ausdrucksformen derselben Sache. Der Tun-Ergehen-Zusammenhang ist in Ps 7 dem rechtschaffenden Handeln Gottes zugeordnet (V19f).
Mit dem Verb שוב (zurückkehren) ist in V17 ein für die Erfassung des Tun-Ergehen-Zusammenhangs charakteristisches Verb gewählt. So kehrt sich (שוב) der Stein gegen den, der ihn ins Rollen gebracht hat (Prov 26,27b vgl. Prov 12,14[64]). Dabei kann auch Gott als handelndes Subjekt impliziert sein: »Der dein Leben bewahrt, der weiß dies und der wendet es auf den Menschen zurück (שוב Hif) entsprechend seiner Tat« (Prov 24,12b vgl. Ps 18,21–25; 28,4).
Wie die Schlußverse in Ps 7 deutlich machen, bedarf es keiner gesonderten Strafaktion, weder von seiten Gottes noch von seiten des Beters.[65] Der Frevler ist selbst in die Grube gefallen, die er gegraben hat (V16). Der Psalm bedient sich eines bekannten Bildes (vgl. Prov 26,27; Ps 9,16;

nimmt, machen die nachfolgenden Verse (16f) deutlich.
[64] Steht im Qere das Verb im Hif (»man vergilt ihm«) so liest das Ketiv Qal (»es kehrt zurück«).
[65] Ähnlich beschreibt Koch, Art. Tat-Ergehen-Zusammenhang, 486–488 dieses Phänomen. Gott ist »nicht als ein von außen auf die Welt einwirkendes höheres Wesen gedacht, sondern als der sittlich bestimmte Grund alles Wirklichen« (486). Vgl. die Kritik an Koch bei Janowski, Die Tat kehrt zum Täter zurück und ders., JHWH der Richter, v.a. 73–85. Janowski überträgt die Begriffsprägung Jan Assmanns von der konnektiven Struktur der Gerechtigkeit für die Beschreibung der Ma'at auf das alttestamentliche Denken und die Konzeption von צְדָקָה und will Vergeltung als soziale Interaktion verstanden wissen.

57,7). Der Beter wird, indem er das Schicksal der Bedränger dem Tun-Ergehen-Zusammenhang bzw. – wie der Psalm parallel dazu formuliert – dem Eingreifen der Hand Gottes überläßt, von seinen Aggressionen befreit. Betont die Rede von einer »schicksalwirkenden Tatsphäre«[66] die immanente Kausalität alles menschlichen Tuns, so betont in Ps 7 der Gesamtkontext den Erweis der Gerechtigkeit Gottes. Gott ist Bürge dieses Tun-Ergehen-Zusammenhangs (Prov 24,12b). In der Bitte um Gottes rettendes Eingreifen realisiert sich zugleich der Verzicht auf Vergeltung.

4. Das Lachen über die Feinde[67]

Im Anschluß an die einleitende Wortfeldanalyse von שמח und שחק in den Psalmen wird an Ps 35 paradigmatisch die kathartische Dimension des Lachens verdeutlicht.

Das Wortfeld שמח/שחק
Auf lexikalischer Ebene läßt sich die Dimension der Katharsis durch die beiden Verben שמח (sich freuen) und שחק (lachen) konkretisieren. Die Wurzel שמח ist in Vertrauensbekenntnissen gut belegt. Häufig steht sie in Verbindung mit (Selbst-) Aufforderungen und parallel zu bzw. im näheren Zusammenhang mit Verben des Jubels: רנן Ps 5,12; 32,11; 35,27; 67,5, גיל (jauchzen) 14,7; 16,9; 21,2; 31,8; 32,11; 96,11; 118,24; 149,2, הלל Hit (loben/rühmen) 64,11; 105,3; 106,5) und ידה Hif (danken) 97,12; 107,30f. שמח erfaßt eine »sich spontan und elementar äußernde Freude«[68]. Freude und Lobpreis fließen dabei ineinander.[69] Der Grund der Freude, die Rettung des Beters bzw. die Vernichtung der Feinde, wird nur mittelbar genannt, zumeist in loser Verknüpfung in den

---

[66] Koch, Art. Tat-Ergehen-Zusammenhang, 487. Er expliziert dies so: »Jede sittlich qualifizierte Tat wirkt auf den Täter zurück, läßt um seine Person, besonders um sein Haupt, eine unsichtbare Hülle entstehen« (486). Vgl. auch ders., Gibt es ein Vergeltungsdogma.
[67] Vgl. den Unterabschnitt zur Schadenfreude der Feinde bei Keel, Feinde und Gottesleugner, 155–159, der allerdings weder eine Analyse des Wortfeldes bietet, noch auf den Zusammenhang zwischen dem Lachen der Feinde und dem der Gerechten aufmerksam macht.
[68] Ruprecht, Art. שמח, 829.
[69] Anders Ruprecht, Art. שמח, 830: »Ein davon [שמח] deutlich unterschiedener Vorgang ist הלל hitp. und ידה hi. loben, [...] das sich immer in artikulierten Worten und wohlgeordneten Sätzen vollzieht« (vgl. auch 834). Eine solche Kontrastierung läßt sich vor allem im Blick auf הלל nicht aufrechterhalten. הלל und שמח sind in Ps 106,5 völlig parallel mit ל und inf. constr. konstruiert. Beide Wurzeln können den Ort des Jubels mit בּ angeben (בְּ יְהוָה Ps 34,3 ;הלל; 64,11; 97,12 שמח). In Ps 69,33ff und 67,4–6 steht ידה nur in losem Kontext zu שמח, ähnlich verhält es sich in Ps 107,30.

§ 11 Die kathartisch-ironische Dimension

vorhergehenden Versen. Der Beter formuliert nicht, daß er sich *über* etwas freut, sondern *in* jemandem, und zwar in Jhwh (בַּיהוָה vgl. Ps 5,12; 9,3; 32,11; 33,21; 40,17; 64,11; 85,7; 97,12; 104,34; 118,24).[70] Die Freude der Gerechten ist als erleichterte Gegenbewegung zur Schadenfreude der Feinde zu verstehen.[71] Das Bedeutungsspektrum von שׂמח ist schillernd. Neben der Freude über das Eingreifen Gottes zugunsten des Beters bezeichnet es die schaulustige Schadenfreude der Feinde und der Gerechten gleichermaßen. An einigen Stellen läßt sich bereits auf sprachlicher Ebene die divergierende Bedeutung von שׂמח als Schadenfreude nachweisen. Die Person, über die man sich lachend erhebt, wird mit der Präposition ל angefügt.[72] In stereotyper Formulierung »Laß sie nicht über mich triumphieren« (Ps 30,2; 35,19.24) bzw. »daß sie nicht über mich triumphieren« (Ps 38,17) bittet der Beter darum, daß der Spott der Feinde abgewendet wird. Ps 58,11 nimmt eine Sonderstellung ein. Es heißt dort:

11 Freuen (שׂמח) wird sich der Gerechte, wenn er die Rache anschaut und seine Füße im Blut des Gottlosen waten.

Die Befreiung des Gemüts verkehrt sich im Ergötzen über das Schicksal der Feinde.[73] Es bleibt zu fragen, weshalb sich der Gerechte daran freuen kann, wenn seine Füße im Blut der Feinde stehen. Vor dem Hintergrund der demütigenden Übermacht der Gottlosen, die der Beter erfahren hat, wird die Ausgelassenheit angesichts der Vernichtung der Feinde nachvollziehbar. Das Schicksal des Feindes wie des Beters wird in einen größeren Zusammenhang gestellt, und darin erweist sich das Gericht Gottes:

12 Und der Mensch soll sagen: Der Gerechte empfängt seine Frucht, denn es gibt einen Gott, der auf der Erde richtet[74].

Ausschlaggebend ist nicht das Handeln des Beters, sondern das Vertrauen auf Gottes richtendes Handeln.

---

[70] Anders als Jenni, Die hebräischen Präpositionen, 106, der die Präposition בְּ in diesen Kontexten als ein Beth causae zur Angabe des Anlasses der Freude erklärt, verstehe ich die Präposition zugleich in ihrer räumlichen Dimension als Ortsangabe.
[71] Das Frohlocken (גיל) des Beters in Ps 13,6 ist als Reaktion auf das übermütige Frohlocken des Feindes in V5 zu verstehen.
[72] Vgl. Ruprecht, Art. שׂמח, 834.
[73] Vgl. Janowski, Dem Löwen gleich, 157f.
[74] Die Septuaginta störte sich wohl an der pluralischen Partizipform שֹׁפְטִים, die nahelegt, אֱלֹהִים ebenfalls pluralisch zu verstehen. Sie liest anstelle dessen das Partizip als Singular: κρίνων αὐτούς.

Gegenüber שמח ist das Wortfeld der Wurzel שחק (lachen) in deutlich begrenzterem Umfang vertreten. Einerseits wird die Wurzel für das befreiende Lachen der Beter bzw. der Gerechten verwendet, und andererseits wird sie für Aussagen über Gottes Handeln gebraucht. Gerade dann, wenn sich der Beter unablässig der Übermacht der Feinde ausgesetzt weiß, erklingt Gottes triumphierendes Lachen: (vgl. Ps 2,4; 37,13; 59,9). Das Objekt des Gelächters wird wie bei שמח mit לְ angefügt, nur in Ps 52,8 mit עַל.[75] שחק im Qal steht primär im weisheitlichen Kontext. Zumeist wird mit שחק dem befreienden Lachen der Gerechten bzw. Gottes (Hab 1,10; Hiob 5,22; Ps 2,4; Ps 37,13; Ps 52,8; Ps 59,9; Prov 1,26; Prov 31,25) Ausdruck verliehen.

Lachen (שחק) steht an zwei Stellen (Ps 59,9 und 2,4) parallel zu לעג (spotten). Indem eine negativ konnotierte Wurzel, die gewöhnlich für das gotteslästerliche Reden der Feinde benutzt wird,[76] Gottes Verhalten beschreibt, wird sein Spott (שחק) direkt dem Spott der Bedränger gegenübergestellt. Die Rollen werden vertauscht. Spottet der Frevler über den Schuldlosen, so spottet hier Jhwh über den Frevler. Jhwh übernimmt stellvertretend für den Bedrängten, wozu dieser (noch) nicht fähig ist. „Und du Jhwh lachst ihrer, du spottest über alle Völker" (Ps 59,9). Dies läßt den Beter Vertrauen fassen: »Meine Stärke, auf dich will ich achten, denn Gott ist mein Zufluchtsort« (Ps 59,10). Es ist, als wolle Gott mit seinem schallenden Gelächter den Spott der Feinde übertönen und, um im Bild von Ps 59 zu bleiben, das Heulen der Hunde (V7.15). Entsprechend stimmt der Beter in seinem Lobgesang auf Gottes Gnade in das Lachen Gottes mit ein (V17f).

Ergötzten sich die Feinde zuvor über das Unheil des Beters (Ps 22,8; 25,2; 35,15f.21 u. ö.), so kann nun der gerechte Beter über das Ende der Feinde lachen. »Die Gerechten werden es sehen und sich fürchten, und sie werden über ihn [den Feind] lachen« (Ps 52,8 vgl. 58,11f; 69,33; 109,28). Darin wird die kathartisch-ironische Dimension der Feindbilder sichtbar, denn im Lachen befreit sich der Beter von der zerstörerischen Wirksamkeit der Feindbilder.

Am Ende werden die Gerechten lachen (Ps 35)
Die Analyse von Ps 35 verdeutlicht exemplarisch, wie die Schadenfreude der Feinde über den Elenden und der jubelnde Triumph der Gerechten spannungsvoll aufeinander bezogen sind. Auf die einleitenden Bitten (V1–3), die in kriegerischen Bildern Jhwh zum tatkräftigen Eingreifen auffordern, folgen die Feindklagen und die Bitten (V4–8) bezüglich des Schicksals der Feinde. Diese konvergieren in der Hoffnung des Beters,

---

[75] Vgl. רוע Hif, wobei das Objekt mit עַל angefügt wird (Ps 41,12).
[76] Vgl. in den Psalmen: Ps 22,8; 35,16; 44,14; 79,4; 123,4.

§ 11 Die kathartisch-ironische Dimension

daß die Tat zum Täter zurückkehren und die Fallstricke, die der Feind ausgelegt hat, ihm selbst zum Verhängnis werden mögen.

8 Verderben komme über ihn, ohne daß er es erkennt, und sein Netz, das er heimlich legt, fange ihn, und ins Verderben falle er hinein.
9 Und meine Lebenskraft jauchze (גיל) in Jhwh, und sie freue (שיש) sich in seiner Hilfe.
10 Alle meine Gebeine sollen sprechen: Jhwh, wer ist wie du? Du rettest den Elenden vor dem, der stärker ist als er, und den Elenden und Armen vor seinem Räuber.

Der Beter vertraut auch hier auf den Tun-Ergehen-Zusammenhang und erfährt dessen kathartische Dimension: Erfaßt V8 den Untergang der Feinde als unmittelbare Folge ihres Handelns, dankt der Beter in V9 der rettenden Hilfe Gottes. Für ihn steht hinter dem Tun-Ergehen-Zusammenhang Gottes Wirken.

Der Psalm formuliert dies in differenzierter Weise: Die verleumderische Tat möge auf den Täter zurückfallen. Der Jubel, der daraufhin losbricht, ist nicht direkt mit dem Untergang der Feinde motiviert. Vielmehr gründet die Freude positiv in (בְּ) Jhwh (V9a). Dennoch stimmt der Beter in erneute Klage ein: »Und über mein Straucheln haben sie sich gefreut« (שמח V15a). Die Feinde werden als gottlose Spötter beschrieben, die über das Straucheln des Beters triumphieren (לעג V16).[77] Der Beter verspricht, Gott in großer Versammlung zu loben (ידה Hif/ הלל V18), wenn sich doch nur nicht diejenigen, die ihn grundlos angehen, über ihn erheben (V19):

19 Laß sie nicht über mich triumphieren (שמח), meine trügerischen Feinde, die mich grundlos hassen, zwinkern mit den Augen.
20 Denn nicht Frieden reden sie, und gegenüber den Stillen im Lande ersinnen sie Worte des Betrugs.
21 Und sie rissen ihren Mund auf über mich, sie sagten: »Haha, Haha! Unser Auge hat es gesehen«.
22 Du hast es gesehen, Jhwh, schweige nicht, mein Herr, entferne dich nicht von mir.
23 Wach auf, erwache für mein Recht, mein Gott und mein Herr, zu meinem Rechtsstreit.

---

[77] Der schwer verständliche masoretische Text des Halbverses 16a »Unter den Ruchlosen der Kuchenspötter« ist wohl von der LXX her zu verstehen, wobei das erste Glied בְּחַנְפֵי nicht zwingend in בְּחָנֲנִי mit der LXX ἐπείρασάν με (»sie stellen mich auf die Probe«) zu ändern ist (so Gunkel, Die Psalmen, 149 und Schmidt, Die Psalmen, 65). Die LXX gibt לַעֲגֵי מָעוֹג mit der figura etymologica »sie höhnen und verhöhnen mich« (LXX ἐξεμυκτήρισάν με μυκτηρισμόν) wieder und unterstreicht damit die Vehemenz der Spottreden.

Auf den schadenfrohen Blick der Feinde (V21) antwortet Gott mit seinem Blick (V22). Der Beter bekräftigt seine Zuversicht darin, daß sein Schicksal Gott nicht entgangen ist: »Du hast es gesehen, Jhwh« (רָאִיתָה).

24 Schaffe mir Recht, Jhwh, mein Gott, entsprechend deiner Gerechtigkeit, daß sie nicht über mich triumphieren (שמח).
25 Sie sollen nicht sagen in ihren Herzen: »Ha, unsere Stärke (נַפְשֵׁנוּ)«. Sie sollen nicht sagen »Wir haben ihn verschlungen«.
26 Sie mögen zuschanden werden und sich schämen allesamt, die sich über mein Unglück freuen (שְׂמֵחֵי). Sie sollen bekleidet werden mit Schimpf und Schande, die sich mir gegenüber großtun.
27 Es mögen jubeln und sich freuen (יָרֹנּוּ וְיִשְׂמְחוּ), die an meinem Recht gefallen haben, die beständig sagen: »Jhwh erweist sich als groß, der Gefallen am Heil seines Knechts hat.«
28 Und meine Zunge memoriert den ganzen Tag deine Gerechtigkeit als dein Loblied.

Die wiederholte Bitte, »und daß sie nicht über mich triumphieren« (V19.24 אַל־יִשְׂמְחוּ־לִי), geschieht angesichts der Realität des Spottes (V15). Mehrmals werden die lästerlichen Reden zitiert (V21b.25a.25b). Indem der Beter diese selbst nachspricht, setzt er sich den Angriffen erneut aus. Keineswegs sind die Spottreden vergessen. Sie klingen immer noch nach. Der Beter bittet darum, daß den lästerlichen Worten im Herzen der Frevler ein Ende gesetzt wird (V25).[78]
Die anschließende Bitte »Sie sollen sich schämen, die sich über mein Unglück freuen« (V26) variiert das Thema der Schadenfreude, das sich durch die gesamte zweite Psalmhälfte zieht.[79] Erfährt der Beter gewöhnlich durch die Feinde Demütigungen bzw. bittet er darum, nicht durch die Feinde beschämt zu werden (Ps 25,2f.20; 31,2.18; 37,19; 71,1), so wünscht er sich im Gegenzug, daß die Feinde beschämt werden sollen (V26 בוש vgl. Ps 6,11; 40,15f; 83,18 und חפר vgl. Ps 35,4[80]). Das zuvor viermal für den Spott der Feinde verwandte שמח (V15.19.24.26) erfährt im vorletzten Vers eine Umwertung. Dem schallenden Gelächter der Gegner, dessen Omnipräsenz den Beter niederzudrücken droht, soll der Chor derer, die das Recht auf seiten des Beters sehen, entgegentönen (V27): »Es mögen jubeln und sich freuen (יָרֹנּוּ וְיִשְׂמְחוּ), die an meiner Gerechtigkeit Gefallen haben«.[81]

---

[78] Weil der Beter nur von einem Ende der Zitate im Herzen des Gegners spricht, will Keel, Feinde und Gottesleugner, 157 dies als Indiz dafür nehmen, daß »der Übergang von Freund zum Feind von der Einschätzung des Beters abhängt«.
[79] So auch Ravasi, Il libro dei Salmi, 648 der die Freude der Versammlung der Gerechten als Gegenreaktion auf die Freude der Feinde versteht.
[80] In Ps 34,6 heißt es, daß das Angesicht der Erretteten nicht beschämt (חפר) wird. Die Wurzel חפר ist im Psalter nur in diesen beiden Nachbarpsalmen belegt.
[81] Anders Kraus, Psalmen (BK XV/I), 426, der aus metrischen Gründen שמח ausklammern will und deshalb die Pointe des Wortspiels nicht erfassen kann.

§ 11 Die kathartisch-ironische Dimension

Die inhaltliche Antithese der Verse 26 und 27 spiegelt sich auch in ihrem formalen Aufbau wider. Die chiastische Struktur, die durch die doppelte Verwendung von שמח (lachen) entsteht, unterstreicht die Gegenüberstellung der Gottlosen mit den Gerechten. Untergehen werden die, die über das Unheil des Beters lachen; Bestand haben wird dagegen das Lachen derer, die sich über die Gerechtigkeit des Beters freuen. Auf zwei Verben im Imperfekt, die modal wiederzugeben sind, folgt das Subjekt in Form einer Partizipialkonstruktion. Ein weiterer Chiasmus läßt sich in den Versen 26b und 27b in der doppelten Verwendung der Wurzel גדל erkennen. Mittels eines Wortspiels wird denen, die sich gegenüber dem Beter großtun (גדל Partizip Hif V26), entgegengehalten, daß Jhwh sich als groß erweist (גדל Qal V27). Weder siegen die Frevler in ihrer Großtuerei, noch könnten etwaige Anstrengungen des Beters erfolgreich sein. Am Ende steht der Erweis der Größe Gottes in seiner Zuwendung zu den Gedemütigten. An die Stelle der gotteslästerlichen Rede der Feinde ist nun das Bekenntnis der Größe Jhwhs getreten.

Wiederholt sieht der Beter von sich selbst ab. Gott hat den Beter in sein Recht versetzt, dies ist entsprechend der Gerechtigkeit Gottes geschehen (V24.28).

Der Psalm ermöglicht dem Beter zugleich, sich zu sich selbst in ein Verhältnis zu setzen. Obgleich gerade die נֶפֶשׁ, seine Lebenskraft,[82] durch die Hinterlist der Feinde bedroht wird (V7), fordert das Ich sie in selbstreflexiver Rede dazu auf, sich in Jhwh zu freuen. Das Lob der נֶפֶשׁ reagiert darin auf den erbetenen Zuspruch Jhwhs für die Lebenskraft (V3b). Das Lachen ist nicht Ausdruck persönlicher Befriedigung. Es ist Zeichen der Solidarität mit den Bedrängten. Im Lachen verbündet sich der Beter mit den Gerechten et vice versa. Zugleich verbündet sich Gott in seinem Lachen mit dem Beter. Dort wo – wie in Ps 59,9 – der Beter nicht selbst zur Zuversicht gelangt, geschieht das Lachen Gottes stellvertretend für ihn. Indem Gott gleichsam den Übeltäter verlacht (Ps 37,13 vgl. Ps 2,4), nimmt er ihm die Übermacht. Für den bedrängten Beter wirkt Gottes Lachen kathartisch und bewahrt ihn davor, am Erfolg des Frevlers zu zerbrechen. Er vermag nun zu sagen: »Das Wenige beim Gerechten ist besser als der Überfluß vieler Gottloser« (Ps 37,16).

5. Die Anrede der Feinde (Ps 52)

Ein Großteil der Klagepsalmen des einzelnen ist auf die Situation des Ichs und dessen engstes soziales Umfeld, den nächsten Kreis der Familie

---

[82] Siehe zur Übersetzung von נֶפֶשׁ § 12, S. 143.

und Freunde, konzentriert.[83] Das Sprachgeschehen der Psalmen drängt allerdings über die Ich-Du-Relation hinaus. Nicht zuletzt wird in der Anrede der Feinde der öffentlichkeitskonstituierende Charakter der Psalmen sichtbar,[84] denn in ihr kommt zum Ausdruck, daß das Beter-Feind-Verhältnis sich grundlegend gewandelt hat. Charakteristikum der Öffentlichkeit ist, daß sie im Angesicht Gottes geschaffen wird. Bittet der Beter gewöhnlich Gott um das Eingreifen gegen die Feinde, so heben sich davon die Stellen ab, an denen der Beter direkt seine Gegner anspricht: sei es in Form eines direkten Befehls, sei es in Form einer Frage (Ps 4,3; 6,9; 52,3; 55,14; 62,4; 75,5; 94,8).[85]

In Ps 6,9 adressiert der Beter seine Aufforderung direkt an die Feinde: »Weicht von mir«. Nicht aus einer überlegenen Position heraus kann er so bestimmte Worte sagen. Er vermag sich verbal zur Wehr setzen, weil Jhwh die Stimme seines Weinens hört (V9b).[86] Die Gewißheit, bei Gott Erhörung zu finden, läßt ihn diese Grenze überschreiten (vgl. die Begründung in Ps 4,3).

In Ps 62 übernimmt die Anrede der Feinde eine andere Funktion. Der Psalm ist bestimmt durch einen häufigen Perspektivwechsel. Auf den Selbstzuspruch des Ich bzw. der eigenen Lebenskraft (נֶפֶשׁ) in V1 folgt die Hinwendung des Beters zu dem ihm feindlich Gesinnten (V4): »Wie lange wollt ihr einen Mann bestürmen, morden ihr alle, wie eine überhängende Wand, eine eingestoßene Mauer?«. Auch hier ist die Feindklage in direkte Anrede der Feinde transformiert. Der nachfolgende Vers geht über zur Beschreibung der betrügerischen Menschen in der 3. Person. Die direkte Anrede an die, die den Beter bestürmen, ist mit den Imperativen an Dritte in Verbindung zu bringen: »Vertraut auf ihn allezeit, Volk« (V9a). Möglicherweise ist es ein und dieselbe Gruppe, die der Sprecher des Psalms in V4.9 und 11 im Blick hat, die er in immer neuen Anläufen dazu ermahnt, sich auf Gott und nicht auf erpresserische Machenschaften zu verlassen. Die Anrede an Dritte hat eher paräneti-

---

[83] Vgl. Albertz, Persönliche Frömmigkeit, 23–46 und Gerstenberger, Der bittende Mensch, 142.146f, die beide den vorexilischen Sitz im Leben der Klage- und Dankpsalmen in der Primärgruppe bzw. Familie verorten.

[84] Wenn hier auf einen in der Moderne geprägten Begriff zurückgegriffen wird, dann deshalb, weil sich das Sprachgeschehen der Psalmen nicht auf den klar umgrenzten Raum des einzelnen Beters einschränken läßt. Die Öffentlichkeit, von der die Klage- und Danklieder sprechen, entfaltet, die sich in konzentrischen Kreisen um das Individuum und seine Kleingruppe entfaltet (vgl. Gerstenberger, Welche Öffentlichkeit, 69f).

[85] Gerstenberger, Der bittende Mensch, 144 erwägt, ob sich nicht in der Anrede eine »Auseinandersetzung des Bittstellers mit seinen Feinden während der Bittzeremonie spiegelt«. Sein Resümee klingt allerdings zurückhaltender: »Die persönliche Anrede der Feinde kann eine bloße Stilfigur sein«.

[86] Anders Gunkel, Die Psalmen, 22: »In ausbrechendem Zorn wendet sich der Dichter kraftvoll gegen seine hämischen Feinde«.

§ 11 Die kathartisch-ironische Dimension

schen Charakter und ist wie der gesamte Psalm von einer belehrenden Diktion geprägt.[87]

Eine abschließende Bündelung der unterschiedlichen Dimensionen ästhetischer Identifikation soll durch die folgende Exegese von Ps 52 vorgenommen werden.

Ps 52 setzt nach einer situativen Überschrift – die mit David in der Überschrift vorgegebene Leseanweisung wird im intertextuellen Leseakt auf den Kontext des gesamten Psalmcorpus hin gelesen – mit direkten Vorwürfen des Beters gegen den Gottlosen ein (V3-7). Es folgt die Rede über den Gottlosen (V8-9). Erst in den abschließenden Versen 10-11 wird das Ich des Beters eingeführt, und im letzten Vers 11 spricht der Beter Gott zum ersten und einzigen Mal in der 2. Person sing. an.

1 Dem Chorleiter. Ein Lehrgedicht. Für David.
2 Als Doeg, der Edomiter, kam und Saul berichtete und ihm sagte: David ist in das Haus Ahimelechs gekommen.
3 Was rühmst du dich deiner Bosheit, du Held? Die Gnade Gottes währt den ganzen Tag. (מַה־תִּתְהַלֵּל בְּרָעָה הַגִּבּוֹר חֶסֶד אֵל כָּל־הַיּוֹם)
4 Verderben ersinnst du, deine Zunge ist wie ein Schermesser geschärft, sie ergeht sich in Täuschung.
5 Du ziehst das Böse dem Guten vor. Betrug [ist dir] mehr als gerechte Worte.
6 Du liebst alle Worte, die verleumden, trügerische Zunge.[88]
7 Doch Gott zerstört dich für immer. Er wird glühende Kohlen auf dich legen und dich herausreißen aus dem Zelt, und er wird dich aus der Erde lebend entwurzeln.
8 Und es werden die Gerechten dies sehen, und sie werden sich fürchten und über ihn werden sie spotten (וְיִרְאוּ יְשָׂחָקוּ):
9 Siehe, der Mann, der nicht Gott zu seiner Bergfeste machen will und der auf seinen Reichtum vertraut. Er ist stark in seinem schändlichen Tun.
10 Aber ich bin wie ein grüner Ölbaum im Hause Gottes. Ich vertraue in die Güte Gottes immer und ewig.
11 Ich will dich ewiglich preisen, weil du es getan hast, und ich will auf deinen Namen harren, denn er ist gut, vor deinen Frommen.

Bereits auf stilistischer Ebene wird die Besonderheit des Psalms deutlich. Der Psalm setzt mit der direkten Anrede des Gegners ein und nicht mit einer Vertrauensäußerung. In der ironischen Anrede des tollkühnen Helden (גִּבּוֹר V3)[89] ist die Belehrung für den Mann (גֶּבֶר V9) verborgen, der sich auf seinen eigenen Reichtum verläßt. Diese ist formuliert in Form eines Zitats der Gerechten. Die Angleichung von V3 an V9, wie

---

[87] Vgl. Sheppard, »Enemies« and the Politics of Prayer, 75.78. Sheppard weist darauf hin, daß die Gebete laut in der Öffentlichkeit vorgetragen wurden und möglicherweise die Feinde anwesend waren. Entsprechend sieht er in der direkten Unterweisung des Feindes eine Chance, daß der Feind von seinem schändlichen Tun abläßt.
[88] לְשׁוֹן wird hier nicht als Akkusativobjekt sondern als Explizierung des Subjekts verstanden.
[89] Hitzig, Die Psalmen Bd. I, 294 übersetzt mit ähnlichem Unterton »du Recke«.

sie zahlreiche Kommentatoren unternehmen, indem sie in V3 aus inhaltlichen Bedenken גִּבּוֹר (Held) in גֶּבֶר (Mann) verändern[90], verkennt die ironisch-spöttische Spitze der Anrede und damit den Tenor des gesamten Psalms. Vor dem Hintergrund des weisheitlichen Kontextes von Ps 52 wird deutlich, daß der Held lächerlich gemacht wird.[91] Um in einem Bild zweier Stellen aus der Weisheit zu sprechen: Ein Weiser vermag eine Stadt auch gegen die militärische Übermacht von Helden einzunehmen (Prov 21,22) bzw. eine Stadt gegenüber Helden uneinnehmbar zu machen (Koh 9,13ff), denn Weisheit ist besser als Stärke (Koh 9,16).[92] Der Held erfährt eine radikale Umwertung und wird zur Negativgestalt.[93]
Die Leseanweisung in V2 macht die Polemik gegen den Helden (גִּבּוֹר) anschaulich. Die Überschrift skizziert eine Episode der Flucht Davids vor Saul (1 Sam 21). David erhält von Ahimelech, dem Priester von Nob, die Schaubrote und das Schwert Goliaths überreicht. Doeg, der Edomiter – so sein Beiname in 1 Sam 21,8; 22.9.18 und in der Psalmüberschrift – war Zeuge der Begebenheit. Als Saul sich vor seinen Leuten über deren fehlende Loyalität beklagt, sieht Doeg seine Chance und verrät nicht nur David, sondern auch Ahimelech (1 Sam 22,9f). Schließlich ermordet er Ahimelech und sein gesamtes Haus (V18f).
Ist die Überschrift aus dem Blickwinkel Doegs formuliert, so liefert das Psalmcorpus den Gegenkommentar aus der Sicht des bedrängten David. Zentraler Punkt des Psalms ist das verleumderische und betrügerische Reden und Treiben des גִּבּוֹר. Doch wie bereits der erste Vers des Psalms deutlich macht, haben Doegs Verrat und Morden nichts Heldenhaftes (vgl. 1 Sam 22,6–19). Im intertextuellen Lektüreprozeß wird die Erzählung in 1 Sam 22 mit dem gesamten Psalm verknüpft. V7 spricht daher das Urteil über Doeg: Gott wird ihm ein Ende setzen (V7).[94]

---

[90] So Gunkel, Psalmen, 228 und Kraus, Psalmen (BK XV/I), 550 »הַגִּבּוֹר ist im Kontext kaum sinnvoll, es sei denn, man denke an eine höhnische Anrede. Es liegt nahe הַגֶּבֶר zu lesen«.
[91] Vgl. Beyerlin, Der 52. Psalm, 54–56.
[92] Wie diese Stellen verdeutlichen, schwingt bei גִּבּוֹר ein militärischer Unterton mit. Der גִּבּוֹר rühmt sich seiner physischen wie militärischen Stärke, in den erzählenden Büchern geschieht dies durchaus mit einer positiven Konnotation (vgl. Kühlewein, Art.גבר, 399). In seiner Analyse des Psalms zieht Goulder, The Prayers of David (Psalms 51–72), 72ff aufgrund dieser Ironisierung des Kriegers eine Verbindung zur Geschichte Davids. Der גִּבּוֹר aus V3 könnte seiner Ansicht nach Absalom sein. Die situative Überschrift (V2) läßt er bei seinen Überlegungen allerdings außen vor.
[93] Neben Ps 52 und den oben genannten weisheitlichen Stellen geschieht auch in Jer 9,22 und im Loblied der Hanna in 1 Sam 2,4 eine Umwertung der Begriffe: »Der Bogen der Helden ist zerbrochen – die Strauchelnden haben sich mit Kraft gegürtet«.
[94] Vgl. Braude, The Midrash on Psalms, 477.

§ 11 Die kathartisch-ironische Dimension 137

Wo im klassischen Klagelied des einzelnen nach der situativen Überschrift gewöhnlich die Klage bzw. Bitte steht, setzt Ps 52 mit der vorwurfsvollen Anrede »Was rühmst du dich deiner Bosheit?« ein.[95] Die einleitende Frage wird darin zur enthüllenden Herausforderung Davids an Doeg.[96] Dem verwerflichen Treiben stellt der Psalm im zweiten Halbvers 3b Gottes Gnade (חֶסֶד) entgegen. Unvermittelt steht die doxologische Aussage zwischen den sich wiederholenden Anklagen. Diese Leerstelle ist Ausdruck der beiden divergierenden Weltsichten. Der Beter hält mit der einleitenden Gottesprädikation gegen alle etwaigen Mutmaßungen über das Schweigen Gottes angesichts der Frevler fest, daß Gottes Gnade den ganzen Tag und somit immer Gültigkeit hat. Dieses Leitmotiv der Gnade wird am Ende des Psalms nochmals in dem persönlichen Bekenntnis des Beters aufgenommen (vgl. V10 im Ich des Beters, der sich auf die Gnade Gottes verläßt).

Die Septuaginta hebt den Widerstreit der beiden Elemente zwischen der Bosheit und der Gnade (חֶסֶד) Gottes auf und nivelliert das Problem, indem sie anstelle von Gnade (חֶסֶד) Gesetzlosigkeit (ἀνομίαν), d.h חָמָס, liest.[97] Sie unterstreicht damit die Omnipräsenz des Unrechts und der Gesetzlosigkeit. Die LXX hat den Zusammenhang zwischen der Rede des Gerechten zu seinem Feind und dem Festhalten des Beters an der Güte Gottes aus den Augen verloren. Demgegenüber bekräftigt der masoretische Text, daß die direkte Konfrontation mit dem, der Böses ersinnt, ihren Rückhalt in der Doxologie hat. Das Ich bringt hier nicht klagend seine persönliche Notsituation vor Gott, sondern es wendet sich direkt an die, die mit lästerlicher Zunge reden. Die Formulierung in V7 »denn Gott wird dich für immer zerstören« mag wie eine Drohung klingen. Doch der Beter überantwortet das Schicksal des Feindes dem Tun Gottes. Dabei bleibt er nicht beziehungslos gegenüber der feindlichen Übermacht. Er kann von sich aus den Kontakt aufnehmen und dem Selbstgefälligen öffentlich trotzen. Zugleich wird die Gruppe der Gerechten einbezogen. Der Konflikt wird damit nicht länger als Privatsache des Beters verstanden, vielmehr wird er in der vor Gott konstituierten Öffentlichkeit ausgetragen. Daher ist die direkte Anrede des Toll-

---

[95] Gunkel, Die Psalmen, 229 »Im reinen Stil würde dafür eine Schilderung des Missetäters in dritter Person stehen« (vgl. Westermann, Lob und Klage in den Psalmen, 147). Beyerlin, Der 52. Psalm, 77 betont, daß der Beter sich nicht in einer Notsituation befindet: »Der einleitende Psalmteil ist etwas anderes als Klage: Er ist polemisch-offensive Rede« (78).
[96] Vgl. Braude, The Midrash on Psalms, 481.
[97] Dieser Lesung schließen sich Gunkel, Die Psalmen, 228.230 und Duhm, Die Psalmen, 215 an. Beyerlin, Der 52. Psalm, 50–53 hält mit dem Verweis auf die Verse im thematisch verwandten Psalm 107,33–35.43 am masoretischen Text fest.

kühnen nicht allein psychologisch zu klären und mit einem Zornesausbruch zu deuten;[98] sie hat ihren Rückhalt im Beistand Gottes.[99]
Der folgende Vers 8 verlagert den Blick hin zu den Gerechten. Wenn diese das Schicksal der Lügner sehen, werden sie erschrecken[100] und dann in befreiendes Lachen ausbrechen. Der Held (גִּבּוֹר), wie er in V3 vorgestellt wurde, wird zur lächerlichen Figur.[101] Im ironisch-kathartischen Lachen gewinnen die Gerechten Abstand von den Gottlosen. Das Verlachen beraubt den Feind seiner Übermacht und entwaffnet den Beter. Es ermöglicht eine Befreiung des Gemüts. Der Frevler wird der Lächerlichkeit preisgegeben. Ironisch klingt auch die Bezeichnung des Gottlosen mit Held (גִּבּוֹר). Der Held verkehrt sich in sein Zerrbild, in einen selbstgefälligen Narren. Das Wortspiel mit der Wurzel עוז läßt dies offensichtlich werden. Gott wird als מָעוֹז (Bergfeste) bezeichnet (V9a). Dem wird die Stärke des Feindes gegenübergestellt, die in seinem unheilbringenden Tun liegt (יָעֹז בְּהַוָּתוֹ). Mittels eines weiteren Wortspiels wird das Verhalten des tollkühnen Helden, der auf seinen Reichtum vertraut (בטח V9), mit dem Verhalten des Ich, das auf die Güte Gottes vertraut (בטח V10), kontrastiert.[102] Das vorbildhafte und tugendhafte Ich ist zugleich das bedrängte und hilfesuchende, so daß sich eine Umwertung des Heldenhaften vollzieht. Als wirklicher Held (גִּבּוֹר) wird nicht der bezeichnet, der sich auf seine Stärke verläßt, sondern der sich in Jhwh birgt (so in Ps 34,9).
Das Ich verkörpert den Gerechten.[103] Der Beter ist nicht durch einen direkten Angriff der Feinde bedroht, sondern durch deren Verhalten, das seinen Lebensentwurf infrage stellt. Diese inhaltliche Gegenüberstel-

---

[98] So Gunkel, Die Psalmen, 229.
[99] Weiser, Die Psalmen, 279 urteilt ähnlich, daß die Vorwürfe ihr Recht aus der »fundamentalen Glaubenswahrheit« in V3b nehmen. Allerdings sieht er sich genötigt, die Vollmacht der Vorwürfe mit der Person des Priesters zu legitimieren (278). Auch Beyerlins Analyse (Der 52. Psalm, 105f) kann so verstanden werden, daß die Anrede der Feinde als ein von einem kultischen Funktionsträger gesprochenes Wort zu lesen ist. Beyerlin spricht von einem »charismatisch-inspiriertem Orakelwort« (106).
[100] Die syrische Version harmonisiert hier (vgl. Walton, Biblia Sacra Polyglotta, 166f): Anstelle von »sich fürchten« steht dort »sich freuen«. Sie verniedlicht damit das von Ehrfurcht bestimmte Gottesverhältnis. Entsprechend muß sie auch im zweiten Versteil korrigieren. Die Gerechten sind nicht mehr zum Spott über die Feinde bevollmächtigt; es heißt, daß sie auf Gott hoffen (vgl. als Angleichung an Ps 40,4bß). Die syrische Version mag von der Sorge geleitet sein, daß das Lachen der Gerechten ebenfalls in Übermut umschlagen könnte.
[101] Weiser, Die Psalmen, 279 spricht im Blick auf diese Stelle vom »traurigen Helden«.
[102] Auf die Güte חֶסֶד Gottes vertrauend, rechnet das Ich sich in V11 zu den Frommen (חֲסָדִים).
[103] Vgl. Hauge, Between Temple and Sheol, 160f und Beyerlin, Der 52. Psalm, 85, der von einer »paränetisch-didaktischen Absicht« der V10–11 spricht.

§ 11 Die kathartisch-ironische Dimension 139

lung, die sich eines bildlichen Vergleichs bedient, wie auch das spezifische Stilmittel der Anrede des Frevlers, machen den didaktischen Impuls des Psalms offenkundig. Er fordert zur Nachahmung des Verhaltens des Beters auf, indem er das Verhalten des Tollkühnen ironisiert. Einerseits wird dem Beter die Identifikation mit dem ›Helden‹ verweigert, und andererseits wird er mittels bildhafter Sprache zur Identifikation mit dem Ich des Psalms aufgefordert (V10).
Die allgemeingültige Aussage über den tollkühnen ›Helden‹ in V9 macht die Umkehrung der Verhältnisse deutlich. Der גִּבּוֹר ist zum negativen Vorbild geworden. Darin manifestiert sich die kathartisch-ironische Identifikation. Erst der vorletzte Vers des Psalms (V10) lädt mittels seiner bildhaften Sprache ein zur Identifikation. Der abrupte Wechsel hin zu Aussagen in der 1. Person sing. hebt das Schicksal des Ich des Beters ab von der lächerlichen Figur des tollkühnen Helden. Der Rekurs auf den Begriff des Helden geschieht in den Psalmen nicht ungebrochen. Die Lesenden werden zur Identifikation mit dem bedrängten Helden eingeladen.
Die Analysen der Textstrukturen der einzelnen Psalmen in diesem Paragraphen ließen die rezeptionsästhetischen Signale der Psalmen deutlich werden. Der Rezeptionsraum bleibt nicht auf den individuellen Leseakt beschränkt. Der Akt des Betens ist vielmehr ein öffentliches Geschehen.[104] In der Anrede der Feinde bzw. im Feindzitat wird die öffentlichkeitskonstituierende Dimension deutlich, denn die Bedrängnis des Beters durch die Feinde bleibt nicht Privatsache. Die Umstehenden werden zu Mitwissenden, so daß der Beter Schutz erfährt. Der Akt des Betens steht außerdem dadurch einer personalistischen Engführung entgegen, daß sich beim Lesen des Psalms eine wechselseitige Übernahme der Rollen vollzieht.[105]
Die von Keel geprägte Bezeichnung der Feindzitate als fingierte Zitate wollte den Vorgang, daß der Beter seine innere Erfahrungswelt auf die Außenwelt projiziert, festhalten. Auch wenn Keel keineswegs intendierte, das subjektive, innere Erleben des Beters abzuwerten, so perpetuiert er mit seinem Verständnis des Fingierens das duale Wirklichkeitsverständnis. In der vorliegenden Untersuchung wurde der Akt des Fingierens gegenläufig gedeutet. Fingieren ist eine Weise der Welterschließung und gleichzeitig der Transzendierung der vorfindlichen Verhält-

---

[104] Vgl. Sheppard, »Enemies« and the Politics of Prayer, 72: »The presence of overhearing ›enemies‹ is integral to the prayer situation and influences the perceived function of prayer socially, rhetorically, religiously, and politically«.
[105] »Doch geht es dabei [im Danklied] gerade nicht um eine private Zwiesprache mit Gott, wie eine vom Frömmigkeitsindividualismus geprägte Psalmenexegese vorschnell vermuten läßt« (Hardmeier, Systematische Elemente der Theo-logie, 118).

nisse, nicht zuletzt durch den Blick Gottes bzw. sein Lachen. Indem das Treiben und Reden der Feinde vor Gottes Angesicht gestellt wird, wird eine Gegenöffentlichkeit sichtbar und dem Beter ein verändertes Weltverhältnis ermöglicht. Die Feindzitate sind insofern Resultat eines Akts des Fingierens, als sie dem Beter bzw. dem Ich helfen, der Realität der Feindbedrohung standzuhalten. Sie strukturieren die Wirklichkeit. Im Akt des Fingierens wird, indem jeweils einzelne Segmente der Wirklichkeit wiederholt werden, Neues sichtbar. Indem der Beter die Anfeindungen in Form von direkten Zitaten formuliert, erhält die Szene Lebendigkeit. Durch die direkte Anrede der Feinde wird eine Dialogsituation geschaffen. Die so entstandene kommunikative Struktur ermöglicht einen mehrdimensionalen Diskurs. Psalmen wie Ps 52 liefern dafür ein entsprechendes Formular, das die Aktantenrollen so verteilt, als ob das Ich, die Umstehenden (Gerechte und Feinde) und Gott sich gleichsam gegenüberstünden.

C. Die Leerstelle

Im Akt des Lesens sind es gerade die Unbestimmtheitsstellen, die die Psalmen zu Gebrauchstexten werden lassen.[1] Die Offenheit innerhalb der Textstrukturen der Psalmen in der Beschreibung der Notsituation (§ 12) und die offene Bittstruktur (§ 13) werden in den folgenden Paragraphen als Leerstellen verstanden, die den Rezeptionsvorgang der Psalmen immer wieder von neuem initiieren. Dabei wird deutlich, daß sich das Lesen der Psalmen als offener und unabschließbarer Prozeß vollzieht, in dessen Rahmen sich das Selbst-, Gottes- und Feindverhältnis des Beters transformiert (§ 14).

§ 12 Die Beschreibung der Notsituation

1. Zum Stand der Diskussion

Das Bestreben, anhand des Psalmtextes eine bestimmte Notsituation des Beters zu rekonstruieren, kollidiert mit den divergierenden Beschreibungen der Notlage des Beters. Die Beobachtung, »daß die Bilder der Klage sich widersprechen und sich nicht in eine geschlossene Situation einordnen lassen wollen«[2], führte zur Abwertung dieser im Blick auf ihren Realitätsgehalt. »In der seelischen Verfassung des Dichters«[3] wurde die Einheit der Bilder verortet. Motiviert wird der Versuch, die Notsituation (Krankheit, Gericht, Schuld, Feinde)[4] zu spezifizieren, durch den Wunsch nach einer formgeschichtlichen Klassifizierung in thematische Untergruppen und damit der Erhebung des originären Sitzes im Leben des jeweiligen Psalms. Zugrunde gelegt wird dabei ein monokausales Verständnis der Bedrängnis des Beters. Auch im Wissen darum, daß etwa »[o]bjektive *Beschreibungen* eines Krankheitszustandes [...] im Alten Testament selten«[5] sind, wird versucht, die Unbestimmtheitsstellen ganz im Sinne der Theorie Roman Ingardens[6] durch Informationen aus dem Text bzw. unter Zuhilfenahme anderer biblischer Texte auszufüllen und so zu beseitigen. Bereits die Rede von objektiven bzw. subjektiven

---

[1] Vgl. Luther, Vorrede auf den Psalter, 103: »Und ein jglicher, in wasserley Sachen er ist, Psalmen und wort drinnen findet, die sich auff seine Sachen reimen, und im so eben sind, als weren sie allein umb seinen willen also gesetzt, Das er sie auch selbs nicht besser setzen noch finden kan noch wündschen mag«.
[2] Gunkel, Einleitung in die Psalmen, 189.
[3] Gunkel, Einleitung in die Psalmen, 190.
[4] Vgl. Schmidt, Das Gebet des Angeklagten; Delekat, Asylie und Schutzorakel am Zionheiligtum; Beyerlin, Die Rettung der Bedrängten; Seybold, Das Gebet des Kranken.
[5] Seybold, Das Gebet des Kranken, 31.
[6] Siehe § 1, S. 10.

Beschreibungen der Notsituation des Ich erweist sich als falsche Alternative. Nicht nur, daß die exegetische Forschung mit ihren kontroversen Zuordnungen einzelner Psalmen ein uneinheitliches Bild hinterläßt, die Psalmen selbst lassen die Leerstellen[7] bewußt offen für den jeweiligen Rezipienten und seine Erfahrung der Bedrängnis.[8]

Die Beschreibung der Not des Beters ist einerseits so konkret formuliert, daß sie sich nicht in Allgemeinplätzen verliert, und andererseits kann sie nicht mit nur einer historischen Situation identifiziert werden.[9] In der exegetischen Diskussion wurde bereits mehrfach darauf verwiesen, daß die Beschreibung der Notsituation mehrdimensional ist, was innerhalb der gattungsgeschichtlichen Forschung als Problem betrachtet wurde. Die Rede von der Leerstelle veranschaulicht demgegenüber, daß dieses Phänomen in der Feindbeschreibung gerade die Voraussetzung dafür bildet, daß die Psalmen eine fortwährende Aneignung erfahren (2.). Daneben trägt auch die Feindbeschreibung pluriforme Züge (3.).

2. Die Notsituation als mehrfach bestimmte Leerstelle

Die Not wird als ein Geflecht von Ursachen und impliziten Folgen bzw. Begleiterscheinungen beschrieben. Was Ursache und was Wirkung ist, kann nicht mehr voneinander geschieden werden[10], denn der Beter ist keinem Kausalitätsdenken verpflichtet. Exemplarisch soll die wirkungsästhetische Analyse der Leerstellen in den beiden Psalmen 69 und 30 – angesichts der anschaulichen Notschilderung – zeigen, daß sich die Not nicht monokausal erfassen läßt.

Die Bedrängnis des Beters in Ps 69 ist existentieller Natur.[11] Der erste Vers nach der musikalischen Überschrift ließe sich als inhaltliche Über-

---

[7] Bons, Psalm 31, 209f.244.256 spricht im Blick auf die Erklärung der Lage des Beters unter Aufnahme der Begrifflichkeit Isers ebenfalls von Leerstellen, die die Frage nach dem Sitz im Leben offenlassen.

[8] Vgl. die Kritik bei Crüsemann an der Suche nach der »eigentlichen« Not und der monokausalen Sichtweise des Leids (vgl. ders., Im Netz). Möglicherweise ist es »die multifaktorielle und mehrdimensionale Notbeschreibung der biblischen Klagetexte«, die sie »in besonderer Weise geeignet zur Rezeption durch Leidende bis heute« macht (145f). Vgl. Miller, Trouble and Woe, 32ff; Janowski, Die »Kleine Biblia«, 396f betont, daß sprachliche und poetische Aspekte wie Stichwortverkettungen, Überlagerung der Bilder und die Bildsprache eine Offenheit und Lebendigkeit der Texte ermöglicht »ohne Negation des Konkreten« (397).

[9] Ähnlich beschreibt Miller, Trouble and Woe, 35 dieses Phänomen: »the language of the psalms is *open* and *metaphorical*«. Ich selbst ziehe den Begriff der Leerstelle vor, der für den Prozeß zwischen Text und Leser steht (vgl. Bons, Psalm 31, 252f.256).

[10] Vgl. Crüsemann, Im Netz, 143.

[11] Für Seybold, Das Gebet des Kranken, 70 gehört der Psalm mit hoher Wahrscheinlichkeit zu den Krankheitspsalmen.

§ 12 Die Beschreibung der Notsituation

schrift über den Psalm verstehen (V2): »Rette mich, Gott, denn Wasser sind bis an die Kehle gekommen«. Die Beschreibung veranschaulicht die Lage des Beters sinnbildlich. Die Wasserfluten reichen ihm bis zur Kehle (נֶפֶשׁ). Der Beter greift hier bewußt auf נֶפֶשׁ, einen für die Anthropologie des Hebräers zentralen Begriff, zurück. נֶפֶשׁ, gewöhnlich mit ›Seele‹ wiedergegeben, hat jedoch einen organischen Haftpunkt: die Kehle als Atemorgan. Dem Beter fehlt buchstäblich die Luft zum Atmen, und damit schwindet seine gesamte Lebenskraft. Der Beter bittet um den Freikauf seiner Lebenskraft (נֶפֶשׁ), damit die Feinde endlich von den Schmähungen ablassen:

19 Nahe dich meiner Lebenskraft, erlöse sie, um meiner Feinde willen befreie mich.

Der Beter ist in unerforschliche Tiefen (מְצוּלָה ;מַעֲמַקִּים) hineingesunken, in denen es keinen Halt mehr gibt (V3).[12] Die Begriffe stehen für den Raum der Unterwelt, der von Gottesferne gekennzeichnet ist (vgl. Ps 88,7; 130,1; Ez 27,34).[13] In V15f wird in den Bitten diese Erfahrungswelt des Beters wieder aufgegriffen. Die den Beter anfeinden, werden mit den Wassertiefen parallelisiert:

15b Ich möchte gerettet werden vor meinen Hassern und aus den Tiefen des Wassers (מִמַּעֲמַקֵּי־מָיִם)[14].

Die Bitte des Beters um Bewahrung vor denen, die ihn hassen, ist eingebettet in eine Reihe von Bitten, die um die Errettung aus der Tiefe kreisen. Die Bedrohung durch die Wasserfluten nährt den Spott der Feinde von neuem. Die folgenden Verse führen das Treiben der Feinde aus. Vor dem Lobgelübde bringt der Beter nochmals seinen erbärmlichen Zustand abschließend klagend und bittend vor Gott:

30 Ich aber bin elend und leidend, deine Rettung, Gott, hebe mich in sichere Höhe!

Neben der Feindklage in V5 steht unvermittelt das Eingeständnis der eigenen Schuldhaftigkeit (V6). Es bietet, wie die anschließenden Verse verdeutlichen, jedoch nur eine vordergründige Erklärung der Lage des Beters:

---

[12] Mittels dieser Begriffe wird das Exodusgeschehen in Ex 15,5 und Jes 51,10 als urzeitlich-mythisches Ereignis beschrieben.
[13] Ähnlich wird auch in Jonas Gebet im Bauch des Fisches mit der Bezeichnung seines Aufenthaltsorts als »in den Tiefen im Herzen des Meeres (מְצוּלָה בִּלְבַב יַמִּים)« seine konkrete Situation überschritten (Jon 2,4).
[14] Vgl. zur Deutung von מִמַּעֲמַקֵּי־מָיִם als ein Terminus der alttestamentlichen Chaostopik bei Janowski, Die »Kleine Biblia«, 394.

6 Gott, ja du kennst meine Torheit, und meine Verschuldungen sind nicht vor dir verborgen.
7 Daß nicht durch mich beschämt werden, die auf dich hoffen, Herr Jhwh Zebaoth, und daß nicht an mir zuschanden werden, die dich suchen, Gott Israels.
8 Denn wegen dir trage ich Hohn, und Schande bedeckt mein Angesicht.
9 Entfernt bin ich von meinen Brüdern und fremd den Söhnen meiner Mutter.
10 Denn der Eifer um dein Haus hat mich verzehrt und die Schmähungen derer, die dich schmähen, kommen über mich und fallen auf mich.

Der Beter spricht von seiner Torheit (אִוַּלְתִּי V6). Dieser Begriff wird in der Weisheitsliteratur mit dem Gottlosen assoziiert. Die nächsten beiden Verse (7f) lassen eine Leerstelle entstehen. Das Schicksal des Beters wird hier zum Paradigma für den Gerechten. An ihm soll sich Gottes Güte erweisen.[15] Nicht wegen seiner eigenen Schuld trägt der Beter Hohn, sondern aufgrund seines Festhaltens an Gott (»deinetwegen« V8a). Vers 10 bekräftigt dies. Sein Gottvertrauen zog die Entfremdung von seiner Familie (V9) und seinem sozialen Umfeld nach sich (V13.20f). Seine Frömmigkeitspraxis gibt Anlaß zu neuen Schmähungen.[16] Die Bedrohung des Beters besteht hier nicht in den Chaosmächten, vielmehr steht in den Versen 7f sein Gottesverhältnis auf dem Spiel. Innerhalb der Diskussion um die Erklärung der Not des Beters nimmt V27 eine zentrale Rolle ein:

27 Denn du bist der, der geschlagen hat, sie verfolgen und vom Schmerz deiner Verwundeten erzählen sie.

Der Kontext, in dem V27 steht, ist die Feindklage (V21–26; 28–29). Der Beter bittet Gott inständig darum, daß die Feinde nicht Anteil an der Gerechtigkeit Gottes haben möchten (V28b). Sie sind es, die Schuld auf sich geladen haben (V28a). Damit läßt der erste Teil von V27 eine Leerstelle: Sind es die Feinde, die Gottes Schlag trifft oder der Beter selbst? Die Septuaginta löste diese Unklarheit zu Lasten des Beters auf. Sie liest: »Den, den du geschlagen hast, verfolgen sie, und zum Schmerz deiner Verwundeten fügen sie hinzu«. Für die weitere Rezeptionsgeschichte war diese Lesart prägend. Die Ursache der Leiden des Beters wurde im strafenden Handeln Gottes gesehen.[17]

---

[15] In zahlreichen Psalmen wird deutlich, daß Gott selbst und nicht nur der Beter durch den Hohn der Feinde angegriffen ist (vgl. Ps 10,11–14; 38,16–18; 59,5.6.8), weil er sich letztlich mit der Sache der Armen und Gerechten identifiziert (Ps 10,14.17f; 69,33; 140,13).
[16] Anders Weiser, Die Psalmen, 336f, der die Verse 7–8 auf das Schuldbekenntnis in V6 bezieht. In der Buße leidet der Beter an Gott (vgl. V11–12); ähnlich Seybold, Das Gebet des Kranken, 137, der von einem »*Bußgebet* eines angefeindeten Kranken« spricht.
[17] Vgl. Seybold, Das Gebet des Kranken, 133–137.

§ 12 Die Beschreibung der Notsituation

Die Kompilation der unterschiedlichen Faktoren der Not und die Leerstellen zwischen den einzelnen Charakterisierungen legen nahe, daß der Psalm im Laufe seiner Gebetspraxis erweitert wurde, um das Rezeptionsspektrum zu vergrößern. Die Ätiologie der Situation bleibt ungeklärt. Die Fülle der Angebote (Freunde, Feinde, Gott, Chaosmächte, Krankheit, letztlich der Tod), die für die Exegese das Problem darstellen, ist zugleich die Bedingung der Möglichkeit anhaltender Rezeption. Auch in Dankliedern, die von Errettung erzählen, wird durch die Leerstellen offengehalten, von welcher Not der Beter befreit wurde. In Ps 30 finden sich neben unspezifischen Verben wie Erhören (שמע V11), Erbarmen (חנן V11), Befreien (דלה V2)[18] auch konkrete Beschreibungen der überwundenen Situation: Der Spott der Feinde (V2b) wurde abgewendet. Im nächsten Vers spricht der Psalm von Heilung (רפא). Dann hören wir, daß die Lebenskraft des Beters aus der Macht der Unterwelt befreit wurde (V10). Die Verborgenheit Gottes hat ihn gänzlich bestürzt. Im Rückblick erkennt der Beter, wie selbstsicher er war, zu meinen, daß er nicht wanken könne (V7). Mehrmals setzt das Danklied an, um zu erzählen, auf welch mannigfache Weise der Beter die rettende Macht Gottes erfahren hat.

Die Bilder haben dabei keinen exklusiven Charakter. Die Psalmen verweigern eine (mono)kausale Erklärung der Not, die Leerstellen dienen vielmehr dem Beter dazu, der Offenheit und Vielschichtigkeit seiner divergierenden Erfahrungen gerecht zu werden.

3. Die Charakterisierung der Feinde

Die Notsituation läßt sich vielfach nicht genau bestimmen, bereits die Feindschilderung ist in sich mehrstimmig.[19] So löste der Versuch, die

---

[18] Hapax legomenon im Pi, das auf die Bewegung des Heraufholens (vgl. Ex 2,16.19) in V4a.10 anspielt und das sich zugleich in der Bewegung des Gotteslobes widerspiegelt (vgl. Spieckermann, Heilsgegenwart, 257).

[19] Obgleich ich mich hier keineswegs Mowinckels Schlußfolgerung in den Psalmenstudien anschließen kann, die Feinde als Zauberer zu deuten, sei hier auf seinen Versuch, das Treiben der Feinde möglichst umfassend zu charakterisieren, verwiesen. An mehreren Stellen macht er auf das Ineinander von Krankheit und Feindschaft aufmerksam (vgl. Mowinckel, Psalmenstudien I, 11f.17–19.99. 101ff). Allerdings löst er dieses Verhältnis schematisierend in eine Richtung auf und erklärt monokausal die Feinde als Ursache der Not bzw. der Krankheit (vgl. zur Kritik an seiner Position Gunkel, Einleitung, 201–204 und zur Frage der Identität der Feinde Keel, Feinde und Gottesleugner; zur Forschungsgeschichte außerdem Dhanaraj, The Theological Significance, 2–23 und Riede, Im Netz, 3–15).

Feinde in den Psalmen zu benennen, eine heftige, wohl nicht abzuschließende Diskussion über deren Identität aus.[20]
Die Feinde werden in den Psalmen als eine soziale, politische bzw. religiöse Größe skizziert, wobei sie auch dem engsten Umfeld des Ich angehören können.[21] Impliziert Nähe gerade einen vertrauten und sicheren Raum, so klagt der Beter und die Beterin in Ps 55 darüber, daß diese verletzt und mißbraucht wird. Der Psalm setzt immer wieder von neuem an, um die Feinde und ihr Treiben zu beschreiben. Der Beter klagt über seinen Feind (אוֹיֵב), den er näherhin als Gottlosen (רָשָׁע) charakterisiert (V4a). In V4b werden dann Verbformen im Plural benutzt, um das Unwesen des Feindes bzw. der Feinde zu erfassen (V10f). Doch im folgenden fordert der Text dazu auf, die bereits entwickelten Vorstellungen über die Gruppe, die den Beter anfeindet, zu korrigieren. »Denn nicht ein Feind« (V13a), wie bisher angenommen und so auch vom Text provoziert, sondern ein Vertrauter (מְיֻדָּעִי Part. Pu V14) läßt den Beter in die Klage einstimmen (vgl. Ps 31,12; 38,12; 41,10; 88,19 u.ö.).[22] Die direkte Anrede des Vertrauten am Satzanfang (וְאַתָּה V14) läßt formal wie inhaltlich in der kontrastiven Gegenüberstellung von Freund und Feind eine Leerstelle entstehen. Die Klage erhält darin ihre dramatisierende Zuspitzung. Die Beter-Gott-Relation wird erweitert, die Klage wird zur offensiven Anklage des Täters.[23]
Auf andere Weise entsteht die Leerstelle in Ps 22[24]. Die Charakterisierung der Feinde des Beters ist in diesem Psalm polyphon. Der Beter sieht sich von Stieren umringt (V13). Im nächsten Moment ist es ein reißender und brüllender Löwe, der ihn bedroht (V14). Dann wieder bezeichnet er die Umzingelnden als Hunde (V17). Die Bitte in V20f greift das Motiv der Löwen wieder auf und spricht von den Hörnern des Wildochsen. Die Feindklage wechselt in V18b vom Tiervergleich zu Aussagen über menschliches Tun. Die Bedränger berauben den Beter seines Gewandes und werfen darüber das Los (V19). Die Beschreibung des Feindes ist mehrdimensional. Entsprechend ist der Numeruswechsel innerhalb der

---

[20] Westermann, Lob und Klage, 144 betont: »Die Frage nach den Feinden kann ihren Ausgangspunkt nicht bei dem isolierten Motiv ›die Feinde‹ nehmen. Noch viel weniger kann der Ausgangspunkt etwa eine unter den vielen Benennungen der Feinde sein«.
[21] Bail zeigt mit Hilfe intertextueller Verknüpfungen primär anhand von Ps 6 und 55 mit der Erzählung der Vergewaltigung Tamars in 2 Sam 13,1–22, daß die Klage Ausdruck einer Vergewaltigung sein kann (vgl. dies., »Gegen das Schweigen klagen«). Die Feinde der Beterin gehören häufig ihrem sozialen und familiären Umfeld an.
[22] Vgl. zum Mißbrauch der Nähe Bail, Gegen das Schweigen klagen, 171ff und Keel, Feinde und Gottesleugner, 138–154.
[23] Siehe § 11, S. 134–137.140.
[24] Vgl. Spieckermann, Heilsgegenwart, 248f und Riede, im Netz, 221–230.

§ 12 Die Beschreibung der Notsituation 147

Feindklage zu verstehen (V14a sing. – V14b pl.; V17a Hunde – V21a in der Bitte: Hund).[25] Der Singular dient der Klassifizierung des Feindes, der Plural der Steigerung der feindlichen Macht.[26] Im Vordergrund steht das Tun der Feinde (»umzingeln« V13.17; »herabsehen« V18; »berauben« V19). Die zahlreichen Partizipien (»reißend«/»brüllend« V14), die teilweise auch anstelle eines Nomens den Feind bezeichnen, unterstreichen, daß das Eigentümliche der Feinde in ihren Handlungen gesehen wird.[27] Anschließend klagt der Beter, daß sich hinter den Anfeindungen »eine Rotte von Bösen« (V17b) verbirgt.

Hier setzt die Argumentation von Othmar Keel ein. In seiner Studie zu den Feindbildern betont er, daß die Wirkmächtigkeit der Wirklichkeit der Feinde entscheidend ist und nicht die Frage nach deren objektiver Identität. Für Keel sind die gemachten exegetischen Beobachtungen, wie der Wechsel von Singular zu Plural, die häufige Verwendung von Partizipien und Vergleichen in der Feindbeschreibung sowie die Differenzierung zwischen Täter und Tat, Zeichen dafür, daß das Ich nicht primär unter einer konkreten Person leidet, sondern unter einer feindlichen Macht.[28] Die konkreten Feindbilder führt er auf die spezifische Form der Weltwahrnehmung des altorientalischen Menschen zurück. Wie bereits die Diskussion seines Verständnisses der Feindzitate als fingierter Rede deutlich machte, droht das Urteil über den angeblich »projektiv-partizipativen« Charakter der Feindschilderung die Anwesenheit der Feinde im Alltag des Beters zu verharmlosen.[29] Dies gilt, obgleich Keel betont, daß das Beiseiteschieben der Bilder bzw. des Subjektiven, »als ob es keine Tatsache wäre«[30], unsachgemäß ist. Die »Feindschilderungen sind keine Rapporte.« In ihnen sprächen sich die »Ängste und Sorgen des Beters« aus.[31] Modifizierend muß ergänzt werden, daß die Ängste ihren Anhalt in der Wirklichkeitserfahrung des Ich haben. Die Bilder ermöglichen den Betenden diese auszudrücken. Wenn auch die Suche nach der ersten

---

[25] Vgl. in Ps 55: V4a sing.; V4b.10 pl.; V13.14 sing.; V16.19.24 pl.; in Ps 57: V5 pl.; 7aα pl.; 7aβ sing.; 7b pl. und in Ps 140: V3 pl.; V5a sing.; V5b–6 pl.; V9.10.11 pl.; V12 sing.
[26] Vgl. Keel, Feinde und Gottesleugner, 68f und Janowski, Dem Löwen gleich.
[27] Vgl. Keel, Feinde und Gottesleugner, 98f.
[28] Vgl. Keel, Feinde und Gottesleugner, 91.
[29] Vgl. Fuchs, Klage als Gebet, 236–245, der sich der These Keels anschließt, daß die Feinde »Projektion der Notleidenden sind« (239). Auch Mowinckels These, die die Feinde als Zauberer deutet, verschleiert die Konkretheit der Anfeindungen (vgl. ders., Psalmenstudien I; dort explizit in den Nachträgen und Berichtigungen zu S.97 Z3ff, 173). Vgl. weiter die Auseinandersetzung Janowskis mit der These von Keel zum projektiv-partizipativen Charakter der Feindschilderung (Dem Löwen gleich, 163ff). Er betont, daß es für den Beter darum geht »die unfaßliche Evidenz des Bösen« in Worte zu fassen und zu bewältigen (164).
[30] Vgl. Keel, Feinde und Gottesleugner, 76.
[31] Vgl. Keel, Feinde und Gottesleugner, 91.

Rezeptionssituation, wie die Forschungsgeschichte zeigt, in Aporien führt, verweist doch die innerbiblische Rezeptionsgeschichte – etwa in Form der narrativen Überschriften der Psalmen – darauf, daß die Feindklage in Situationen konkreter Feindbedrohung rezipiert wurde.

Der Numeruswechsel, die Verwendung von Tiervergleichen, das Nebeneinander von anthropomorphen und tiergestaltigen Feindbildern lassen Leerstellen entstehen, die eine eindeutige Identifizierung der Feinde unmöglich machen.[32] Doch die Leerstellen entstehen gerade aufgrund der Anschaulichkeit. Sie fordern die Lesenden auf, die einmal evozierte Vorstellung immer wieder von neuem zu korrigieren; oder anders formuliert, sie ermöglichen dem Beter, sich mit seinen unterschiedlichen Erfahrungen in den Texten zu bergen.

---

[32] Vgl. Spieckermann, Heilsgegenwart, 248: Die Stärke des Feindbildes »liegt in dem reichen Angebot an Metaphern, die dem betroffenen Beter in seiner Not Sprache verleihen, ihm erlauben, eine Sphäre zu bezeichnen, aus der die Ursache seiner Not kommt, ohne den konkreten Verursacher identifizieren zu müssen«.

§ 13 Fragmentarische Identität

An den Identitätsbildungsprozessen, die beim Psalmenlesen initiiert werden, wird sichtbar, daß das Lesen der Psalmen ein anthropologischer Akt ist. Diese Prozesse bleiben unabgeschlossen und sind offen für Gottes rettendes Eingreifen. Dies halten die Psalmen auf literarischer Ebene durch die Leerstellen fest. Der Begriff der »fragmentarischen Identität«[33] beschreibt die Erfahrung, daß menschliches Leben von eigener Schuld und ›recht-schaffender‹ Gerechtigkeit Gottes bestimmt ist (1.). Auf struktureller Ebene wird die Unabgeschlossenheit menschlicher Identitätsbildungsprozesse an der offenen Bittstruktur der Psalmen deutlich (2.). Die abschließende Untersuchung zu Ps 38 ist exemplarische Konkretion und bündelt dabei zugleich die Ergebnisse des Paragraphen (3.).

1. Identität zwischen Schuld und Gerechtigkeit (Ps 7 und Ps 35)

Die Not des Beters läßt sich als ein Geflecht von ineinandergreifenden Ursachen und Wirkungen beschreiben. Die Struktur der Texte erlaubt selbst dort, wo von der Schuld des Beters die Rede ist, keine monokausale Erklärung der Notsituation.[34] Obschon der einzelne Psalm unterschiedliche Begründungsmodelle anführt, halten die Leerstellen letztlich die Frage nach dem Warum der Not offen.

»Richte mich entsprechend meiner Gerechtigkeit« (Ps 7)
Mit Ps 7 wird ein Psalm analysiert, in dem die Rede von der Gerechtigkeit Gottes und der des Beters ineinander verwoben sind.[35] Der Beter ist von Verfolgern, die ihn anklagen, bedroht. Nach der einleitenden Bitte, Gott möge ihn den Feinden entreißen (V2–3), beteuert er in einer bedingten Selbstverfluchung seine Unschuld (V4–6).[36] Auf die Gerichtsappellation (V7–12), in der der Beter Gott zum rechtschaffenden Handeln auffordert, folgt die Feindbeschreibung (V13–17). Mit einem Lobversprechen endet der Psalm (V18). Der Beter ruft Gott dazu auf, ihn vor seinen Bedrängern zu retten, denn er wird, wie er betont, zu unrecht verfolgt, kein Übel klebt an seinen Händen: »Richte mich, Jhwh, entspre-

---

[33] Henning Luther, Identität und Fragment deutet die Erfahrung der fragmentarischen Existenz christologisch mit Hilfe des Rechtfertigungsgedankens: »Die eigentümliche Simul- Struktur der Rechtfertigungslehre (simul iustus et peccator) findet sich auch im Gedanken des Fragments, das als Fragment immer mehr ist als ein Bruchstück. Es ist Zeuge und Zeugnis seiner Angewiesenheit auf Vollendung zum Ganzen« (173).
[34] Lindström zeigt auf, daß in einem literarischen Grundbestand des Psalters Krankheit nicht als Strafe Gottes verstanden wurde; vgl. ders., Suffering and Sin.
[35] Siehe §11, S. 123–128.
[36] Vgl. Janowski, JHWH der Richter, 63.

chend meiner Gerechtigkeit« (שָׁפְטֵנִי יְהוָה כְּצִדְקִי V9b), so seine Bitte. Mit den Unschuldsbeteuerungen will das Ich seiner Rettungsbitte Nachdruck verleihen. Gerade wenn die Rede von der Gerechtigkeit des Beters im Kontext der traditionellen Feindklagen als Verteidigung vor den Feinden[37] verstanden wird, muß diese rückgebunden werden an die Rede von der Gerechtigkeit Gottes.[38] Der Psalm trennt nicht zwischen Unschuldsbeteuerungen coram hominibus und Unschuldsbeteuerungen coram Deo und entgeht damit der Gefahr, die Gerechtigkeit Gottes von der Gerechtigkeit unter den Menschen abzutrennen. Der Beter strebt danach, daß sich die Gerechtigkeit Gottes im menschlichen Bereich realisiert. Er rechnet sich zu den Gerechten, deren rettender Richter Gott ist (V12a). Dort, wo der Beter nicht mehr versteht, weshalb er zu unrecht verfolgt wird, klagt er den Tun-Ergehen-Zusammenhang ein (V14–17). Das Unheil kehrt zum Täter zurück, so die Gewißheit des Ich. Die Leerstelle, die durch die Formulierung des letzten Verses 18a entsteht »Ich will Jhwh loben entsprechend seiner Gerechtigkeit (כְּצִדְקוֹ)«[39], läßt die Situation des Beters nochmals in einem veränderten Licht erscheinen. Der Beter durchläuft in Ps 7 einen Erkenntnisprozeß. Letztlich wird er gewahr, daß nicht seine Gerechtigkeit, sondern die Gerechtigkeit Gottes, die sich im rechtschaffenden Handeln erweist, das letzte Wort hat. Das Insistieren auf die eigene Gerechtigkeit tritt zurück gegenüber dem Lob der Gerechtigkeit Gottes. Entsprechend enthält der Psalm nicht Regieanweisungen für ein etwaiges kultisches Gottesgericht,[40] vielmehr bringt der Psalm das theologische und existentielle Problem zur Sprache, wie dem zu unrecht Verfolgten Gerechtigkeit widerfahren wird.

»Richte mich entsprechend deiner Gerechtigkeit« (Ps 35)
In entgegengesetzter Weise zur Bitte in Ps 7,9 wird diese in Ps 35,24 akzentuiert. Dort heißt es: »Richte mich, Jhwh, mein Gott, entsprechend deiner Gerechtigkeit« (שָׁפְטֵנִי כְצִדְקְךָ יְהוָה אֱלֹהָי). Obgleich der Beter seine Unschuld beteuert (V7.12), folgt die Bitte, Gott möge entsprechend

---

[37] So auch Lindström, Suffering and Sin, 418.
[38] Anders Lindström, Suffering and Sin, 417f.421.426, der die Unschuldsbeteuerungen in V4f.9bc allein coram hominibus versteht und sie von der Frage der Schuldhaftigkeit gegenüber Gott abhebt. Wie Lindström betont (417), ist das Thema des Psalms nicht die Schuldfrage gegenüber Gott. Zentraler Punkt ist, wie menschliche Gerechtigkeit und Gottes Gerechtigkeit zusammenhängen (siehe die Analyse von Ps 17 in § 14, S. 168–171.).
[39] Die syrische Version löst die Spannung des Textes auf, indem sie liest »entsprechend meiner Gerechtigkeit«.
[40] Beyerlin, Die Rettung der Bedrängten, 96–99 und Delekat, Asylie, 60–64, sehen hinter Ps 7 eine institutionsbezogene Rettungsaussage. Gegen diese Sichtweise wenden sich auch Hossfeld/Zenger, Psalmen I, 72 und Janowski, JHWH der Richter, 61.64f.

§ 13 Fragmentarische Identität

seiner Gerechtigkeit dem Beter Recht verschaffen (V24). Im Gelübde versichert der Beter ebenfalls, Gottes Gerechtigkeit zu verkünden (V28). Kein selbstgerechter Beter spricht hier, denn er weiß, daß allein die rettende und eingreifende Gerechtigkeit Gottes ihn vor dem Spott der Feinde bewahren kann (»daß sie nicht über mich triumphieren« V24b).[41] In der Bitte spricht der Beter dann davon, daß sich die Umstehenden an der Gerechtigkeit bzw. dem Recht des Beters freuen mögen (חֲפֵצֵי צִדְקִי V27). Das Ich kann von »meiner Gerechtigkeit« sprechen, weil Gottes Recht auf seiner Seite steht. Die Leerstelle zwischen der Unschuldsbeteuerung und der Gerechtigkeit Gottes spiegelt damit die Komplexität der Frage nach der Schuld des Beters wider.

Auch in Ps 6 ist offen, welche Bedeutung der Frage nach der Schuld innerhalb der Erklärungsmodelle der Not zukommt. Die Beschreibung der Notsituation ist mehrdeutig. Der Hinweis auf den Zorn Gottes macht dem Ich seine Notlage keineswegs verständlicher. Der Psalm wird mit der Bitte eröffnet, daß Gott den Beter nicht in seinem Zorn strafen möge (V2 vgl. Ps 38,2). Ein explizites Schuldbekenntnis fehlt. Die nachfolgenden Bitten verdeutlichen, daß der Beter unter der Abwesenheit Gottes leidet. Anklagend hält er Gott die Frage entgegen: »Und du, Jhwh, wie lange?« (V4b). Mittels unterschiedlicher Argumentationsmuster versucht der Notleidende Gott zum Eingreifen zu bewegen. Die Bitte »wegen deiner Güte« (V5a) trägt der Unverfügbarkeit der Hilfe Gottes Rechnung. Zugleich erinnert er Gott an seine Güte. Im darauffolgenden V6 scheint es allerdings, als ob er mit Gott ein Abkommen treffen wolle. Gott wird zur Rettung des Beters genötigt, denn wenn der Beter in den Bereich der Scheol entlassen wird, vermag er dort nicht mehr Gottes Lob anzustimmen.[42]

Die Leerstellen bieten die strukturelle Grundlage dafür, daß beim Lesen der Psalmen dem Beter keine einfachen Erklärungsmuster angeboten werden. Sie spiegeln das Ringen des Beters um eine Erklärung seiner Situation, ohne selbst vorschnell Antwort zu geben. Unvermittelt fügt sich wie, z.B. in Ps 7, die Rede von der Gerechtigkeit Gottes an die Selbstrechtfertigung des Beters an. Die Leerstelle wird offengehalten durch die Gerechtigkeit Gottes, die sich in der Rettung des Beters erweist. Die Frage nach dem Warum der Not bleibt unbeantwortet.

---

[41] Siehe § 11, S. 130–133.
[42] Vgl. Hardmeier, »Denn im Tod ist kein Gedenken an dich...«, v.a. 308f.

2. Die Leerstelle am Ende des Psalms

Der formgeschichtlichen Idealstruktur eines Klagepsalms von Klage und Bitte über die Vertrauensäußerung bzw. Erhörungsgewißheit hin zum Lobgelübde stehen im konkreten Einzelfall vielfach Brüche und offene Stellen gegenüber, die sich literarkritisch nicht befriedigend lösen lassen.[43] In den Pss 20, 25, 27, 28, 31, 38; 39; 40 und 70 hat die Bitte das letzte Wort.[44] Die erneute Bitte bzw. Klage am Ende eines Psalms – teilweise geht sie einher mit einer fehlenden Erhörungsgewißheit – läßt den Psalm in einer Leerstelle enden.[45] Darin spiegelt sich die Offenheit des Schicksals des Beters. Die Frage, was die strukturelle Offenheit für den Rezeptionsvorgang bedeutet, steht im Vordergrund der Untersuchung. Entsprechend bilden sich im Aufbau der einzelnen Psalmen bereits Grundlinien einer literarischen Anthropologie der Psalmen ab.

Offene Gebetsdynamik (Ps 70 und Ps 40,14–18)
An Ps 70, der in Ps 40, 14–18 nochmals überliefert ist,[46] wird die Bedeutung der strukturellen Offenheit für den individuellen Rezeptionsvorgang exemplarisch verdeutlicht.
Der kurze Ps 70 ist durch Bittformulierungen strukturiert. Die Bitte um Gottes Eingreifen bildet Anfang (V2) und Schluß (V6) des Psalms. Dazwischen stehen die Wünsche, daß die Feinde zurückweichen (V3–4)

[43] Um den Wechsel von Dank zu erneuter Klage bzw. Bitte zu erklären, wie etwa in Ps 31, wird eine literarkritische Aufteilung in zwei eigenständige Psalmen unternommen. Schmidt führt als Grund für die literarkritischen Operationen zu Ps 31 an, daß »[n]ach dem Jubel von V.6b–9 [...] das Wiederaufspringen der Klage, wie es Ps 31,10ff bringt, völlig undenkbar« sei (Das Gebet des Angeklagten, 10). Anders Bons, Psalm 31, der das Nebeneinander von Klage und Dank mit dem paradigmatischen Charakter des Psalms erklärt: »Die Rettung hat ein ›Vorbild‹, dessen Gültigkeit nicht grundsätzlich bestritten werden kann, dessen Wiederholbarkeit sich aber im Leben des Verwenders erneut bewähren muß«.
[44] Millard, Die Komposition des Psalters, 58f führt in diesem Zusammenhang auch die Dankpsalmen an, die Klageelemente aufnehmen. Er nennt: Ps 9; 19; 31; 40; 89; 94; 108; 118; 119; 144.
[45] Millard, Die Komposition des Psalters, 59f erklärt diesen Stimmungswechsel von Lob und Dank zur Klage als weisheitliches Motiv. Beyerlin droht mit seinem Versuch, das Kausalschema von Lob als Folge von erhörter Bitte aufzusprengen, allerdings einem gegenläufigen Kausaldenken zu verfallen. Er argumentiert damit, daß »der dem Klagegebet vorausgehende Lobpreis als verbindliche Pflicht und als Voraussetzung jeder Erhörung und Errettung verstanden« wird (ders., Die *toda* der Heilsvergegenwärtigung, 220).
[46] Zur Klärung der Frage der rezeptionsgeschichtlichen Verhältnisbestimmung von Ps 40 und 70 bedarf es einer gesonderten Analyse. Die einzelnen Beobachtungen lassen unterschiedliche Schlüsse zu: Ps 40,15 ist gegenüber Ps 70,3 elaborierter (vgl. die parallele Überlieferung in Ps 35,4). Sollen die Spötter in Ps 70,4 umkehren, so werden sie in Ps 40,16 erstarren. »Damit erscheint eher Ps 40,14–18 die

§ 13 Fragmentarische Identität   153

und daß sich die Gottessucher freuen mögen (V5), antithetisch gegenüber. Die modal formulierten Bitten (Imperfekt) repräsentieren Feindklage und Lobgelübde. Das im Nominalstil formulierte Vertrauensbekenntnis (V6) ist gerahmt von Bitten. Parallel zur Konstatierung der eigenen Schwachheit stehen die Gottesepitheta:

6 Aber ich, ich bin elend und arm, Gott eile zu mir,
meine Hilfe und mein Erretter bist du, Jhwh, zögere nicht.

Das l-adversativum des letzten Verses (6a) leitet nicht, wie erwartet, das Lobgelübde ein, sondern stellt den Frohlockenden aus V5 kontrastiv entgegen: »Aber ich – ich bin elend und arm«. Der Beter setzt hier erst am Ende des Psalms zur Klage über seine Situation an. In lautmalerischem Gleichklang verschmelzen vor allem für den laut rezitierenden Psalmbeter bzw. Hörer sein Ich und seine Not: wa'^{a}nî 'ānî (וַאֲנִי עָנִי).[47] Auf der auditiven Ebene kann er kaum mehr zwischen sich selbst und seinem Elend unterscheiden. Die Lage des Beters ist in der Schwebe. Seine Worte bekräftigen Zuversicht hinsichtlich Gottes Eingreifen zugunsten aller Bedrängten (V5), und doch gleichzeitig muß er seine verzweifelte Situation konstatieren. Sein Vertrauen auf Gottes Hilfe (V6b) läßt ihn die Bitte »Jhwh, zögere nicht« formulieren. Der abschließende V6 stellt ein Klagegebet in nuce dar, denn in ihm sind Klage, Vertrauensaussage und Bitte aufs engste konzentriert. In der Bitte um Gottes unverzügliches Handeln, die den Psalm beendet, bleibt das Schicksal des Beters offen – auf Errettung hin.

Psalm 40 beginnt mit einem Rückblick auf die geschehene Errettung (V2–5), dem eine Vergewisserung des Beistandes (V6–12) folgt. An die Ich-Klage in V13[48] schließt sich der erneute Klage- und Bittgang an, der den Psalm wie Ps 70 in einer Leerstelle enden läßt.[49] Jedoch haben »Ps

jüngere Variante zu Ps 70 darzustellen, obwohl Ps 40,17 mit תְּשׁוּעָתֶךָ das gegenüber Ps 70,5 (יְשׁוּעָתֶךָ) seltenere Wort bietet« (Millard, Die Komposition, 57). So auch das Urteil von Seybold, Die Psalmen, 271, Ps 70 scheine »den kürzeren, darum wohl älteren Text zu bezeugen«. Die Annahme einer elohistischen Redaktion von Ps 70 legen die Verse 2 und 5 nahe. Allerdings bleibt dann zu erklären, weshalb Ps 70 im elohistischen Psalter in V6bß יְהוָה liest, wo in Ps 40,18 אֱלֹהַי steht.

[47] Vgl. Ps 40,18; 69,30; 88,16 u.ö.
[48] In der Diskussion um die Frage des Verhältnisses zwischen beiden Psalmen scheint mir bislang unberücksichtigt geblieben zu sein, daß V13 transpositionellen Charakter trägt. Falls Ps 40,1–13 ursprünglich ein eigenständiges Danklied gewesen sein sollte, läßt V13 dieses bereits mit einer Klage enden. Möglich ist allerdings auch, daß V13 Ergebnis des Verknüpfungsprozesses der beiden Psalmen ist.
[49] Nach de Wette, Commentar über die Psalmen, 245 wird im ersten Teil des Psalms ein allgemeines Dankgefühl zum Ausdruck gebracht, während der zweite Teil die gegenwärtige Lage der Hilfsbedürftigkeit widerspiegelt.

40,14–18 und Ps 70 [...] ihre eigene Gebetsdynamik«[50]. Ps 70 ist primär geprägt von der offenen Struktur der Bitten, die im Akt des Lesens keine Aufhebung, d.h. Erfüllung, erfahren. Hinter »der Integration ungestillter Klage in den Dank für die Rettung [steht] der theologische Gedanke, daß der Beter in Erhörungsgewißheit klagen darf«[51].
In Ps 40 steht wie in Ps 70 am Ende die Bitte, daß Gott nicht zögern soll, einzugreifen. Der Psalm endet in einer Leerstelle.[52] Jedoch weist der Psalm im letzten Vers gegenüber Ps 70 eine Änderung im Konsonantentext auf und unterscheidet sich daher im Tenor. Ps 70 liest in V6aβ חוּשָׁה־לִּי (Imperativ »eile zu mir«) und nimmt darin Bezug auf die Bitte in V2 (»eile herbei zu meiner Hilfe«). Zugleich wird eine Übereinstimmung mit der letzten Bitte in V6bβ »zögere nicht« hergestellt. Ps 40 verändert die Bitte in eine modal formulierte Aussage (Jussiv): »mein Gott möge sich um mich sorgen« (יַחֲשָׁב לִי), so daß der abschließende V18 einen vertrauensvolleren Ton erhält.[53]
Die eigentümliche Abfolge von erneuten Bitten und Klagen auf ein Danklied[54], wie sie in Ps 40 vorliegt, ist in der den Psalmen impliziten Anthropologie begründet, daß menschliche Gewißheit nie völlig eingeholt wird und immer offen ist auf Gottes sich gnädig zuwendende Gegenwart hin. Durch seinen dispositionellen Aufbau macht der Psalm deutlich, daß sich Klage und Dank nicht als ein einfaches lineares Schema begreifen lassen, sondern diese menschlichen Grundhaltungen ineinanderliegen.[55] Der Psalm hebt die »Spannung zwischen dem Haben und

---

[50] Hossfeld/Zenger, Psalmen I, 252. Anders Kraus, Psalmen (BK XV/1), 459, der keinen stimmigen Zusammenhang zwischen den beiden Psalmteilen erkennen kann und für die Analyse der Verse 14–18 von Ps 40 entsprechend auf die Besprechung von Ps 70 verweist (Psalmen [BK XV/2], 647–649). Bei Gunkel, Die Psalmen, 300 findet sich umgekehrt zu Ps 70 nur der Eintrag »vgl. Ps 40,14–18«, ebenso bei Weiser, Die Psalmen, 337. Die Analyse von Ps 70 fällt auch bei Seybold, Die Psalmen, 271 äußerst knapp aus.

[51] Spieckermann, Heilsgegenwart, 260.

[52] Vgl. Kraus, Psalmen (BK XV/2), 649: »Hier steht alles auf dem Spiel«.

[53] Durch die Lesart wird ein Rückbezug zum ersten Teil des Psalms geschaffen. In V6 ist die Rede von den Gedanken Gottes (מַחְשְׁבֹתֶיךָ). Darüber hinaus sind die beiden Teile in Ps 40 durch mehrere Stichwortbezüge miteinander verbunden. Vgl. Auffret, »Les oreilles, tu me (les) as ouvertes«, 236–238 und Barbiero, Das erste Psalmenbuch, 607–613.

[54] Crüsemann, Studien zur Formgeschichte, 261 wendet ein, daß die V6–12 keinen expliziten Dank enthalten. Im Vordergrund steht vielmehr das Erzählen.

[55] »Denn daß die Folge von Bitte und Dank allein die psychologische Wahrheit für sich habe, kann nur unter der Voraussetzung gelten, daß sich Bitte und Dank auf dasselbe Faktum beziehen« (Weiser, Die Psalmen, 225, der sich entsprechend dagegen wendet, Ps 40 in zwei verschiedene Psalmen zu teilen). Auch wenn sich die Bitte und die Klage auf unterschiedliche Ereignisse beziehen, was für Ps 40 möglich sein kann, muß der Betende die beiden divergierenden Pole innerhalb seiner Lebensgeschichte miteinander in Einklang bringen.

§ 13 Fragmentarische Identität   155

dem Ringen um die Gewißheit des Glaubens, die bis in den Schlußvers hinein«[56] besteht, nicht auf, so daß die Erfahrung menschlicher Fragmentarität nicht eingeebnet wird.
Weitere Beispiele für eine Leerstelle am Psalmenschluß stellen Ps 12, Ps 39 und Ps 88 dar. Ps 12 endet in einer Feindklage:

9 Ringsum wandeln Gottlose, während Gemeinheit bei den Söhnen des Menschen emporsteigt.[57]

Die dadurch entstandene Leerstelle ist von der Gegenüberstellung des Gerechten mit dem Gottlosen bestimmt. Der Psalm ist unpersönlich formuliert: Der Beter spricht nie in der 1. Person von sich. Auf das Zitat des Spotts der Feinde (V5) folgt ein wörtliches Zitat der Rede Gottes (V6), gleichsam als machtvolle Gegenrede.
In den folgenden beiden Versen 7–8 bekräftigt der Beter, daß Gott zu seiner Zusage stehen wird. Unerwartet schlägt das Pendel nochmals zurück. Der Psalm mündet in eine Leerstelle. Die leidvolle Erfahrung der Übermacht der Gottlosen bleibt für den Beter bestimmend.
Auch in der Klage des Volkes um Zion in Ps 74 bilden Bittformulierungen den Abschluß des Psalms: Gott möge doch endlich aufstehen und zugunsten seines Volkes eingreifen (V18–23). Die Beschreibung der Lage bietet nur Grund zur Klage, allein die Ermahnung des Beters, Gott möge sich doch seines Bundes erinnern, läßt hoffen.

›Unerhörte‹ Bitten (Ps 39)
In mehrfachen Bitten klingt Ps 39 aus, wobei die letzte besonders augenfällig ist:

13 Höre mein Gebet, Jhwh, und vernimm mein Schreien, schweige nicht zu meinen Tränen, denn ein Fremder bin ich bei dir, ein Beisasse, wie alle meine Väter.
14 Blicke weg von mir,[58] daß ich fröhlich werde, bevor ich dahingehe und nicht mehr bin.

Die Bitten in V13, wie sie häufig einleitend in Klageliedern stehen, beenden den Psalm. Daran wird der freie Umgang mit der herrschenden ästhetischen Norm deutlich.[59] Die Dringlichkeit der Bitten wird so verschärft. Die abschließende Bitte in V14 durchkreuzt die geläufige Leser-

---

[56] Weiser, Die Psalmen, 225 vgl. 230.
[57] Die Übersetzung folgt dem MT: בְּ mit anschließendem Inf. constr. kann durchaus temporal verstanden werden (vgl. Gesenius/Kautzsch § 118u, 392).
[58] Die masoretische Schreibweise הָשַׁע von שעע (verkleben) geht wohl auf einen Schreibfehler zurück. Entsprechend der Formulierung in Hi 7,19 und 14,6, das den Assoziationsrahmen für den Psalm bietet, ist שְׁעֵה (wegblicken) zu lesen.
[59] Vgl. Lindström, Suffering and Sin, 267.

erwartung. Das Angesicht Gottes, das der Beter gewöhnlich voller Sehnsucht sucht,[60] wird als bedrohlich erfahren. Der Vers verkehrt die klassischen Aussagen der Klagepsalmen des einzelnen.[61] Neben der Stellung der Bitte am Ende des Psalms entsteht auch aufgrund der inhaltlichen Formulierung eine Leerstelle.[62] Der Psalm ist Reflex auf die veränderte historische Situation der Beter. Die Zuwendung Gottes im Kult wird nicht länger als befriedigende Antwort auf die Klagen erfahren.[63] Es ist dabei nicht zwingend, daß die Erhörung im Heilsorakel vermittelt wurde, wie die nachfolgenden Abschnitte zeigen.[64] Beim Nachsprechen der abschließenden Bitte in V14 schwingt unweigerlich das Negierte mit. Gerade darin, daß der Blick Gottes nicht mehr als eine befreiende Veränderung der Notsituation des Beters erfahren wird, erhält die Bitte ihre dramatische Zuspitzung.[65] Der Beter bedient sich noch der überkommenen Struktur der Bitte bzw. der Anrede Gottes in der 2. Person sing., obgleich er Jhwh als fern und strafend wahrnimmt. Zu einer endgültigen Gewißheit findet der Beter angesichts der Not nicht, doch in den Bitten ist das Erbetene anwesend.

Die pluriforme Notsituation des Beters in Ps 88 – körperliches Leiden (V10), soziale Entfremdung (V9.19), Gottesferne, Bedrohung durch Chaosmächte (V7f.17f) und damit der Tod (V5f) – wird nicht aufgelöst. Der Psalm schließt mit der äußerst dunklen Leerstelle: »meine Bekannten sind Finsternis« (V19).

Der Identitätsbildungsprozeß, wie er an einigen Psalmen nachgezeichnet wurde, bleibt unabgeschlossen und offen auf Veränderung hin. Die Analyse der Leerstellen auf der Textebene geben nicht nur Impulse für die Formgeschichte der Psalmen, sondern zugleich auch für eine literarische Anthropologie. In der Struktur der Bitte bzw. Klage gibt der Beter seiner Sehnsucht nach Veränderung Raum und damit nach der rettenden Nähe Gottes. Der Psalter nivelliert die Situation der Bedrängnis nicht.

---

[60] So in der negativen Bitte »verbirg dein Angesicht nicht vor mir« (Ps 27,9; 69,18; 102,3; 143,7) und in den positiven Bitten um die Zuwendung Gottes (נבט Ps 13,4; 142,5; ראה 59,5; 142,5).

[61] Vgl. die Bezeichnung dieser Bitte bei Lindström, Suffering and Sin, 254 als »parody of the prayers in the Psalter tradition«. Für Spieckermann, Die Stimme des Fremden, 61f spiegelt sich in diesen Versen die Krise des Gottesverhältnisses. Ps 39 stelle einen »der abgründigsten Texte des Alten Testaments« dar (62).

[62] In Ps 39 werden der Zorn Gottes ebenso wie die Sünde des Menschen als grundsätzliche Bestimmungen des menschlichen Lebens aufgefaßt. Sie lassen sich keineswegs auf ein bestimmtes Vergehen reduzieren (vgl. Lindström, Suffering and Sin, 256–271 und Westermann, Die Rolle der Kage, 253f).

[63] Vgl. Stolz, Psalmen im nachkultischen Raum, 39–42.

[64] Anders Stolz, Psalmen im nachkultischen Raum, 42.65.

[65] Vgl. Stolz, Psalmen im nachkultischen Raum, 42: »Das Vertrauensbekenntnis des Psalms ist an einen Gott gerichtet, der wegblickt und sich verborgen hält«.

3. Die offene Bittstruktur (Ps 38)

Beteuert der Beter in Ps 7 seine Unschuld, so spricht Ps 38 von Unschuld und Schuld gleichzeitig. Ps 38 kreist um die Frage nach der eigenen Schuld, wobei der Beter verzweifelt nach einem Ruhepunkt sucht. Sein Ich droht zwischen der Schuldhaftigkeit, seinem körperlichen Leiden und Gottes Abwesenheit zerrieben zu werden. Der Psalm setzt nach der Überschrift mit zwei Bitten ein:

2 Jhwh, in deinem Zorn weise mich nicht zurecht (יכח),
und in deiner Erregung züchtige (יסר) mich nicht[66].

Doch Jhwhs Pfeile treffen den Beter bereits (Perfekt V3a). Die beiden negativ formulierten Bitten in V2 setzen das Negierte zugleich voraus. Sie tragen kontrafaktischen und anklagenden Charakter.[67] In der Bitte, daß Gottes Zorn den Beter nicht richten möge, wird dessen verzweifelte Lage offenkundig. Ob der Beter Gott für seine Not verantwortlich macht, läßt die Leerstelle offen. Erst im folgenden Vers bedient er sich eines Kausalschemas:[68]

4a Es ist nichts Vollständiges an meinem Fleisch wegen deines Zorns,
b es ist nichts Heiles an meinen Knochen wegen meiner Verfehlung.
5 Denn meine Verfehlungen gehen über meinen Kopf, wie eine zu schwere Last sind sie für mich.
6 Meine Wunden stinken und eitern wegen meiner Torheit.

Die jeweils in der zweiten Vershälfte formal völlig parallel formulierten Begründungen in V4 erweisen sich bei näherer Betrachtung als antithetisch. Wird im ersten Halbvers Gott die körperliche Versehrtheit vor Augen gestellt, so verweist der Beter im zweiten Halbvers auf seinen schuldhaften Anteil an der Lage. Seine eigene Schuld scheint aber das strafende Eingreifen Gottes für ihn nicht verständlicher zu machen. Gerade die Klage des Beters über Gottes Zorn verdeutlicht, daß für den Beter das Handeln Gottes nicht als Folge seines Vergehens und damit als

---

[66] Im Sinne des Parallelismus membrorum und in Analogie zu Ps 6,2 wurde אַל mit einigen hebräischen Handschriften in der zweiten Vershälfte ergänzt.
[67] Vgl. Westermann, Lob und Klage in den Psalmen, 142 »Diese negative Bitte enthält jedesmal verborgen oder umschrieben die Anklage Gottes«; Lindström, Suffering and Sin, 245 spricht von »accusing prayer«. Aejmelaeus, The Traditional Prayer, 46 die die Bitte in Ps 38,2 zu den abwehrenden Bitten (»averting petitions«) rechnet.
[68] Für Lindström, Suffering and Sin, 240 sind die Begründungen sekundärer Natur, denn in V8 sei die ursprüngliche Formulierung »es ist nichts Vollständiges an meinem Fleisch« ohne den Verweis auf Gottes Zorngericht noch erhalten. Die formal entsprechende Begründung in V6b »wegen meiner Torheit« erklärt er ebenfalls als nachträgliche Ergänzung (135ff).

angemessene Strafe erfahren wird[69], auch wenn er von seinen Verfehlungen (V4f) und seiner Torheit spricht (V6).
Die leidvolle Existenz des Beters spiegelt nur die unverständliche Abwesenheit Gottes,[70] die er am eigenen Leib erleidet (V4.6.7.9). Doch seine Not ist nicht auf den Körper beschränkt, er ist sozial isoliert (V12). Er klagt über das trügerische Reden und Planen der ihm Nahestehenden (V13). Der Psalm greift damit auf traditionelle Motive der Feindklage zurück und transformiert diese. Die Rolle der Nahestehenden bleibt offen. Ihr Treiben und ihre Schaulust sind gleichermaßen Ursache und Folge des Falls des Beters. In seiner verzweifelten Bitte, daß die Feinde nicht über seinen drohenden Untergang triumphieren mögen (שמח), kommt dies zum Ausdruck (V17).
Das spöttische Lachen (שמח) und großtuerische Treiben (גדל Hi) in V17 richtet sich nicht gegen das schuldhafte Verhalten des Beters, vielmehr zielt der Spott auf Gott selbst.[71] Leidet der Beter bereits unter der Abwesenheit Gottes, so verstärkt das hämische Verhalten der Umstehenden diese leidvolle Erfahrung.
In seiner Begründung der Klage, die der Vertrauensäußerung in V16 folgt, mischen sich die unterschiedlichen Aspekte. Eine Leerstelle bleibt.

17 Denn ich sage,[72] daß sie [die feindlich Gesinnten] sich nicht über mich freuen mögen, noch beim Wanken meiner Füße sich über mich großtun.
18 Denn ich bin nahe am Untergang, und mein Schmerz ist beständig vor mir.
19 Denn ich bekenne meine Schuld, ich bin bekümmert wegen meiner Verfehlung.
20 Aber meine lebendigen Feinde[73] sind stark, und zahlreich sind die, die mich mit falschem Grund hassen.
21 Und sie bringen Schlechtes anstelle von Gutem zurück, und sie feinden mich an wegen meines Strebens nach Gutem.
22 Verlaß mich nicht Jhwh, mein Gott entferne dich nicht von mir.
23 Eile mir zu meiner Hilfe, mein Herr, meine Rettung.

Immer neue Anfeindungen stürzen auf den Beter ein. Die ihm Übles nachsagen, triumphieren über sein Straucheln (V17). Für den Beter ist dies, obgleich er um seine Schuld weiß und diese öffentlich bekennt (V19), ein unerträglicher Zustand. Er ist schuldig und zugleich schuldlos

---

[69] Vgl. Lindström, Suffering and Sin, 250: »The experience that YHWH has in wrath left the petitioner is the problem, not the solution«.
[70] Vgl. Lindström, Suffering and Sin, 246.250. Anders Seybold, Das Gebet des Kranken, 100.104–106, der Ps 38 als rituelles Bußgebet eines schuldhaften Beters versteht. Die Krankheit führt er monokausal auf Gottes strafendes Handeln zurück (98–100).
[71] Siehe die Analyse des Wortfelds שמח § 11, S. 128–130.
[72] Vgl. zur präsentischen Wiedergabe des deklarativen Perfekts Michel, Tempora und Satzstellung, § 12,14, 95.
[73] Das Adjektiv חַיִּים unterstreicht die nachfolgenden Verben.

§ 13 Fragmentarische Identität   159

verfolgt. Zwischen seinem Schuldbekenntnis und der Klage über das
Treiben der Feinde bleibt eine scheinbar paradoxe Leerstelle.
Psalm 38 läßt in mehrfacher Hinsicht Leerstellen offen. Neben der mehrdimensionalen Beschreibung der Notsituation verharrt der Beter in Klage
und Bitte.[74] In einem kurzen Gottesepitheton (»Herr, meine Rettung«
V23) und der Vertrauensäußerung in V16 kommt das Vertrauen auf Gottes Eingreifen zum Tragen. Eine Bewegung hin zum Lob fehlt. Wie in Ps
70 bildet das am Versanfang (V14) exponierte »Aber ich« nicht Signalzeichen für die rettende Wende[75], so daß die Lesererwartung enttäuscht
wird. Es ist Auftakt zur erneuten Klage über die Bedrängnis (V14–19).
Der Psalm endet in drei kurzen Bitten (V22f). Die beiden negativ formulierten Bitten »verlaß mich nicht« (V22a) und »sei nicht fern von mir«
(V22b) greifen auf das Repertoire der Bitten zurück.[76] In einer kreativen
Rezeption transformieren sie das traditionelle Formelement der positiven
Bitte (z.B. »komm schnell zu meiner Hilfe«), um damit den Erfahrungen
der Gottesferne gerecht zu werden. Sie tragen anklagenden Charakter[77]
und machen anschaulich, daß der Beter unter der Erfahrung der Abwesenheit Gottes leidet. Der Ausruf »verlaß mich nicht« ist von der verzweifelten Spannung zwischen der Erfahrung der Abwesenheit Gottes
und der Erfahrung der Nähe Gottes getragen. In seiner Gottverlassenheit
bittet der Beter, daß Jhwh ihn nicht sich selbst überlassen möge. Die
negativ formulierte Bitte stellt auf formaler Ebene den Versuch dar, der
Negativerfahrung der Gottesferne ein Ende zu setzen.
Die Struktur der Bitte verleiht gleichermaßen der Nähe und der Ferne
Gottes Ausdruck: Einerseits setzen die negativ formulierten Bitten die
praesentia Dei voraus, und andererseits sind sie auf dem Hintergrund der
Erfahrung der Ferne Gottes formuliert. Die Ferne Gottes, die die Bitte
gerade bestrebt ist aufzuheben, ist in der Negation implizit mitgesetzt,
denn die Negation evoziert zugleich das Negierte.
Die dritte Bitte in V23, dem letzten Vers des Psalms, drängt auf Veränderung der Situation: »Eile mir zu Hilfe«. Der Psalm schließt mit der
Gottesprädikation »Herr, meine Rettung« ab. Doch die rettende Wende
bleibt aus. Die Leerstelle, in der der Psalm endet, läßt das Schicksal des

---

[74] Ridderbos, Psalmen, 277 spricht von einem »eigenartigen Aufbau« des Psalms,
    weil er nicht mit einem Danklied sondern mit Bitten schließt.
[75] Das ו-adversativum ist auch in der Klage belegt (vgl. Westermann, Lob und
    Klage, 52.
[76] Vgl. Lindström, Suffering and Sin, 134–137.
[77] Diesen rezeptionsästhetischen Prozeß der Umwandlung des traditionellen Elementes der Anklage in die Bitte begreift Westermann als eine erste Nivellierung;
    vgl. ders., Lob und Klage, 152: »*Die Klage der früheren Zeit ist wesentlich Anklage Gottes*« und aaO., 142: »*Die Anklage hat sich gewissermaßen in der Bitte
    versteckt*«.

Beters offen – auf Rettung hin. Die Leerstellen in der Beschreibung der Notsituation erwiesen sich gerade als Angebot zur Rezeption.

Die Fragmentarität menschlichen Lebens wurde anhand von Ps 38 skizziert. Der Beter ist in seiner Suche nach Identität zwischen dem Eingeständnis der eigenen Schuld und der Klage über die Feinde bzw. die Abwesenheit Gottes hin- und hergerissen. Der Zorn Gottes macht dem Beter seine Lage keineswegs verständlicher, er erhebt sich vielmehr in der Klage dagegen.[78] Die Psalmen halten fest, daß im Akt des Betens häufig nur die Form der Bitte bzw. Anklage Gottes der Wirklichkeitserfahrung der Beter und Beterinnen gerecht wird.[79] Indem die Psalmen in einer Leerstelle enden, tragen sie der grundsätzlichen Unabgeschlossenheit von Identitätsbildungsprozessen Rechnung. Auf struktureller Ebene hält die Leerstelle die Möglichkeit der Zuwendung Gottes in Erinnerung.

---

[78] Josuttis, Der Sinn der Krankheit, gewinnt an den Psalmen ein neues Verständnis der Seelsorge: »Glaube ist nicht Kraft zur Sinndeutung, sondern ist Kraft zum Verzicht auf Sinndeutung in religiöser Hinsicht« (135f).

[79] Müller, Gottesfrage und Psalmenexegese, sieht gerade in der Anklage Gottes auf dem Hintergrund des »neuzeitliche[n] Schwinden[s] der personenhaften Gottesvorstellung« (279) eine Möglichkeit, wie der Mensch angemessen von Gott als Person reden kann, so daß er zugleich seiner eigenen Personalität teilhaftig bleibt.

§ 14 Die Offenheit des Schicksals des Beters

1. Zum Stand der Diskussion

Der Wechsel von Klage und Bitte zu Aussagen der Erhörungsgewißheit und Dank ist in der exegetischen Diskussion unter dem Begriff Stimmungsumschwung bzw. -wechsel in die Literatur eingegangen. Diesen Wechsel mittels eines von außen zugesprochenen Gotteswortes (Heilsorakel) zu erklären, war über Jahrzehnte hinweg für die Psalmenexegese prägend.[80] Joachim Begrich versuchte, mittels Zitaten aus Deuterojesaja ein priesterliches Heilsorakel zu rekonstruieren, das dem Beter auf seine Bitten hin zugesprochen wird.[81] Ein zwingender Anhalt für die Rezitation solcher Heilsorakel läßt sich allerdings in den Psalmen nicht finden. Auch wenn die Erklärungsversuche nicht überzeugen,[82] so weisen sie doch auf die Brüche auf der Ebene des Textes hin. Die Leerstelle – die Frage, wie der Übergang von einer Stimmung bzw. formgeschichtlichen Kategorie in die andere zu erklären ist – wird durchgängig wahrgenommen und vielfach als so störend empfunden, daß sie sofort aufgefüllt und damit beseitigt wird.

Die Monographie zu Ps 22 »Die Klage als Gebet« von Ottmar Fuchs läßt sich demgegenüber als Vermittlung einer theologischen Erklärung mit einer anthropologisch-biographischen verstehen.[83] Für ihn ist es keines-

---

[80] So vor allem bei einer Reihe von gattungsgeschichtlichen Ansätzen (Beyerlin, Delekat, Schmidt und Weiser). Nach Weiser, Psalmen, 54 aktualisiert der einzelne in der Erhörungsgewißheit die zuvor im Kult der Allgemeinheit zugesprochene Heilszusage. Eine Gerichtsbarkeit im Tempel legen Beyerlin, Delekat und Schmidt den Feind- bzw. Krankheitspsalmen zugrunde. Das Gottesurteil, in der Theophanie am Morgen vermittelt bzw. durch den Priester dem Hilfesuchenden zugesprochen, muß der Gewißheit der Errettung vorangegangen sein.

[81] Vgl. Begrich, Das priesterliche Heilsorakel. Wo, wie in Ps 12,6 und 60,8–10, ein solcher Anhalt gegeben sein könnte, leitet er keinen Stimmungsumschwung ein. In Ps 35,3 wird das Heilsorakel explizit in der Bitte als Zitat des Beters eingeführt. Vgl. insgesamt zum Problem des Heilsorakels Millard, Die Komposition des Psalters, 53–56, der formgeschichtliche Argumente wie das Ineinander bzw. die Nähe von Klagelied und Vertrauenslied gegen einen institutionsbezogenen Stimmungsumschwung anführt.

[82] Westermann schließt sich Begrichs Annahme eines kultischen Heilsorakels an, jedoch bemerkt er, »es müsse auch in den hier Redenden ein wirklicher Wandel vorgegangen sein« (ders., Lob und Klage, 51). Er betont weniger den kultischen Sitz im Leben eines Psalms, vielmehr verortet er den Psalm im Geschehen, das sich im Flehen und Loben zwischen Mensch und Gott ereignet (117).

[83] Fuchs, Klage als Gebet, 185 grenzt sich einerseits gegenüber psychologischen Erklärungsmodellen ab, andererseits spricht er von einer Verbindung zwischen theologischen und psychologischen Erklärungen (188). Ich ziehe es daher vor, auch um der begrifflichen Unklarheit zu entgehen, von anthropologischen bzw. biographischen Mustern zu sprechen (vgl. Schneider-Flume, Glaubenserfahrungen in den Psalmen, 60.63f.65).

wegs ausgemacht, daß »Gunkels Prämisse von der Unverträglichkeit von Bitte und Gewißheit stimmt«[84]. Klage und Bitte sind immer bereits von der Hoffnung und dem Vertrauen auf Errettung getragen.[85] Es geht nicht um eine psychologische Erklärung, denn diese würde die Verzweiflung viel eher verständlich machen[86]. Mit Hilfe der Sprechakttheorie versucht er zu zeigen, daß die Formulierung der Erhörungsgewißheit sich als »antizipiertes Faktum«[87] realisiert.

Daran anknüpfend wird Isers Konzept der Leerstellen zu einem neuen Verständnis des Wechsels von der Klage hin zum Dank beitragen. Es wird dabei deutlich, daß bereits die Begriffe »Stimmungsumschwung« bzw. »Stimmungswechsel« irreführend sind. Es ist kein irrationaler Sinneswandel, der den Beter zur Erhörungsgewißheit führt. Vielmehr verhilft die Sprachform der Psalmen dazu, sich gerade auch dann an Gott zu wenden, wenn der cantus firmus des Vertrauens verstummt ist.

Die Psalmen zeichnen einen unabgeschlossenen Prozeß nach, in dessen Verlauf dem Beter durch Erkenntnisgewinn neue Erfahrungsräume eröffnet werden und er so eine veränderte Perspektive auf sich selbst und seine Welt erhält.[88] Die Leerstelle zwischen der Klage und der Erhörungsgewißheit läßt sich wie die erneute Bitte bzw. Klage am Ende eines Psalms nicht vollständig auffüllen.[89]

Der Wechsel von der Klage zum Dank scheint auf den ersten Blick unmotiviert und wird als Leerstelle empfunden. Der Text gibt zwar keine endgültigen Erklärungen, jedoch deutende Hinweise, unter welchen Vorzeichen sich dieser Prozeß vollzieht. Es lassen sich drei auslösende Momente für die Erhörungsgewißheit und den Gebetsprozeß erkennen: die Erkenntnis des Schicksals der Feinde (2.), die Gotteserkenntnis (3.) und

---

[84] Fuchs, Klage als Gebet, 181.
[85] Vgl. Markschies, »Ich aber vertraue auf dich, Herr«.
[86] Vgl. Fuchs, Klage als Gebet, 185: »Die textinterne Sprechaktführung des Psalms ist also nicht psychologisch, sondern theologisch im wahrsten Sinne des Wortes, von ihrer Gottbezogenheit her nämlich, bestimmt«.
[87] Fuchs, Klage als Gebet, 184 und Fuchs, Die Herausforderungen Israels, 100: »*In* der Situation der Bedrängung entsteht Erhörungs- und Glaubensgewißheit, daß Gott hört«. Vgl. Janowski, JHWH der Richter, 74f, der sich sich der Sichtweise von Fuchs anschließt.
[88] Vgl. Westermann, Anthropologische und theologische Aspekte, 459 spricht vom »*Geschehenscharakter der Psalmen*«. Er betont dabei: »Das Gebet hat am Geschehenden teil, d.h. an *dem außerhalb des Gottesdienstes Geschehenden*; es kann selbst etwas wandeln und in Bewegung bringen, oder es spiegelt Wandlungen oder Bewegungen außerhalb seiner selbst wider« (ebd.).
[89] Vgl. Stadler, Die Menschen lügen, 113 im Nachwort zu seiner Psalmenübertragung: »Ich habe die unerhörten Wendungen, das scheinbar nicht Zusammengehörende so gelassen, wie es von den Psalmisten aufgeschrieben wurde oder in das Buch der Psalmen gelangt ist. Die Exegeten haben das Wort ›Stimmungsumschwung‹ für derartige Abbrüche oder Perspektivenwechsel (zuweilen wirklich um 180 Grad) gefunden«.

§ 14 Die Offenheit des Schicksals des Beters   163

die Erlangung von Sprachfähigkeit (4.). Gottes-, Welt-, und Selbsterkenntnis sind dabei komplementär zu denken.

2. Die Leerstelle und die Feinde

Die Bewegung hin zum zuversichtlichen Vertrauen auf das Eingreifen Gottes ist unter anderem durch die veränderte Lage der Feinde des Beters motiviert. Der Beter erkennt beim Betrachten ihres Schicksals, daß Gott auf der Seite der Bedrängten und damit auf seiner Seite steht. Verben des Erkennens betonen, daß sich dieser Wechsel von der Klage hin zum Dank als kognitiver Prozeß vollzieht. In den Psalmen 41; 56 und 109 wird der Leser durch den Gebrauch eines Demonstrativpronomens auf die Suche danach geschickt, was die Erkenntnis auslöst. In Ps 6, dessen Analyse den Anfang bildet, bleibt trotz der Erhörungsgewißheit eine Leerstelle bestehen. Im Anschluß daran wird die Rolle der Feinde innerhalb des Erkenntnisprozesses anhand von Ps 41 und 56 veranschaulicht.

Die Zeitstruktur der Psalmen (Ps 6)
Ps 6 ist im ersten Teil (V2–7) von der Gott- und Ich-Klage bestimmt. In V8b tauchen plötzlich die Feinde auf. Hier wechselt der Blickpunkt des Lesers abrupt. Im darauffolgenden Vers 9 vermag das Ich die Frevler direkt anzusprechen: »weicht von mir!«. War der Psalm bislang in intimem Ich-Du-Dialog gehalten, so wendet der Beter die Sprechrichtung nun denjenigen zu, die ihn anfeinden.[90] Die Situation erfährt eine neue Konstellation in dem Wissen um Gottes Beistand, wie der Beter bekräftigt: »Denn Jhwh hat die Stimme meines Weinens gehört« (V9b).[91] Der Beter betont seine Erhörungsgewißheit und bedient sich dabei zweier Tempussysteme, des Perfekts und des Imperfekts: Jhwh hat ihn erhört bzw. erhört ihn (שָׁמַע V9b.10a), und er möge auch zukünftig immer wieder von neuem sein Gebet annehmen (יִקָּח V10b).
Der unterschiedliche Tempusgebrauch markiert eine Leerstelle. In der doppelten Verwendung des Perfekts, das perfektisch bzw. präsentisch zu verstehen ist, kommt die Faktizität der Erhörung zum Ausdruck (Perfekt

---

[90] Siehe § 11, S. 133–140.
[91] »Dies ist eines der eindrucksvollsten Beispiele für den plötzlichen Übergang von Klage zu Jubel« (Ridderbos, Psalmen, 129). Die vorrausgesetzte Gewißheit der Erklärung in V9ff sowie der Tempuswechsel lassen sich auch für Seybold, Das Gebet des Kranken, 157 nicht mit einem in einem Heilsorakel überbrachten Zuspruch zufriedenstellend erklären. So fragt er, »warum zwar der Appell an die Bedränger, nicht aber ein so entscheidendes Wort des Zuspruchs aufgezeichnet und weitergegeben wurde« (157). Für ihn liegt die Erhörungsgewißheit allerdings in den »im Übermaß erfüllten Bußleistungen« (158) begründet. Damit unternimmt er eine psychologisierende Erklärung.

confidentiae)⁹². Es ist zu fragen, wie das folgende Verb bzw. die folgenden Verben im Imperfekt zu übersetzen sind. Sie werden als Zeichen dafür gedeutet, »daß der Dichter noch nicht wirklich gerettet ist«⁹³. Doch gibt es eine ›uneigentliche‹ Rettung? Mit Bezug auf die folgenden Verbformen in V11, die gewöhnlich modal verstanden werden, legt sich nahe, auch die Imperfektform in V10b entsprechend zu deuten.⁹⁴

Um der Erhörungsgewißheit Ausdruck zu verleihen, bedient sich der Psalm der Komplexität des Tempussystems, das ein Nebeneinander der Zeitsysteme impliziert. Die Psalmen als poetische Texte folgen nicht den Regeln narrativer Texte, die eine sukzessive Geschehensabfolge beschreiben. Sie haben ihre eigene Zeitstruktur.⁹⁵ Darin spiegelt sich das Ineinander von geschehener Erhörung und erwartungsvollem Ausblick. Die Leerstelle gibt der Fragmentarität menschlicher Gewißheit Ausdruck. Der Beter ist erhört worden, und zugleich lebt er in Erwartung.

Die Frage, wie es zu der Erhörungsgewißheit kommt, läßt der Text offen, so daß der Leser den Bruch zwischen den bangenden Bitten und der Zuversicht wahrnimmt. Gleichzeitig bietet der Text Hilfen an, um die Leerstelle zu besetzen. Der Beter kann seine Bedränger direkt anreden, denn er ist voller Zuversicht, daß Gott ihm zu Hilfe kommen wird. Das Wissen um Gottes Erhörung wird zum erfahrungsgesättigten Wissen. Die Rede an die Feinde in V9 hat kathartische Wirkung.⁹⁶ Sie ist Teil des Prozesses, den der Beter durchläuft, denn er wurde aus seiner isolierenden, ichzentrierten Klage befreit und konnte sich in direkter Rede an die, die nicht von ihm ablassen, wenden, weil er Erhörung erfahren hat.⁹⁷ Offen bleibt das Schicksal der Bedränger. Der abschliessende V11 wendet sich wieder den Feinden zu: Sie mögen zuschanden werden. Die Imperfekte führen die immer noch bedrängte Lage des Ich vor Augen. Der Beter ergötzt sich nicht an einer Gewaltphantasie, auch

---

⁹² Vgl. Fuchs, Klage als Gebet, 184.
⁹³ Ridderbos, Psalmen, 99.
⁹⁴ Vgl. Michel, Tempora und Satzstellung, 62f: Das Perfekt dient im Bericht der Errettung als Ausdruck der Erhörung. Anders Kraus, Psalmen (BK XV/1), 187f: »Die Gewißheit der Erhörung wird in 10 in den Ausdruck gefaßt: ›Jahwe nimmt mein Gebet an‹ (לקח). Es ist bemerkenswert, wie hier das Tempus wechselt. Der Wechsel besagt, daß der Sänger sich einen einmaligen, herausragenden Vorgang der Vergangenheit besonders lebhaft vergegenwärtigt«.
⁹⁵ Der Gebrauch des Perfekts in poetischen Texten macht nicht zwingend eine Aussage über die Zeitstufe (vgl. Michel, Tempora und Satzstellung, 81.89).
⁹⁶ Zenger tendiert dahin, die Rede an die Feinde als »literarisch-fiktiv« zu verstehen, er wendet sich damit gegen die Annahme, daß der Beter sich direkt an die Feinde im Rahmen einer kultischen Feier wendet (Hossfeld/Zenger, Psalmen I, 68), denn Psalm 6 sei ein privates Bittgebet.
⁹⁷ Bail, Gegen das Schweigen klagen, 129 beschreibt ebenfalls die befreiende Wirkung der Anrede der Feinde als eine Möglichkeit, »sich verbal zur Wehr zu setzen«.

§ 14 Die Offenheit des Schicksals des Beters   165

wenn Schrecken über die Bedränger kommen soll. Waren die Knochen und die Lebenskraft des Ichs schreckensstarr (בהל V3b.4a), so möge nun die Feinde dasselbe Schicksal ereilen (בהל V11a). Sie sollen umkehren (V9). Gleichzeitig erhält durch die modal wiederzugebenden Verben die Leerstelle vom letzten Wort des Verses und Psalms eine andere Leserichtung. Die endlose Zeit der Trauer findet plötzlich (רָגַע) ein Ende. Die Perspektive des Beters verändert sich von einer defensiv-klagenden in eine offensiv-zuversichtliche.

Die Erhörungsgewißheit als Erkenntnisprozeß
Der Wechsel vom Zitat der Klage hin zur Zuversicht auf göttliches Eingreifen ist auch in Ps 41 mit dem Schicksal der Feinde verknüpft. Die Seligpreisung in V2a »Wohl dem, der sich des Bedrückten annimmt«, ist Leseanweisung.[98] Die einleitenden Verse 2–4 geben bereits einen Ausblick auf die Hilfe Gottes für den Beter. Zugleich entsteht durch die Syntax eine Leerstelle. Stehen die Suffixe in V2b–4 für den Seliggepriesenen in V2a oder haben sie den notleidenen Beter im Blick? Die Feindklage (V5–10) wird mit einer Bitte in V11 abgeschlossen. Die Erhörungsgewißheit ist mit Rückbezug auf die Bedrohung durch die Feinde formuliert:

12 Daran erkenne ich, daß du Gefallen an mir hast, daß mein Feind nicht über mich triumphiert.
(בְּזֹאת יָדַעְתִּי כִּי־חָפַצְתָּ בִּי כִּי לֹא־יָרִיעַ אֹיְבִי עָלָי)

Durch das Demonstrativpronomen בְּזֹאת entsteht für den Leser eine Leerstelle.[99] Dem Leser wird zugemutet, die Alternative auszuhalten: Weist das Demonstrativpronomen auf eine bereits geschehene Errettung zurück[100], oder sind die folgenden Verse präsentisch-futurisch zu verstehen? Die Hilfe Gottes manifestiert sich einerseits darin, daß die Feinde nicht die Übermacht über den Beter erhalten,[101] und andererseits in der engen Gottesbeziehung (V12aß »daß du Gefallen an mir hast«; V13b »und mich vor dein Angesicht stellst auf ewig«).

---

[98] Vgl. Hossfeld/Zenger, Psalmen I, 258.
[99] Hossfeld/Zenger, Psalmen I, 259 sprechen hier von einer »Lücke«, die in exegetischen Kommentaren gerne von einem priesterlichen oder kultprophetischen Heilsorakel aufgefüllt wird; so etwa bei Seybold, Das Gebet des Kranken, 111f; Weiser, Die Psalmen, 287 erklärt sich die Gewißheit durch eine »Gnadenzusage im Gottesdienst«.
[100] So Hossfeld/Zenger, Psalmen I, 259.
[101] Seybold, Das Gebet des Kranken will בְּזֹאת allein als Verweis auf einen kultischen »Akzeptionsakt Jahwes« (111) verstehen. Die Abwehr der Feinde sei sekundär gegenüber der ›eigentlichen‹ Rettung, die in der Heilung liegt.

Bevor dieser Erkenntnisprozeß eingeleitet wurde, ergreift der Beter die Initiative: »Ich will es ihnen zurückzahlen (שׁלם V11b)«. Die folgenden Verse legen jedoch nahe, daß das Ich nochmals von der Selbstjustiz an den Feinden Abstand nehmen kann. Dem Feind ist die bedrohende Übermacht genommen (V12), weil Gott sich dem Beter zuwendet. Zugleich klärt sich für den Beter sein Gottesverhältnis: Abschließend betont das Ich: »Ich aber, in Vollständigkeit hältst du mich aufrecht und stellst mich vor dein Angesicht« (V13 vgl. Ps 17,15). Daß der Beter von seiner Vollständigkeit (תֻּמִּי) sprechen kann, ist nicht leichtfertiges Resultat seiner Selbstrechtfertigung. Die Bitte des Beters, aufgerichtet zu werden (קוּם Hi V11a), wird nun eingelöst: Gott hält ihn aufrecht (תמך V13a).

In ähnlicher Weise kommt in Psalm 27 dem Verhältnis gegenüber den Feinden eine entscheidende Rolle für die Gebetsdynamik zu. Die einleitenden Verse sind von Vertrauen geprägt. Der Beter bittet darum, im Haus Jhwhs zu wohnen und in Freundlichkeit Gott zu schauen (V4). Das Lobgelübde markiert die Mitte (V6). Läßt das einleitende ו- adversativum mit folgendem »jetzt« (עַתָּה) eine Wende der Situation des Beters erwarten, so verkehrt sich diese gleich wieder in ihr Gegenteil. Auf das Opfer- bzw. Lobgelübde folgt ein Bittgebet (V7–13) mit einer den gesamten Psalm abschließenden Mahnung zum Vertrauen auf Gott (V14).[102] Auch wenn der Beter in erneute eindringliche Bitten einstimmt, haben sich die Machtverhältnisse zugunsten des Beters gewendet: Sein Haupt erhebt sich über die Feinde (V6).

Die These, daß der »Stimmungsumschwung« nicht nur einen emotionalen Stimmungswandel erfaßt, sondern sich als Erkenntnisprozeß realisiert, der sich in konkreten Erfahrungen des Beters widerspiegelt, wird durch die Analyse von Ps 56 bestärkt. Die Klagen und Bitten (V2–9) wechseln zu einer zuversichtlichen Aussage:

10 Dann werden meine Feinde nach hinten weichen – am Tag, an dem ich rufe.
(אָז יָשׁוּבוּ אוֹיְבַי אָחוֹר בְּיוֹם אֶקְרָא)
Daran erkenne ich, daß Gott mit mir ist.
(זֶה־יָדַעְתִּי כִּי־אֱלֹהִים לִי)

Die am Versanfang exponierte Zeitangabe »dann« (אָז) scheint unbestimmt zu sein. Doch der zweite Halbvers (V10aß) expliziert diese näher. Die Veränderung der Situation des Ich geschieht an dem Tag, an dem der Beter zu Jhwh ruft. Der Psalm beschreibt diese Gewißheit zuvor mit anderen Worten: dann, wenn die Feinde umkehren werden (V10a). Und so (זֶה) wird der Beter erkennen (V10b), daß Gott auf seiner Seite

---

[102] Das veranlaßte etwa Gunkel, Die Psalmen, 112–118 und Weiser, Psalmen, 165–169 dazu, den Psalm in zwei selbständige Psalmen zu teilen (V1–6 Vertrauenspsalm und V7–14 Klagepsalm).

§ 14 Die Offenheit des Schicksals des Beters

steht. Mittels des Demonstrativpronomens will der Psalm auf die den Erkenntnisprozeß auslösenden Momente aufmerksam machen.

In Ps 56 kommen nicht nur der Beter, sondern auch die Feinde zur Erkenntnis, wie das Verb »umkehren« (שׁוב) in V10 andeutet. Dabei entsteht eine neue Leerstelle. Macht nicht die situative Überschrift, »als die Philister ihn [David] zu Gat ergriffen« (V1) eine ganz andere Aussage über das Schicksal des Beters? Der letzte Vers 14 formuliert kontrastiv zur Überschrift: »Denn du hast meine Lebenskraft vom Tod errettet«.[103] Mit dem Gebrauch des Perfekts kann das Ich die Gewißheit der Errettung zum Ausdruck bringen.

Wie in Ps 41,12 findet sich auch in Ps 56,10 die Wurzel ידע (erkennen/wissen), um den kognitiven Verstehensprozeß festzuhalten. Die Bitte vor dem Lobgelübde in Ps 109,27 formuliert ähnlich: Sie [die Feinde] mögen erkennen (ידע), »daß deine Hand dies (זאת) ist, daß du, Jhwh, es getan hast«. Auffällig ist auch hier die Verwendung des Demonstrativpronomens, das voraussetzt, daß die Tat Gottes für alle offensichtlich ist. Doch ein konkretes Handeln Gottes wird nicht geschildert. Zugleich deuten die Bitten und das Lobgelübde an, wie die Leerstelle zu lesen ist. Am Eingreifen Jhwhs zugunsten der Armen wird man seine Güte erkennen (vgl. Ps 109,26.31).

Durch den Gebrauch des Demonstrativpronomens (Ps 41; 56; 109) wird der Leser auf die Suche geschickt, den Referenzpunkt dieses Hinweises zu bestimmen. Die dynamische Struktur der Erkenntnis wird sprachlich auch durch die adverbialen Zeitbestimmungen wie עַתָּה (Ps 6,11; 73,19) oder עַתָּה (Ps 20,7; 27,6) hervorgehoben: »Jetzt erkenne ich, daß der Herr seinem Gesalbten hilft« (עַתָּה יָדַעְתִּי Ps 20,7). Ein Überblick über die Verben, die den Akt der Erhörungsgewißheit beschreiben, macht deutlich, daß der Stimmungsumschwung sich als kognitiver, visueller und nicht zuletzt erfahrungsbezogener Verstehensprozeß vollzieht. Neben erkennen (ידע der Nationen Ps 9,21; des Ich 20,7; 41,12; 56,10; 73,16; 140,13; der Feinde 59,14; 83,19; 109,27) ist auch von Einsicht haben (שׂכל Hif Ps 64,10) und verstehen (בין Ps 73,17) die Rede. Das Verstehen ist Teil eines Geschehens, das den Beter in eine veränderte Lage versetzt. Er kann über seine Feinde lachen (שׂחק Ps 52,8). Gottesfurcht (ירא) des Gerechten Ps 52,8 bzw. der unbestimmten Menge Ps 40,4; 64,10) und visuelles Wahrnehmen (חזה Ps 17,15; ראה 52,8) sind Teilmomente des veränderten Verhältnisses zu den Feinden.

---

[103] Dhanaraj, Theological Significance, 171f, schlägt vor, die Verbform von V14 (כִּי הִצַּלְתָּ) mit dem Perfekt der Zukunft (»denn du wirst errettet haben«) zu übersetzen. Er argumentiert dabei mittels einer Verschränkung der Zeitperspektiven: Vom realen Standpunkt des Beters aus liegt die Errettung in der Zukunft, vom imaginierten Standpunkt aus liegt die Rettung jedoch bereits hinter ihm. Der Beter ist noch nicht errettet und doch schon seiner Rettung gewiß.

3. Gotteserkenntnis in der Leerstelle (Ps 17)

Der Gebetsprozeß wird durch eine Veränderung des Verhältnisses zwischen Gott und Beter in der Schau (Theophanie) Gottes begleitet. In diesen Zusammenhang gehören auch die Bitten um die Zuwendung Gottes bzw. die Klage über die Abwesenheit Gottes (Ps 17,1.6; 25,16; 27,4.9; 31,17; 69,18; 102,3). Die Theophanie enthält kognitive wie sinnliche Momente und ist konstitutiver Bestandteil der Erhörungsgewißheit. Daß sich die Gotteserkenntnis als ästhetische Erfahrung vollzieht, wird an Ps 17 anschaulich.

1 Jhwh, höre die gerechte Sache (צֶדֶק), merke auf mein Rufen, wende dein Ohr zu meinem Gebet.
2 Von deinem Angesicht geht mein Recht (מִשְׁפָּטִי) aus, deine Augen schauen Aufrichtigkeit (מֵישָׁרִים).

13 Steh auf, Jhwh, geh ihm entgegen, wirf ihn nieder, rette meine Lebenskraft vor dem Frevler durch dein Schwert,
14a vor den Männern durch deine Hand, Jhwh, vor den Männern, die von der Welt ihren Teil im Leben haben[104].
14b Aber[105], die sich bei dir bergen,[106] fülle du ihre Leiber, die Söhne mögen gesättigt werden, und sie hinterlassen ihren Rest ihren Kindern.
15 Ich, in Gerechtigkeit schaue ich dein Angesicht, ich werde gesättigt beim Aufwachen an deiner Gestalt[107].

(אֲנִי בְּצֶדֶק אֶחֱזֶה פָנֶיךָ אֶשְׂבְּעָה בְהָקִיץ תְּמוּנָתֶךָ)

Auf die zahlreichen Bittformulierungen in Ps 17, die übergehen in die Feindklage (V9–12), folgt kein Wechsel zum Lobgelübde. Diese Funktion kommt der Gottesschau im letzten Vers (15) zu.[108] Dabei fällt der kognitive und sinnliche Erkenntnisprozeß zusammen.

---

[104] Die vorliegende Übersetzung hält sich weitgehend an den MT. Unter der Vielzahl der Änderungsvorschläge erscheint mir neben meinem Übersetzungsvorschlag allerdings am plausibelsten מְמֻתִים MT anders zu vokalisieren und מְמֹתָם (pt. Hif von מות mit suff. 3 Pers. pl.) zu lesen und entsprechend mit »töte sie« zu übersetzen. Vgl. Craigie, The Psalms 1–50, 161; auch Seybold, Die Psalmen, 73 zieht dies in Erwägung.
[105] Das exponierte ו-adversativum (V14b) markiert einen Neueinsatz und weist damit einen Weg, die textlichen Schwierigkeiten zu lösen. Durch die Wiederaufnahme der Konstruktion aus V13, מִן und anschließendes instrumentales Akkusativobjekt, in V14a wird erkennbar, daß der erste Halbvers (V14a) im Zusammenhang mit V13 zu lesen ist (vgl. Hossfeld/Zenger, Psalmen I, 116).
[106] Die LXX übersetzt: »Er füllt mit seinem Aufgesparten ihre Leiber«.
[107] Septuaginta und Vulgata gehen mit der Wiedergabe von תְּמוּנָה mit δόξα bzw. gloria hinter die provokative Aussage des MT zurück, daß Jhwh eine konkrete Gestalt hat, die sichtbar ist für den Beter.
[108] In V15 geschieht auch ohne das ו-adversativum, allein durch die Satzstellung, die Gegenüberstellung, denn das Subjekt steht am Anfang des Satzes (vgl. Westermann, Lob und Klage, 53).

§ 14 Die Offenheit des Schicksals des Beters 169

Gott füllt die Leiber derer, die sich bei ihm bergen. Gottes Verhalten steht in diesem Vers kontrastiv zu seinem Verhalten gegenüber den Frevlern (V13). Selbst die Söhne erfahren Sättigung. Das Übriggebliebene reicht noch dazu, deren Kinder zu versorgen.[109] Die Kette der Fürsorge in Ps 17,14 reicht über drei Generationen hinweg. Der letzte Vers des Psalms ist deshalb nicht antithetisch zu verstehen, er strebt vielmehr nach einer Steigerung der leiblichen generationenübergreifenden Sättigung. V15 ist Klimax des Psalms: Selbst die Augen sollen gesättigt werden.

Mit dem letzten Vers schließt sich der Bogen, der in den ersten Versen des Psalms ausgespannt wurde. Die parallelen Formulierungen in V1 legen entsprechend der Wiedergabe in der Septuaginta (Εἰσάκουσον κύριε τῆς δικαιοσύνης μου) nahe, daß der Beter das Recht auf seiner Seite sieht. Gott soll dem Beter helfen, weil dieser gerecht ist. Demgegenüber beschreibt der masoretischen Text im folgenden V2 eine andere Sichtweise. Gerechtigkeit ist kein weltabgewandtes Attribut Gottes, vielmehr vollzieht sich diese, indem die Welt bzw. der Beter damit affiziert wird. Gerechtigkeit tritt aus Gott hervor (יצא) und erweist sich als immanente Größe.

Die Formulierung in V2b (»deine Augen schauen Aufrichtigkeit«) ist zweideutig.[110] Schaut Jhwh seine eigene Aufrichtigkeit oder die des Beters, wie es die folgenden Verse entfalten? Der letzte Vers (15) liest sich als Synthese dieser beiden Denkrichtungen: einerseits geht die Gerechtigkeit von Gott aus, und andererseits ist sie Attribut des Beters. Der Beter schaut Gottes Angesicht in Gerechtigkeit, weil diese von jenem ausgeht. Im Schauen partizipiert der Beter an Gottes Gerechtigkeit. In V15b nimmt die Anteilnahme am Sein Gottes weitere konkrete Züge an. Der Beter erfährt Sättigung durch die Gestalt Gottes. Vor dem Hintergrund der Weisheitsliteratur (»Scheol und Abgrund werden nicht

---

[109] Die Sättigung verstehe ich als eine Sättigung mit Gutem (so auch Hossfeld/Zenger, Psalmen I, 117f). Dagegen interpretiert ein Großteil der Exegeten (z.B. Hitzig, Die Psalmen [Bd. I], 93; Gunkel, Die Psalmen, 55; Weiser, Die Psalmen, 122; Kraus, Die Psalmen [BK XV/1], 278) diesen Vers als Explikation einer Strafe. Noch anders van der Toorn, The Iconic Book, 229–248. Er sieht in V14 einen Hinweis auf einen möglichen Becher Wein bzw. Wasser (vgl. Num 5,27), der zur Entscheidung über die Frage der Schuld von den Angeklagten getrunken werden mußte. Van der Toorn schließt sich damit der These eines institutionellen Ordals an. Dem steht entgegen, daß der Vers nicht eine Einzelperson vor Augen hat. Vielmehr ist die Rede davon, daß sich die Sättigung generationenübergreifend vollzieht. Allen Versuchen, die den Vers im Sinne einer Strafe bzw. eines Strafurteils verstehen wollen, ist gemeinsam, daß sie die durchaus positive Rede von der Sättigung als Euphemismus abtun.

[110] Die Septuaginta wendet die Bewegung in die anfängliche Blickrichtung des Eingangsverses des Psalms zurück, indem sie übersetzt: »meine Augen schauen Aufrichtigkeit«.

satt und die Augen des Menschen werden nicht satt« Pr 1,8 vgl. 4,8) bekommt diese Aussage spezifisches Profil. Allein Gottes Gestalt vermag die unersättliche Begierde der Sinne im Moment des Aufwachens zu befriedigen (vgl. Ps 90,14).[111]
Das Schauen in V15 (חזה terminus technicus für die visionäre Gottesschau)[112] verliert sich nicht im Unbestimmten: In Gerechtigkeit schaut der Beter Gottes Angesicht. Die Betonung seiner Aufrichtigkeit (V3–5) angesichts seiner bedrohten Lage (V9–12) findet in diesem Vers Bestätigung von außen. Der Beter muß nicht länger seine Unschuld beteuern. Gotteserkenntnis und die Erkenntnis des Schicksals der Feinde sowie der Gerechten gehören auch hier zusammen. Der Beter bittet um Befreiung aus der Gewalt der Frevler (V13b–14a). Die sich bei Jhwh bergen, sollen Sättigung bis ins dritte Glied erfahren (V14b). Die Lebenskraft des Beters soll vor den Frevlern (V13) durch das Schwert und vor den Leuten durch Jhwhs Hand (V14a) gerettet werden. Der nachfolgende, abschließende Vers 15 greift dieses Bild auf. War in V14 von der Sättigung der Bäuche die Rede, so hier von der der Augen. Der Psalm variiert die Motivverbindung von Gottesschau und Gemeinschaftsmahl aus Theophanietexten wie Ex 24,10f. Die Edlen der Ältesten Israels schauten (חזה) Gott und aßen und tranken. Die ästhetische Erfahrung Gottes läßt sich leibhaftig in ihrer kommunikativen Dimension erfassen. In der communio bzw. visio geschieht Teilhabe an Gottes Sein. Denn Offenbarung vollzieht sich als ästhetisches Ereignis.[113]
Sehen, Schmecken und Gesättigtwerden sind in Ps 17 komplementär gedacht. In diesem Zusammenhang verkennt die Rede von der Spiritualisierung des Gebets die Konkretheit des Verses.[114] Der Beter greift auf sinnlich-erotische Vorstellungen zurück.[115] Gottes Angesicht, mehr noch seine Gestalt, sind die ersten Sinneseindrücke für den Beter nach dem

---

[111] Zum Motiv des Aufwachens am Morgen vgl. den Forschungsüberblick bei Janowski, Rettungsgewißheit und Epiphanie des Heils, 6–14.
[112] חזה stellt eine späte Wurzel dar und geht auf ein aramäisches Lehnwort zurück (vgl. Vetter, Art. חזה und Jepsen, Art. חזה, 823). Auch in diesem Vers nimmt die LXX die Brisanz der Aussage des Verses zurück, indem sie das Verb passivisch wiedergibt (ὀψθῆναι).
[113] Vgl. zum Ineinander von ästhetischer und religiöser Erfahrung Jüngel, »Auch das Schöne muß sterben« und Biehl, Symbole geben zu lernen, 21ff.
[114] Auch Hermisson, Sprache und Ritus, 118, der die Spiritualisierung ehemals konkreter kultischer Vorgänge, wie etwa der Asylsuche im Heiligtum, untersucht, betont: daß »solche ›sprachlichen Bilder‹ ihre reale Entsprechung in den konkreten Lebensbezügen der Sprechenden haben«.
[115] Für das Hohelied der Liebe schlägt Carr, Gender and the Shaping of Desire, eine Neuinterpretation des Verhältnisses zwischen Gott und Mensch vor. Er weist darauf hin, daß das Hohelied der Liebe den Leser und die Leserin dazu ermuntern will, dieses Verhältnis entsprechend dem Liebesverhältnis zwischen Mann und Frau neu zu imaginieren.

§ *14 Die Offenheit des Schicksals des Beters* 171

Erwachen am Morgen. Welche Schönheit muß von der Gestalt Gottes ausgehen, daß sie den Beter mit solcher Zufriedenheit erfüllt und sättigt? Indem die Gotteserkenntnis rückgebunden wird an das Schicksal des Beters, erhält sie eine soziale Dimension. Die Schau Gottes und die Sättigung läßt noch die Verortung am Tempel erkennen.[116] In Ps 65,5b heißt es: »Wir werden gesättigt am Guten deines Hauses, dem Heiligen deines Tempels«. Stellen wie Ps 17,15; 65,5 oder 27,11.13 eröffnen eine veränderte Sicht auf den Kult. Sie sind Ergebnis rezeptionsästhetischer Aneignung kultischer Phänomene, möglicherweise in tempelloser Zeit bzw. in einem tempelfernen Raum. Einen Schlüssel für das neugewonnene Verständnis des Kults liefert dabei die Ästhetik der Gottesoffenbarung.

An der kultischen Begrifflichkeit wird eine ethische Dimension der Ästhetik Gottes sichtbar. Denn Gottes Nähe erweist sich den Bedrängten (vgl. Ps 34,19; 145,18f). Gott ist daran zu erkennen, daß er die Armen nicht vergißt (Ps 145,19) und die Gottlosen untergehen werden. Damit ist die Gottesschau ethisch konnotiert. Die Aufrichtigen (יָשָׁר) schauen Gottes Angesicht, weil er Gerechtigkeit liebt (Ps 11,7). Die Konturen der Gestalt Gottes sind nicht näher bestimmt, doch seine Gestalt sättigt, weil von ihr Gerechtigkeit ausgeht, so daß sich die Ästhetik Gottes in der Ethik erschließt.[117]. Die Schau Gottes wird als ein wohltuender Vorgang charakterisiert (Ps 27,4 לַחֲזוֹת בְּנֹעַם־יְהוָה). So werden die Bedürfnisse des Beters am Guten (טוּב) gestillt (Ps 65,5; 103,5; 104,28)[118].

Die Psalmbeter bewegen sich mit ihren Formulierungen, daß sie Gottes Angesicht zu sehen wünschen, jenseits der Grenze, die die Bilderverbotstexte (Dtn 4,12–15; Dtn 5,8 par. Ex 20,4) gesetzt haben.[119] Das

---

[116] Gestalt und Ästhetik eines bronzenen Standbildes Gottes im Jerusalemer Tempel mögen vorexilischen Rezipienten greifbar gewesen sein, so Nihr, In Search of YHWH's Cult Statue, 84. Die Texte lassen im Blick auf die Gestalt Gottes jedoch bewußt eine Leerstelle offen. Eine ähnliche Stoßrichtung hat der Beitrag von Uehlinger, Anthropomorphic Cult Statuary, 148.

[117] Die LXX betont in Ps 68,30 im Unterschied zum MT den Zusammenhang zwischen Ästhetik und Gerechtigkeit Gottes. Die rechtschaffene Hilfe geht von Gottes Angesicht aus: ἡ σωτηρία τοῦ προσώπου σου. Ps 69,30 MT liest: יְשׁוּעָתְךָ אֱלֹהִים (»deine Rettung Gott«).

[118] Den ersten beiden Stellen liegt ein räumliches Verständnis der Sättigung zugrunde. Sie formulieren präpositional. Der Beter soll am/im (בְּ) Guten des Hauses Gottes Befriedigung erfahren.

[119] Vgl. Grözinger, Praktische Theologie und Ästhetik, 89–103, der für seine theologische Ästhetik gerade im Bilderverbot den Ausgangspunkt sieht, denn eine theologische Ästhetik muß die »›Erscheinung‹ und ›Verborgenheit‹ Gottes zusammendenken« (91).

Angesicht Gottes vermag der Mensch nicht zu schauen, denn bei seinem Anblick würde er verzehrt werden (vgl. Ex 3,6; Ex 33,20).[120]

Der Beter schaut Gott und zugleich bleibt seine Gestalt für den Leser unbestimmt, denn die Leerstellen kann und will der Text nicht auffüllen. Sie sind es jedoch, die die Sehnsucht danach erwecken, Gottes Angesicht zu schauen. Auf textlicher Ebene tragen die Leerstellen damit der Unverfügbarkeit Gottes Rechnung (vgl. Ex 24,9–11).

Im Akt des Lesens von Ps 41 verändert sich das Gott-Beter-Verhältnis. War der Beter durch Krankheit und Anfechtung bedroht, so ist er nun wieder heil (V13a). Auf ewig wird er vor Gottes Angesicht gestellt (V13b). Dem Schauen Gottes kommt darin eine identitätsstiftende Funktion zu. Im Schauen des Angesichts Gottes erhält der Beter sein Gesicht zurück: »Sie blicken auf ihn und strahlen, und ihr Angesicht wird nicht schamrot werden« (Ps 34,6). Dies geht damit einher, daß die Augen Gottes auf dem Gerechten ruhen. Der Blick des Menschen und der Blick Gottes treffen sich.

Ps 56 veranschaulicht, daß Gotteserkenntnis rückgebunden ist an die Wahrnehmung der Umgebung. Im Ergehen der Feinde (V10a) manifestiert sich exemplarisch für den Beter Gottes Beistand. »Es werden meine Feinde umkehren ... und daran erkenne ich (זֶה־יָדַעְתִּי), daß Gott mit mir ist.« Die Bewahrung vor dem Tode gibt ihm wieder Boden unter die Füße und stellt ihn in einen neuen Raum: Er wandelt vor dem Angesicht Gottes, im Licht der Lebendigen (V14). Antithetisch wird in diesem Vers dem Bereich des Todes und der Dunkelheit die Welt der Lebenden und des Lichts gegenübergestellt. Der Wandel im Angesicht Gottes ermöglicht zugleich den Zugang zur Gemeinschaft.

Gotteserkenntnis, wie sie der Beter erfährt, ist keine metaphysische Spekulation. Sie ist in konkreter sozialer Gestalt greifbar. Neben חזה wird auch ידע als Terminus für die Offenbarung Gottes verwandt.[121] ידע beschreibt dabei die Erkenntnis aus je zwei unterschiedlichen Perspektiven: aus der Sicht des Menschen (Ps 41,12; 56,10; 109,27 Qal und 88,13 Hif) und als Erweis Gottes an den Menschen (Ps 9,17 Nif; 77,15; 103,7 Hif). Das Offenbarwerden Gottes ist für den Menschen mit offenkundigen Taten verbunden. Offenbarung bleibt immer an die Erfahrungswelt des Menschen rückgebunden. Sie wird in seinen großen Taten (פֶּלֶא Ps 77,15; 88,13 und עֲלִילוֹתָיו 103,7) oder in seinem rettenden Eingreifen angesichts der Feinde (Ps 9,17; 48,4; 79,10) manifest. Jhwh ist in seinem rechtsetzenden Handeln zu erkennen (נוֹדַע יְהוָה מִשְׁפָּט עָשָׂה Ps 9,17a).

---

[120] In Ex 33 darf Mose nur hinter Gott hersehen, da für ihn so Gottes Angesicht abgewandt bleibt.

[121] Vgl. Schottroff, Art. ידע, 691f.

4. Die Leerstelle als Sprachgeschenk

Der Sprachgewinn, der sich beim Lesen der Psalmen vollzieht, geschieht jenseits menschlicher Bemühungen. Diese Bewegung von der Klage hin zum Dank wird im folgenden mit dem von Hermann Spieckermann anhand der Hymnen entfalteten Begriff als »Sprachgeschenk«[122] bezeichnet.

Das Lobgelübde, so der Konsens der formgeschichtlichen Diskussion, ist konstitutiver Ausdruck des Stimmungsumschwungs. Der Beter überschreitet im Lobgelübde seine Situation, die von Not gekennzeichnet ist, denn darin realisiert sich bereits das Lob. Strittig ist, ob das Lob im Vorgriff auf die Errettung angestimmt wurde. Die Frage, ob der Beter erst nach oder schon vor der Befreiung aus der Notlage diese Worte spricht, erweist sich allerdings nicht als vorrangige Frage des Textes. Die Leerstelle der Zeitperspektiven läßt sich nicht einfach zugunsten der einen oder der anderen Richtung auflösen.

In Ps 59 ist die Leerstelle zwischen der Situation der Bedrängnis und der Erhörungsgewißheit offensichtlich. Der Wechsel von der Klage hin zum Dank scheint auf den ersten Blick unmotiviert und wird als Leerstelle erlebt. Unmittelbar auf die Klage (V15–16) folgt das Lobgelübde (V17). Der Stimmungsumschwung wird daher in der Veränderung der Sprachform greifbar. Der von den Feinden bedrängte Beter stimmt ein Lied auf die Stärke Gottes an.

15 Und am Abend kehren sie [die Feinde] wieder, heulen wie die Hunde und umzingeln die Stadt.
16 Diese laufen umher nach Speise, und wenn sie nicht satt werden, übernachten sie.
17 Ich aber will deine Stärke besingen und am Morgen deine Güte rühmen, denn Fels und Zuflucht am Tag meiner Not bist du mir.

Jeden Abend rücken die Verleumder aufs neue heran (V7.15) In der kehrversartigen Wiederaufnahme von V7 in V15 am Ende des Psalms kommt die anhaltende Vehemenz des Treibens der Feinde zum Ausdruck. Den Kreislauf des Bösen – die Wiederkehr der heulenden Feinde am Abend (V15f) – durchbricht der Beter am Morgen mit seinem Lied (V17). Das Lied auf Gottes Güte (חֶסֶד V11.17) hebt sich damit von der verzweifelten Lage des Beters kontrastiv ab. Es konstituiert gleichsam eine Gegenwelt. Was mit den Feinden geschieht, bleibt offen. Die Leerstelle vermag der Beter auszuhalten, weil er sich singend der Güte Gottes vergewissert.

---

[122] Vgl. Spieckermann, Hymnen, 98.

In Ps 40 sind die erneuten Bitten in V14–18 auf dem Hintergrund der Kette der Verben des Erzählens und Verkündens zu lesen.[123] Der Beter beteuert, daß er in der gemeinschaftlichen Versammlung Gottes rettende Gerechtigkeit verkündet hat. Seine Lippen kann er buchstäblich nicht geschlossen halten, seine Worte überstürzen sich (V10f), denn im Erzählen wird der Realität der Rettung ein Forum gegeben. Die Erfahrung des Beistands Gottes wird erst in der Versprachlichung greifbar. Der Beter schafft im Erzählen der erfahrenen Hilfe eine große Gemeinschaft. Die Umstehenden können so, wenn der Beter nicht mehr ins Lob einstimmen kann wie im letzten Teil des Psalms, seinen Bitten Rückhalt geben. Der Kreis der Gottessucher soll stellvertretend für ihn sprechen »Groß ist der Herr« (V17).

Der Bericht der Errettung in V2–4 gibt Hinweise, wie sich die Wendung hin zur Erhörungsgewißheit vollzogen hat: »Und er legte in meinen Mund ein neues Lied, einen Lobgesang unserem Gott« (V4a). Das Lied, von Gott geschenkt, wird im Gesang an Gott zurückgegeben. Es ist Gottes Lied, im Genetivus subjectivus wie objectivus (תְּהִלָּה לֵאלֹהֵינוּ). Der Wechsel zum Lob vollzieht sich in der Öffentlichkeit.[124] Die Öffentlichkeit, die sich im gemeinsamen Lob (Ps 34,4 יַחַד) konstituiert, ist vielschichtig. Sie überschreitet soziale Grenzen. Niemand wird aufgrund seines Alters oder Geschlechts ausgegrenzt (vgl. Ps 148,11f). Die Öffentlichkeit, die sich im Lob bildet, wirkt entgrenzend und ist universal ausgerichtet. Ihre Einheit erhält sie in der Ausrichtung auf Gott und dessen Namen.[125]

Das neue Lied wird von einem Klagelied (תְּפִלָּה) in ein Loblied (תְּהִלָּה) umgewandelt. Durch das Personalsuffix der 2. bzw. 3. Person ist letzteres häufig auf Gott rückbezogen.[126] Es ist sein Loblied in meinem Mund (Ps 34,2). Demgegenüber ist das Gebet (תְּפִלָּה) durch die Suffixe bzw. den Kontext als Klage des Beters gekennzeichnet.[127] Von Gott gegeben (Ps 40,4), wird das Loblied ihm im Singen beständig zurückgespendet. Das Lob schreitet einen eigentümlichen Zirkel zwischen Gott und seiner gesamten Schöpfung ab.

In Ps 66 wird das Loblied (תְּהִלָּה) und das Klagegebet (תְּפִלָּה) korreliert. Wird zuerst der gesamte Erdkreis aufgefordert, das Gotteslob hörbar

---

[123] Vgl. V6 נגד Hif, דבר und ספר Pi; V10 בשׂר Pi, לא כלא שׂפתי; V11 לא־כסה Pi, לא־כחד, אמר.

[124] Zur Verwendung des Begriffs Öffentlichkeit in diesem Zusammenhang vgl. Gerstenberger, Welche Öffentlichkeit?

[125] Vgl. Spieckermann, Heilsgegenwart, 56.58.

[126] Gott gilt es: »Dir Schweigen, Lobgesang, Gott auf dem Zion« (Ps 65,2). Die Völker sollen den Klang seines Lobs hören lassen (Ps 66,8). Vgl. Ps 145,1.21; 147,1; 149,1.

[127] Vgl. Ps 17,1; 54,4; 55,2; 61,2; 65,3; 66,19.20; 86,1.6; 88,3; 102,1.2.18; 141,2; 142,1; 143,1).

§ 14 Die Offenheit des Schicksals des Beters 175

werden zu lassen (V2.8), schließt der Psalm mit einem Lobgelübde (V13–15) und der Erzählung der Anrufung Gottes und Errettung des Ich (V16–20). Das eigentümliche Neben- und Ineinander von Klage und Lob kommt in V17 zum Ausdruck: »Zu ihm rief ich mit meinem Mund, und Erhebung war unter meiner Zunge«. קרא, ein Verb, das für das klagende Rufen zu Gott steht, wird parallelisiert mit dem Verb רום (Pol), das im Kontext des Lobpreises verwandt wird[128].

Begrifflich wird der Wechsel vom Klagen zum Danken am Wortfeld ידה Hif (danken) konkret. Die Wurzel beschreibt eine Bewegung des Beters hin zu Gott. Ein weiterer Aspekt, die gemeinschaftsbildende Dimension von ידה, erschließt sich durch die parallel gebrauchten Verben und Formulierungen: singen (זמר), preisen (הלל), erzählen (ספר Pi), verkünden (נגד Hif); außerdem in den Dankliedern erheben (רום), nicht schweigen (לא דום), segnen (ברך), jubeln (גיל), sich freuen (רנן). Weil der klagende und stöhnende Beter im Versprechen, Gott zu loben, ebenso wie im Vollzug des Dankes eine neue Sprachform erhält, ist seine Situation eine veränderte. Im Lobgelübde wird die (be)drohende Sprachlosigkeit überwunden. Der Beter stellt sich im Loben auf die Seite der Lebenden, denn die Toten loben Jhwh nicht (Ps 6,6; 30,10; 88,11–13; 115,17f). Zum einen dient das Gotteslob als Argument gegenüber Gott im Handel um die Bewahrung des Lebens[129], und zum anderen vollzieht sich darin ein fundamentaler Wandel der Lage. Die neu geschenkte Sprache gibt dem Ich die Möglichkeit, seinen Erfahrungen Ausdruck zu verleihen. Wie in den Dank- und Klageliedern des einzelnen deutlich wird, steht dabei häufig das Erzählen der erfahrenen Güte im Vordergrund, als ob im Erzählen gleichsam die Rettung nochmals erlebt wird. Das Schweigen des Menschen ist Resultat des Schweigens Gottes.[130] Das Hörbarmachen der Gerechtigkeit Gottes im Lobgesang und in der Erzählung gibt dem Beter gleichzeitig die Möglichkeit, seine persönliche Lebenserfahrung zu inszenieren: »Ich werde nicht sterben, sondern leben und die Taten Jahs erzählen« (Ps 118,17).

Über mehrere Verse hinweg (V14–19) besingt der Beter in Ps 71 die Gerechtigkeit Gottes. Der Beter hat die Größe Gottes erfahren. Seine Lebenskraft wurde erlöst, und seine Feinde sind beschämt worden

---

[128] Mit dem Verb רום »wird in der Sprache der Hymnen und Danklieder auch – und sachlich sogar primär – das Handeln des ›Erhabenen‹ (vgl. Ps 118,16; Neh 9,5), zum Ausdruck gebracht, das auf Rettung und Erhöhung des Menschen in die Sphäre der Gottespräsenz zielt (vgl. 1 Sam 2,7f.; 2 Sam 22,49 ≙ Ps 18,49; 9,14; 27,5; 37,34; 75,11) und das das mit demselben Verb bezeichnete Gotteslob gleichsam nur prolongiert (vgl. Ex 15,2 ≙ Ps 118,28; Jes 25,1; Ps 34,4; 99,5. 9; 107,32; 145,1)« (Spieckermann, Heilsgegenwart, 257f).
[129] Vgl. Hardmeier, Denn im Tod ist kein Gedenken an dich, 304f.
[130] Vgl. die negativen Bitten, daß sich Gott nicht schweigend vom Beter abwende (Ps 28,1; 109,1).

(V23f), wie er im konstativen Perfekt formuliert. Dabei sprengt der Lobpreis die Dimension der persönlichen Erfahrungswelt. Der Beter will alle Wundertaten erzählen (Ps 26,7b). Das Lob trägt kontextuelle wie universale Züge. Die Gerechtigkeit Gottes, die besungen wird, hat der Beter in konkreter Rettung erfahren. Erst im weltweiten Lob droht die Gefahr, daß sich der Erfahrungsbezug auflöst.[131]

Das lobende und bekennende Erzählen ermöglicht dem Beter, seine Lebensgeschichte in einem zweifach offenen Raum zu inszenieren: gegenüber der Welt und gegenüber Gott. Die Zuhörer werden dabei selbst zu Aktanten. Sie werden aufgefordert, in das Lob miteinzustimmen.[132] Das Sprachgeschenk wird allen zuteil.

Das Loben läßt sich nicht nur in der Bewegung vom Beter hin zu Gott begreifen. Es verändert auch das Selbst- wie Weltverhältnis des Ich, denn Loben ist ein öffentlicher Akt. Die Öffentlichkeit, die sich beim Lesen der Psalmen bildet, sprengt jede herkömmliche Dimension. Zugleich ist sie im Lob des Gottesnamens aufs Äußerste konzentriert. Das »neue Lied« weist über die Situation der Klage und des Dankes des einzelnen hinaus, da die versammelte Gemeinde miteinstimmt. Im neuen Lied klingt der eschatologische Jubel über Gottes gerechte Weltherrschaft an (Ps 149,1).

Indem der »Stimmungsumschwung« als Sprachgeschenk verstanden wird, wird eine psychologisierende Erklärung abgewehrt. Die Gewißheit der Erhörung läßt sich keineswegs als Leistung des Beters verstehen. Die Psalmen tragen der Unverfügbarkeit des Lobs auch auf sprachlicher Ebene Rechnung. Der in den Psalmen selten belegte feminine Plural תְּהִלּוֹת bezeichnet »sowohl Israels Lobgesänge (Ps 22,4) als auch die Ruhmestaten Gottes (Ps 78,4)«[133]. Unser Tun erhält Anteil an den ruhmreichen Taten Gottes. Der Mensch tritt hinter den Lobgesang zurück und verweist damit auf Ursprung, Grund und Ziel allen Jubels. Gott ist gleichermaßen Geber und Empfänger des Lobs. Auch wenn der verzweifelte Beter letztlich keine Worte mehr findet, es ist Gott, der Gesänge in der Nacht schenkt (Hi 35,10).[134]

Anstatt von einem Stimmungsumschwung zu sprechen, wurde vorgeschlagen, das Phänomen als Erkenntnisgewinn und Sprachgeschenk zu denken. Die Leerstellen in den Psalmen ermöglichen den Betern, ihren

---

[131] Auf das kritische Votum von Brueggemann, Israel's Praise, gegen eine Doxologie, die keinen Anhalt mehr in den konkreten Lebensbezügen hat und losgelöst von der Geschichte sich in Allgemeinplätzen verliert, sei hier ausdrücklich verwiesen.
[132] »Es ist, als sei das Errettungserlebnis dem Einzelnen überhaupt nur widerfahren, daß er es der Gemeinde weitergibt, als gehöre es nicht ihm, sondern der Gemeinde« (von Rad, Theologie des Alten Testaments I, 370f).
[133] Spieckermann, Hymnen, 97 und vgl. ders., Heilsgegenwart, 262.279.283. u.ö.
[134] Vgl. Spieckermann, Hymnen, 98.

§ 14 Die Offenheit des Schicksals des Beters

existentiellen Erfahrungen der Fragmentarität Ausdruck zu geben und damit offen zu sein für Gottes rettendes Eingreifen. Die notwendige Sprachhilfe dazu liefern die Psalmen. Die anthropologische Dimension ästhetischer Erfahrung zeigt sich darin, daß beim Lesen der Psalmen eine neue Sicht auf die vorfindliche Welt eröffnet wird.[135] Der Beter erkennt, daß Gott zugunsten der Angefeindeten und Bedrückten rettend eingreift. Im Akt des Lesens erscheint die Welt unter der Perspektive Gottes, so daß die ästhetische Erfahrung zur religiösen Erfahrung wird.

---

[135] Vgl. Brueggemann, Psalms and the Life of Faith, 61f.

Ausblick: Der Akt des lesenden Betens

Psalmenexegese und Psalmenlektüre wurden in den vorangegangenen Paragraphen anhand vielfältiger Einzelanalysen miteinander ins Gespräch gebracht. Unter Aufnahme von Ergebnissen und Methoden der historisch-kritischen Exegese wurde dabei die These entfaltet, daß sich Lesen als ein Akt des Betens vollzieht. Rezeptionsästhetik und Rezeptionsgeschichte haben sich in diesem Prozeß als komplementär erwiesen. Die Perspektiven, die sich durch die rezeptionsästhetische Untersuchung für die (Psalmen-) Exegese (§ 15) und eine literarische Anthropologie der Psalmen (§16) ergeben, sollen abschließend gebündelt werden.

§ 15 Rezeptionsästhetische Impulse für die (Psalmen-) Exegese

1. Impulse für die Formgeschichte der Psalmen

Die Frage nach der ›eigentlichen‹ Not versus Psalmen als paradigmatische Notbeschreibung
Der Versuch zahlreicher formgeschichtlich orientierter Monographien, eine spezifische Notsituation zu eruieren, erwies sich aufgrund des Formularcharakters der Psalmen als kaum realisierbar. Die Texte sind durch eine Fülle an Wirkungssignalen gekennzeichnet, die die Rezeption der Psalmen ermöglichen. Die Leerstellen in der Notbeschreibung lassen sich als ein Angebot an Konkretisationen beschreiben; sie lenken den Lesevorgang, indem sie die Lesenden zur Interaktion mit dem Text einladen.

Formgeschichtliche Schematisierung der Psalmen versus Annahme einer offenen Struktur des Psalmgebets
Bereits innerhalb der formgeschichtlich ausgerichteten Psalmenexegese wurde konstatiert, daß der Text eine Leerstelle läßt, wodurch der ›Stimmungsumschwung‹ motiviert wird. Als Erklärung für das vertrauensvolle Lobgelübde wurde deshalb häufig ein hypothetisches textexternes Element, das Heilsorakel, angeführt. Die Untersuchung der Textstruktu-

ren ließ deutlich werden, wie sich die Wende von der Klage hin zum Lob textimmanent vollzieht. Gegenüber der Bezeichnung mit ›Stimmungsumschwung‹, die nahelegt, daß es sich um ein psychologisches, vom Beter herbeigeführtes Geschehen handle, wurde der Begriff Leerstelle präferiert. Drei Momente für die Transformation der Situation des Beters sind dabei auslösend: ein verändertes Feindverhältnis, Gotteserkenntnis und Erlangung von Sprachfähigkeit.

Formgeschichtliche Ansätze halten vielfach bei ihrer Psalmenanalyse eine schematische Abfolge von Dank auf Klage und Bitte für unumkehrbar. Plausibler erscheint es, den Wechsel von Klage auf Dank et vice versa als Spiegelbild der conditio humana coram Deo anzusehen, denn das Psalmgebet bleibt ein unabgeschlossener Prozeß: Einige Psalmen enden in Bitten. So findet die anthropologische Dimension des Psalmgebets auch auf der strukturellen Ebene des Textes ihren Ausdruck. Die Leerstellen tragen zugleich auf literarischer Ebene der Unverfügbarkeit Gottes Rechnung.

Psalmen als kommunikatives Sprachgeschehen
Der Akt des Lesens vollzieht sich als ein kommunikatives Sprachgeschehen. Das Lesen der Psalmen verweist darin auf den Ursprung menschlichen Lesens: das laute Lesen.[1] Im Hebräischen bildet sich dies auf lexikalischer Ebene ab: So wird nicht zwischen sprechen, reden und lesen unterschieden. קרא steht zuerst einmal für das laute Sprechen. Auch wenn die Interaktion zwischen dem einzelnen Leser und dem Text nachgezeichnet und damit primär das leise Lesen beschrieben wurde, ist deutlich geworden, daß die Sprachstruktur der Texte einen öffentlichen Raum voraussetzt. Dabei wurden Erkenntnisse für die kultische bzw. gemeinschaftliche Rezeption der Psalmen gewonnen. Der Psalmbeter verharrt nicht in selbstbezogenem Monolog, vielmehr richtet er seine Rede an Dritte: Gerechte wie Feinde. Diese Beobachtung schloß an die bereits durch die sozialgeschichtliche Exegese modifizierte gattungsgeschichtliche Bestimmung des Sitzes im Leben an. Im Lob realisiert sich die gemeinschaftsbildende und öffentlichkeitskonstituierende Dimension der Psalmen.

Die Pluralität der Rezeptionsmöglichkeiten
Konzentrierte sich die formgeschichtliche Exegese auf die Rekonstruktion des ersten Sitzes im Leben, analysiert eine Wirkungsästhetik der Psalmen daran anknüpfend die Wirkungssignale, die eine anhaltende Rezeption der Psalmen ermöglichen. Sie formuliert auf heuristischer

---

[1] Vgl. Manguel, A History of Reading, 42–46, der das leise Lesen als eine junge Erscheinung in der Geschichte des Lesens nachzeichnet.

Ebene, daß der Text erst in seiner Konkretisation lebendig wird. Eine Rezeptionsästhetik ist an der geschichtlichen Rezeptionsvielfalt interessiert. Sie veranschaulicht das Ineinander von impliziten und empirischen Lesern. Beide machen deutlich, daß ein Psalm keinen eindeutigen Sitz im Leben hat, vielmehr enthält er die Möglichkeit einer Pluralität an Rezeptionsmöglichkeiten.

2. Literaturgeschichte der Psalmen als Literaturgeschichte des Lesers

Gattungsgeschichte als rezeptionsästhetischer Prozeß
Die negativ formulierten Bitten wie »verlaß mich nicht« sind Resultat eines ästhetischen Transformationsprozesses der positiven Bitten wie »wende dich zu mir«. Die Fragen des Beters (»warum hast du mich verlassen?«) und die negativen Bitten (»verlass mich nicht«) tragen anklagenden Charakter. Der Wandel innerhalb der Gattungselemente ist Reflex auf die widersprüchlichen Erfahrungen des Beters. So spiegelt sich im Textrepertoire die historische Situation, auf die der Text reagierte. Doch auch in der Negation des Repertoires ist dieses präsent, denn ästhetische Erfahrung ist immer zugleich historisch vermittelt. Angesichts der Gottesferne bittet der Beter antithetisch »verlaß mich nicht« und läßt damit in der Bitte das Erbetene aufscheinen. Gattungsgeschichte kann als eine rezeptionsästhetische Vermittlung der Gattungselemente begriffen werden, so daß eine Literaturgeschichte der Psalmen als Literaturgeschichte der ersten Leser geschrieben werden kann. Form- und gattungsgeschichtliche Fragen wurden nicht im Sinne einer Produktionsästhetik gelöst, vielmehr wurde im Anschluß an die Psalmenstudien Claus Westermanns die Formgeschichte in ihrer anthropologischen Dimension untersucht.

Von der Redaktionskritik zur Rezeptionsästhetik[2]
Sekundäre Einfügungen, wie das לְדָוִד bzw. die narrativen Überschriften insgesamt, lassen sich als erste rezeptionsgeschichtliche Vorgänge verstehen. Die redaktionellen Zusätze und Verknüpfungen, die etwa durch die Zuschreibung von Ps 18 zu David ausgelöst wurden, veranschaulichen den Zusammenhang zwischen Rezeptionsgeschichte und Rezeptionsästhetik.
Eine redaktionsgeschichtliche Sichtweise unterscheidet sich, wie der Name deutlich macht, von der Rezeptionsästhetik vor allem in dem unterschiedlichen Blickwinkel auf die Texte: hier ein historischer, der den Redaktor ins Zentrum stellt; dort ein ästhetischer, der die hörenden wie lesenden Rezipienten im Blick hat. Eine Rezeptionsästhetik der Psal-

---

[2] Vgl. Utzschneider, Theorie der Exegese, 235f.

men bleibt nicht beim Aufweis redaktioneller Vorgänge stehen, vielmehr zeigt sie auf, wie diese den Rezeptionsprozeß erweitern und verändern.

Die Leser und ihre Interpretationsgemeinschaft oder zum Prozeß der Kanonbildung
Der in den Psalmenüberschriften implizite Leser David stellte bereits für die ersten Leser und Leserinnen eine Leserfiktion dar. Er ist allerdings keine Leseanweisung, der der empirische Leser vollständig zu entsprechen hat, sondern ein offenes Identifikationsangebot. Seinen Niederschlag fand diese rezeptionsästhetisch motivierte Aneignung der hebräischen protomasoretischen Psalmen in der Septuaginta und in Qumran. Die früheste Rezeptionsgeschichte wurde als rezeptionsästhetischer Prozeß beschrieben. Geschichtliche und ästhetische Erfahrung sind ergänzende Textzugänge, die ineinander verwoben sind.
Der Dichter David ist zugleich auch der Sänger und Leser der Psalmen. In dieser Doppelfunktion Davids, Dichter und Beter zu sein, bildet sich der Prozeß der Stabilisierung der Psalmen ab. Indem im Akt des Lesens durch die jeweilige Interpretationsgemeinschaft eine Verknüpfung mit David geschah, entstanden verbindliche Psalmensammlungen. Entsprechend ist die kontrovers diskutierte Frage nach der Kanonizität einzelner Psalmensammlungen in Qumran von hier her neu anzugehen. Der Prozeß der Kanonwerdung läßt sich als Rezeptionsprozeß im Lichte der Figur Davids verstehen. Kanonisierungsprozesse sind Leseprozesse einer Interpretationsgemeinschaft.
Eine Rezeptionsästhetik der Psalmen ermöglicht daher den zweifachen Ausgang der Schrift zu reflektieren. Auch die christliche Interpretationsgemeinschaft knüpfte an die hervorgehobene Rolle Davids im Rezeptionsprozeß an. Die Figur Davids wurde messianisch auf Christus hin gelesen. Eine Biblische Theologie läßt sich als rezeptionsästhetisch vermittelte Theorie des Lesens beschreiben.

Rezeptionsästhetik als kanonische Lektüre
Der Blick auf den Psalter als Buch war in der jüngsten Vergangenheit häufig von einer redaktionsgeschichtlichen Herangehensweise geprägt. Diese aufnehmend nimmt eine rezeptionsästhetische Analyse der Endgestalt des Textes den Psalter zugleich als ein ästhetisches Gewebe wahr, das im Leseprozeß je neue Verknüpfungsmöglichkeiten eröffnet. Die Zuschreibung einzelner Psalmen(gruppen) zu David motivierte den Sammlungs- und Autorisationsprozeß der Psalmen. Die mit David eingeführte Leserfiktion wurde für die ersten Leser zur Autoritätsangabe, wie die Textgestalten der masoretischen, griechischen und qumranischen Psalmensammlungen auf je unterschiedliche Weise akzentuieren.

Nicht nur innerhalb der jeweiligen Psalmensammlung wurde David zum Ordnungsprinzip. Die Überschriften entfalten darüber hinaus ein Gewebe an innertestamentlichen Bezügen, vor allem zwischen den Psalmen und den Samuelbüchern. Die midraschartigen Psalmenüberschriften können darin eine Anleitung für eine kanonische Lektüre geben. So verweisen die narrativen Überschriften explizit darauf, daß sich die einzelnen Kanonteile gegenseitig auslegen bzw. jeder Text in einem Zusammenhang mit anderen Texten steht. Die rezeptionsästhetische Analyse erlaubt nicht nur vom Autor intendierte Verknüpfungen zu erheben, vielmehr werden durch sie auch die Wirkungssignale, die die Texte für die nachfolgenden Leserinnen und Leser bereithalten, dechiffriert.

Die Polysemie der Texte erweist sich dabei als innerbiblisch begründet. Einzelne Psalmen, wie z.B. Ps 34, lassen sich aufgrund der offenen Struktur der Überschrift mit mehreren biblischen Texten in Verbindung bringen, und umgekehrt werden David in einer bestimmten Situation mehrere Psalmen in den Mund gelegt. Daß ein Text in immer neuen Kontexten Sinn entfaltet – in der gegenwärtigen Forschung wird dies mit dem Begriff der Intertextualität bezeichnet – läßt sich als Phänomen innertestamentlicher Hermeneutik beschreiben. Eine rezeptionsästhetisch ausgerichtete Exegese, die aufzeigt, wie biblische Texte beim Lesen kontextualisiert werden bzw. wie die eigene Geschichte der Lesenden einen neuen Kontext erhält, hat ihren innertestamentlichen Vorläufer in der midraschartigen Exegese der Psalmenüberschriften. Die Verweise innerhalb des Kanons sind aufgrund der Leerstellen beim Lesevorgang neu nachzuzeichnen. Eine Rezeptionsästhetik der Psalmen ermöglicht es, geschichtliche Entstehungsprozesse einzubeziehen, ohne dabei den Blick für die vorliegende Endgestalt des Textes zu verlieren.

Die Partialität der Rezeptionsästhetik
Auch wenn die vorliegende Studie stärker an den Wirkungssignalen als an der Entstehungssituation des Textes interessiert ist, ebnet sie keineswegs die zeitliche Differenz zwischen Text und Lesenden ein. Der informierte Leser ist bestrebt, den Erwartungshorizont, vor dem ein Werk entstand, zu rekonstruieren. Die Analysen der Strukturen des impliziten Lesers verstehen sich als heuristisches Grundgerüst für die geschichtliche Rezeptionsvielfalt, denn dem Psalm ist kein zeitloser Sinn inhärent.

§ 16 Perspektiven einer literarischen Anthropologie der Psalmen

1. Lesen und Beten als Akt der Grenzüberschreitung oder zur Fiktionalität biblischer Texte

»Was ist der Mensch, daß Du seiner gedenkst?« mit dieser Frage des Beters aus Ps 8,5 läßt sich die Richtung einer Anthropologie der Psalmen angeben, denn menschliches Sein ist verwiesen auf Gottes ›Gegenübersein‹. Eine Anthropologie der Psalmen gründet in der Transzendierung seiner Situation im Gotteslob.[3] Die Frage des Psalmbeters nach seinem Sein, impliziert die Frage nach seinem Gottesverhältnis.[4] Anthropologie und Theologie gehören bei einer rezeptionsästhetischen Lektüre der Psalmen zusammen. Ausgangspunkt einer literarischen Anthropologie sind die grundlegenden menschlichen Vollzüge des Lesens, Sprechens und Fingierens.[5] Fingieren wurde mit Iser als Überschreiten von Welt bestimmt, ein Konstitutivum des menschlichen Lebens sowie von Literatur. Dem Streben des Menschen nach Überschreitung des Vorfindlichen entspricht die offene Struktur der Psalmtexte. Dies schließt auch die Offenheit für Transzendenz, bzw. wie die Texte es formulieren, für Gottes rettendes Eingreifen ein.

Fiktionen strukturieren Wirklichkeit, entsprechend sind sie nicht in Opposition zur Wirklichkeit gedacht[6]. Sie fassen Erfahrungen in Worte und machen sie nacherzählbar. Die Psalmen nehmen diese Funktion wahr. Sie ermöglichen einen veränderten Weltzugang und ein neues Gottesverhältnis. Sie bilden nicht Welt ab, vielmehr eröffnen sie vielfältige neue Bezüge auf diese. Lesen als Akt des Betens nimmt die Erfahrungswirklichkeit des Beters auf und überschreitet diese zugleich.

2. Die paradigmatische Struktur des impliziten Beters

Der paradigmatische Charakter der Überschriften wird vor allem an den Überschriften zu Ps 102,1 MT (101,1 LXX) und Ps 69,1 LXX deutlich. David, dessen biographische Erfahrung der Bedrängnis ansonsten in den Psalmenüberschriften dem Leser zur Identifikation angeboten wird, ist in Ps 102,1 hinter die paradigmatische Rede von dem Armen zurückgetre-

---

[3] Vgl. Spieckermann, Heilsgegenwart, 235.
[4] Vgl. Seebass, Über den Beitrag, 43: »Die im Alten Testament überlieferten Texte wollen Menschen überhaupt nicht anders erkennen als vor dem ›Angesicht‹ ihres Gottes«. Seebass führt umgekehrt die Frage Gottes nach dem Menschen in Genesis »Adam wo bist du?« als Ausgangspunkt einer theologischen Anthropologie an (45f).
[5] Vgl. Iser, Das Fiktive, 14.
[6] Vgl. Oeming, Bedeutung und Funktionen, 263: »Das Fiktive kann insofern kontrafiktiven und nicht kontrafaktischen Charakter haben«.

ten. Zugleich gibt die Psalmüberschrift wie keine andere eine konkrete Leseanweisung, vergleichbar einer Gebrauchsanleitung zum Psalmenlesen, die den Psalm für Leser und in verstärktem Maße auch für Leserinnen zur autobiographischen Rezeption öffnet. Sie kennzeichnet den Psalm als ein Klagegebet (תְּפִלָּה).

Des weiteren ermöglicht der Perspektivwechsel von der Ich-Rede zur Er-Rede et vice versa innerhalb einzelner Psalmen explizit deren Aneignung. Die Ich-Aussagen erhalten dadurch paradigmatischen Charakter und öffnen neben den allgemeingültigen Aussagen in der 3. Person (Er-Rede) den Psalm für die Identifikation. Die Lesenden bzw. die umstehenden Gerechten werden aufgefordert, am Schicksal des notleidenden Ich zu partizipieren, und gleichzeitig hat das Ich des Psalms Anteil am Los der Gerechten. Das Schicksal des Beters hat exemplarischen Charakter: Wenn er zugrunde geht, werden die Frommen ihr Vertrauen auf Jhwh verlieren.

3. Das Feindverständnis

Leerstellen in der Feindbeschreibung, wie der Numeruswechsel oder die Verwendung von Tiervergleichen, machen eine eindeutige Bestimmung der Identität der Feinde schwierig, auch wenn sie die Konkretheit der Feindbedrohungen betonen. In den situativen Überschriften wird manifest, daß das Reden und Handeln der Feinde Anhalt in den Erfahrungen des Beters hat. Die Feinde werden dort beim Namen genannt. Wie David auf der Flucht vor seinen Feinden den Psalm sprach, so kann das Ich in Situationen der Verfolgung sich die Feindklage aneignen.
Der Akt des Lesens zeichnet einen Prozeß nach, der auch das Verhältnis des Beters zu seinen Feinden verändert. Die direkte Anrede der Feinde gibt dem Ausdruck. Das Ich ist nicht länger einer numinosen feindlichen Übermacht ausgeliefert, vielmehr kann es offensiv seine Feinde ansprechen. Die Klage wendet sich in Anklage.
Im Zitat der Feinde wird nochmals die Macht der Verletzung präsent. Indem der Beter den Worten und Taten der Frevler eine breite Öffentlichkeit verschafft, holt er sie einerseits aus dem Verborgenen heraus und andererseits stärkt er paradoxerweise deren Position. Und dies, obgleich er ihrem Treiben gerade ein Ende bereiten will. Das Feindzitat erwies sich dabei als Strategie, Gott endlich zum Eingreifen zu bewegen. Die Feindzitate wurden als Akt des Fingierens bezeichnet.
Der vermeintliche Held wird in der Feindklage lächerlich gemacht, so daß dem Beter die Identifikation verwehrt wird. Die Einsicht in den Tun-Ergehen-Zusammenhang markiert den Wendepunkt. Gott ist der Garant dafür, daß die Tat zum Täter zurückkehrt. Entsprechend geht die Erkenntnis über das Schicksal der Feinde einher mit Gotteserkenntnis.

Der Beter vermag diejenigen, die physische und sprachliche Macht über ihn ausüben, im Psalm direkt anzusprechen. Darin bildet sich die kathartisch-ironische Dimension des Psalmgebets ab. Im Lachen über die Feinde wird den Feindbildern ihre zerstörerische und übermächtige Wirksamkeit genommen. Stellvertretend für das Ich, das häufig noch von den Anfeindungen gelähmt ist, stimmt Gott bzw. die umstehende Gruppe in das Lachen ein.

4. Lesendes Beten zwischen Fragmentarität und Narrativität

Im Prozeß des Lesens affizieren die Psalmtexte den Leser und die Leserin. So wird durch die Leserfiktion, die mit David in den narrativen Überschriften eingeführt wird, dem Leser eine Identifikationsfigur angeboten. Die eigenen Erfahrungen erhalten angesichts der Rettungserfahrungen des bedrängten Davids eine veränderte Ausrichtung. Auf dem Hintergrund der Geschichte Davids in den Samuelbüchern bekommen die Gottesmetaphern wie »Fels« in Ps 18 einen lebensweltlichen Bezug. Sie werden zur narrativ-kontextuellen Gottesanrede.

Eine literarische Anthropologie der Psalmen, wie sie in den vorhergehenden Paragraphen skizziert wurde, erklärt die offene Bittstruktur einzelner Psalmen mit anthropologischen Kategorien. Die Leerstelle, die dadurch entsteht, daß am Ende eines Psalms die Bitte auf Erhörung bzw. Errettung steht, ist Spiegelbild menschlicher Fragmentarität. Menschliche Existenz wird in den Psalmen als eine fragmentarische beschrieben, die auf Zukunft und damit auch auf Gottes rettendes Handeln hin offen ist.[7] In den negativen Bitten, daß Gott den Beter nicht verlassen möge oder daß er ihm nicht länger fern sein soll, ist das Erbetene zugleich anwesend. Obgleich die Anwesenheit Gottes negiert wird, gibt die Struktur der Bitte der Nähe Gottes Ausdruck.

Eine Leerstelle läßt in zahlreichen Psalmen die Frage nach der Schuld bzw. Unschuld offen. Die Feinde sind gleichermaßen Ursache und Folge der bedrängten Lage des Beters. Auch wenn der Beter seine Unschuld beteuert, ist er angewiesen auf die rettende Gerechtigkeit Gottes (Ps 35; 38), die er deshalb lobend verkündet (Ps 7). Die Gerechtigkeit Gottes affiziert den Beter, so daß er formulieren kann: »Von deinem Angesicht geht mein Recht aus, deine Augen schauen Aufrichtigkeit« (Ps 17,2).

Dem angesichts seiner Not bzw. angesichts der Gottesferne Sprachlosen verleihen die Psalmen Sprachfähigkeit. Der Beter kann im Lesen der Psalmen seine Geschichte (neu) erzählen. In der Narratio der Rettungserfahrung wird seine Identität gestaltet. Die Bewegung von der verzwei-

---

[7] Vgl. Drehsen, Tod-Trauer-Trost, 219: »Trost ist [...] die Ermutigung und Vergewisserung des Vertrauens in die Unabgeschlossenheit jedes menschlichen Lebens, das seinen Grund außerhalb seiner selbst hat.«

§ 16 Perspektiven einer literarischen Anthropologie der Psalmen 187

felten Klage hin zur Erhörungsgewißheit ist darin begründet, daß dem Beter ein neues Lied in den Mund gelegt wird (Ps 40,4). Das Lob bzw. der Dank wurde als Sprachgeschenk bezeichnet, um so die Unverfügbarkeit menschlicher Identitätsbildungsprozesse festzuhalten.
Die anthropologische Dimension des Psalmenlesens bildet sich darin ab, daß wir gerade, indem wir die Wirkungssignale des Textes verstehen, uns selbst verstehen. Eine literarische Anthropologie der Psalmen zeichnet diesen Prozeß des betenden Lesens nach. Menschliche Identität ist eine geschenkte. Denn dadurch, daß Gott den Betenden sein Angesicht zuwendet, erstrahlt ihr Gesicht in einem neuen Licht (Ps 34,6). Eine literarische Anthropologie der Psalmen erkennt, daß menschliche Existenz sich in der Offenheit auf Gott hin und von Gott her vollzieht. Die Rede von Gott (Theologie) ist in den Psalmen zuallererst Rede zu Gott.[8]
Die Struktur der Psalmen selbst leitet zur ästhetischen Erfahrung an und damit zum betenden Lesen. Aisthesis steht im Zentrum der Aneignung, denn im Lesen wird den Lesenden ein veränderter Blick auf die Welt eröffnet. Die Wahrnehmung, zu der die Psalmen befähigen, unterbricht und transformiert unseren Alltag. Das betende Lesen der Psalmen wird zur sinnlichen Erkenntnis. Eine Leseanthropologie der Psalmen ist leibhaftige Rede vom Menschen. Sie gründet in der Ästhetik Gottes, denn »in Gerechtigkeit schaue ich dein Angesicht, ich werde gesättigt beim Aufwachen an deiner Gestalt« (Ps 17,15).

---

[8] Ebeling spricht davon, daß das »Phänomen des Gebets ... zum hermeneutischen Schlüssel der Gotteslehre« wird (Dogmatik des christlichen Glaubens Bd.I, 193). Anthropologie und Gotteslehre sind eng aufeinander bezogen, so daß für ihn eine Hermeneutik des Gebets an der Anthropologie ansetzen muß, denn die Grundsituation des Menschen ist seine »coram-Relation« (346).

Literaturverzeichnis

Albertz, Rainer, Persönliche Frömmigkeit und offizielle Religion. Religionsinterner Pluralismus in Israel und Babylon (CthM 9), Stuttgart 1978.
Aejmelaeus, Anneli, The Traditional Prayer in the Psalms (BZAW 167), Berlin / New York 1986.
Auffret, Pierre, »Les oreilles, tu me (les) as ouvertes«. Etude structurelle du Ps 40 (et du Ps 70), in: NRT 109 (1987) 220–245.

Baethgen, Friedrich, Die Psalmen (HAT II / Bd. 1 u. 2), Göttingen 1892.
Bail, Ulrike, Gegen das Schweigen klagen. Eine intertextuelle Studie zu den Klagepsalmen Ps 6 und Ps 55 und der Erzählung der Vergewaltigung Tamars, Gütersloh 1998.
Baldermann, Ingo, Wer hört mein Weinen. Kinder entdecken sich selbst in den Psalmen (WdL 4), Neukirchen-Vluyn 1986.
–, Einführung in die Biblische Didaktik, Darmstadt 1996.
Ballhorn, Egbert, »Um deines Knechtes David willen« (Ps 132,10). Die Gestalt Davids im Psalter, in: BN 76 (1995) 16–31.
Barbiero, Gianni, Das erste Psalmenbuch als Einheit. Eine synchrone Analyse von Psalm 1–41 (ÖBS 16), Frankfurt am Main / Berlin u.a. 1999.
Begrich, Joachim, Das priesterliche Heilsorakel, in: ZAW 52 (1934) 217–231.
Berry, Donald K., The Psalms and their Readers. Interpretive Strategies for Psalm 18 (JSOT 153), Sheffield 1993.
Beyerlin, Walter, Die Rettung der Bedrängten in den Feindpsalmen der Einzelnen auf institutionelle Zusammenhänge untersucht (FRLANT 99), Göttingen 1970.
–, Der 52. Psalm. Studien zu seiner Einordnung (BWANT 11), Stuttgart/Berlin/Köln 1980.
Biehl, Peter, Symbole geben zu lernen. Einführung in die Symboldidaktik anhand der Symbole Hand, Haus und Weg (WdL 6), Neukirchen-Vluyn ²1991.
Bird, Phyllis, The Place of Women in the Israelite Cultus, in: Miller Jr., Patrick D. et al. (eds.), Ancient Israelite Religion. Essays in Honour of Frank Moore Cross, Philadelphia 1987, 397–419.
Bons, Eberhard, Psalm 31 – Rettung als Paradigma. Eine synchron-leserorientierte Analyse (Frankfurter Theologische Studien 48), Frankfurt am Main 1994.
Booth, Wayne C., The Rhetoric of Fiction, Chicago/London ¹1963.
Boyarin, Daniel, Intertextuality and Reading of Midrash, Bloomington/Indianapolis 1990.
Braude, William G., The Midrash on Psalms (The First of Two Volumes), Translated from the Hebrew and Aramaic, New Haven 1959.

Brenner, Athalya / van Dijk-Hemmes, Fokklien, On Gendering Texts. Female & Male Voices in the Hebrew Bible, Leiden 1993.
Brettler, Marc Zvi, Women and Psalms: Toward an Understanding of the Role of Women's Prayer in Israelite Cult, in: Gender and Law in the Hebrew Bible and the Ancient Near East, hg. von Victor H. Matthews u.a. (JSOT.S 262), Sheffield 1998, 25–56.
Briggs, Charles Augustus and Emilie Grace, The Book of Psalms. Vol II (ICC 14), Edinburgh 1907.
Brueggemann, Walter, Psalms and the Life of Faith. A Suggested Typology of Function, in: JSOT 17 (1980) 3–32.
–, Israel's Praise. Doxology against Idolatry and Ideology, Philadelphia 1988.
–, Psalms 9–10: A Counter to Conventional Social Reality, in: David Jobling / Peggy L. Day / Gerald T. Sheppard (Hg.), The Bible and the Politics of Exegesis (FS Norman K. Gottwald), Cleveland/Ohio 1991, 3–15.
Bubner, Rüdiger, Warum brauchen wir eine Theorie ästhetischer Erfahrung?, in: Merkur 37 (1983) 817–823.
Butler, Judith, Hass spricht. Zur Politik des Performativen, Berlin 1998 (engl. Excitible Speech. A Politics of Performative 1997).

Carr, David M., Canonization in the Context of Community: An Outline of the Formation of the Tanakh and the Christian Bible, in: Richard D. Weis / ders., (Hg.), A Gift of God in Due Season. Essays on Scripture and Community in Honor of James A. Sanders, Sheffield 1995, 22–64.
–, Gender and the Shaping of Desire in the Song of Songs and its Interpretation, in: JBL 119/2 (2000) 233–248.
Cazelles, Henri, La question du »lamed auctoris«, in: RB 56 (1949) 93–101.
Charlesworth, James H., The Dead Sea Scrolls. Hebrew, Aramaic, and Greek Texts with English Translations, Vol.4A Pseudepigraphic and Non-Masoretic Psalms and Prayers, Tübingen/Louisville 1997.
Childs, Brevard S., Psalm Titles and Midrashic Exegesis, in: JSS 16 (1971) 137–150.
Clines, David J.A., What Does Eve Do to Help? and Other Readerly Questions to the Old Testament (JSOT.S 94), Sheffield 1990.
–, Interested Parties. The Ideology of Writers and Readers of the Hebrew Bible (JSOT.S 205), Sheffield 1995.
Coetzee, Johannes H., Putting Words into the Enemy's Mouth. An Investigation into a Rhetorical Persuasion Strategy in the Psalms, unpublished short paper, I.O.S.T., Oslo 6. August 1998.
Craigie, Peter C., The Psalms 1–50 (WBC 19), Waco 1983.
Croatto, J. Severino, Die Bibel gehört den Armen. Perspektiven einer befreiungstheologischen Hermeneutik (ÖEh 5), München 1989.
Cross, Frank Moore (Jr.) / Freedmann, David Noel, A Royal Song of Thanksgiving: II Sam 22 = Psalm 18, in: JBL 72 (1953) 15–34.
Crüsemann, Frank, Studien zur Formgeschichte von Hymnus und Danklied in Israel (WMANT 32), Neukirchen-Vluyn 1969.
–, Im Netz. Zur Frage nach der »eigentlichen Not« in den Klagen des Einzelnen, in: Schöpfung und Befreiung (FS Claus Westermann) hg. von Rainer Albertz / Friedemann Golka / Jürgen Kegler, Stuttgart 1989, 139–148.

Dahood, Mitchell, Psalms I (AB), Garden City / New York 1966.

Literaturverzeichnis 191

De Wette, Leberecht M.W., Commentar über die Psalmen, Heidelberg ⁵1856.
Delcor, Matthias, Zum Psalter von Qumran, in: BZ 10 (1966) 15–28.
Delekat, Lienhard, Probleme der Psalmenüberschriften, in: ZAW 76 (1964) 280–297.
–, Asylie und Schutzorakel am Zionheiligtum. Eine Untersuchung zu den privaten Feindpsalmen, Leiden 1967.
Delitzsch, Franz, Die Psalmen. Erste Hälfte. Psalm I–LXXII (BC), Leipzig ³1873.
Dhanaraj, Dharmakkan, The Theological Significance of the Motif of Enemies in selected Psalms of Individual Lament (OBC 4), Glückstadt 1992.
Dijk-Hemmes, Fokklien van, Traces of Women's Texts in the Hebrew Bible, in: Brenner / dies., On Gendering Texts, 17–109.
Dohmen, Christoph, Rezeptionsforschung und Glaubensgeschichte. Anstöße für eine Annäherung von Exegese und Systematischer Theologie, in: TThZ 96 (1987) 123–134.
Drehsen, Volker, Tod-Trauer-Trost. Christlich-religiöse Kultur des memento mori zwischen Verdrängung und Vergewisserung, in: ders., Wie religionsfähig ist die Volkskirche? Sozialisationstheoretische Erkundungen neuzeitlicher Christentumspraxis, Gütersloh 1994, 199–219.
Duhm, Bernhard, Die Psalmen (KHAT XIV), Tübingen ²1922.
Dupont-Sommer, André, Le Psaume CLI dans 11 Q Ps^a et le Problème de son origine essénienne, in: Sem XIV (1964) 25–62.

Ebeling, Gerhard, Dogmatik des christlichen Glaubens, Bd. I, Tübingen 1979.
Eco, Umberto, Das offene Kunstwerk, Frankfurt, ⁵1990 (1.Aufl. 1973; ital. Opera aperta 1962).
–, Die Grenzen der Interpretation, München 1995.
Eissfeldt, Otto, Die Psalmen als Geschichtsquelle, in: Near East Studies in Honor of W.F. Albright, hg. von Hans Goedicke, Baltimore 1971, 97–112.
Elliger, Karl / Rudolph, Wilhelm, Biblia Hebraica Stuttgartensia, Stuttgart 4. veränd. Aufl. 1990.
Emmendörffer, Michael, Der ferne Gott. Eine Untersuchung der alttestamentlichen Volksklagelieder vor dem Hintergrund der mesopotamischen Literatur (FAT 21), Tübingen 1998.
Erbele, Dorothea, Der Psalm im württembergischen Gottesdienst – eine Ermunterung zur Klage? in: a & b. Für Arbeit und Besinnung 12/1996, 452–456.
–, Rez.: Thomas Nißmüller, Rezeptionsästhetik und Bibellese, in: (KuKi 2) 1997, 115.
Evans, Craig A., David in the Dead Sea Scrolls, in: The Scrolls and the Scriptures. Qumran Fifty Years After, hg. von Stanley E. Porter / ders. (JSPE.S 26) Sheffield 1997, 183–197.
–, / Flint, Peter (Hg.), The Dead Sea Psalms Scrolls and the Book of Psalms, Leiden / New York / Köln 1997.

Fabry, Heinz-Josef, 11Q Ps^a und die Kanonizität des Psalters, in: Freude an der Weisung des Herrn. Beiträge zur Theologie der Psalmen. FS Heinz Groß, hg. von Ernst Haag / Frank-Lothar Hossfeld (SBB 13), Stuttgart 1986, 45–67.
–, Der Psalter in Qumran, in: Erich Zenger (Hg.), Der Psalter in Judentum und Christentum (HBS 18), Freiburg / Basel / Wien 1998, 137–163.
Falk, Daniel K., Daily, Sabbath, and Festival Prayers in the Dead Sea Scrolls (Studies on the Texts of the Desert of Judah XXVII) Leiden/Boston/Köln 1998.

Fish, Stanley, Literature in the Reader: Affective Stylistics, in: New Literary History 1 (1970) 123–162 (dt. in Auszügen: Literatur im Leser. Affektive Stilistik, in: Warning [Hg.], Rezeptionsästhetik, 196–227).
–, Literature in the Reader, in: ders., Is There a Text in the Class. The Authority of Interpretive Communities, Cambridge/Massachusetts u.a. 1980, 21–67.
–, Interpreting the *Variorum*, in: ders., Is There a Text in the Class. The Authority of Interpretive Communities, Cambridge/Massachusetts u.a. 1980, 147–173.
–, Interpreting »*Interpreting the Variorum*«, in: ders., Is There a Text in the Class. The Authority of Interpretive Communities, Cambridge/Massachusetts u.a. 1980, 174–181.
–, Why no one's afraid of Wolfgang Iser, in: diacritics 11 (1981) 2–13.
Fishbane, Michael, Biblical Interpretation in Ancient Israel, Oxford 1986.
Flint, Peter W., The Dead Sea Psalms Scrolls and the Book of Psalms, Leiden / New York / Köln 1997.
Fowler, Robert, Who Is »The Reader« in Reader Response Criticism?, in: Semeia 31 (1985) 5–23.
–, Let the Reader Understand. Reader-Response Criticism and The Gospel of Mark, Minneapolis 1991.
Fox, Michael V., The Identification of Quotations in Biblical Literature, in: ZAW 92 (1980) 417–431.
Fuchs, Ottmar, Die Klage als Gebet. Eine theologische Besinnung am Beispiel des Psalms 22, München 1982.
–, Die Herausforderungen Israels an die spirituelle und soziale Praxis der Christen, in: JBTh 6 (1991) 89–113.
Füglister, Notker, Die Verwendung und das Verständnis der Psalmen und des Psalters um die Zeitenwende, in: Beiträge zur Psalmenforschung. Psalm 2 und 22 (FzB 60), hg. von Josef Schreiner, Würzburg 1988, 319–384.

Gehring, Hans-Ulrich, Schriftprinzip und Rezeptionsästhetik. Rezeption in Martin Luthers Predigt und bei Hans Robert Jauß, Neukirchen-Vluyn 1999.
Gerstenberger, Erhard S., Der bittende Mensch. Bittritual und Klagelied des Einzelnen im Alten Testament (WMANT 51) Neukirchen-Vluyn 1980.
–, The Psalms. Part I with an Introduction to Cultic Poetry (FOT XIV/1) Grand Rapids / Michigan ²1991.
–, Weibliche Spiritualität in Psalmen und Hauskult, in: Ein Gott allein? JHWH-Verehrung und biblischer Monotheismus im Kontext der israelitischen und altorientalischen Religionsgeschichte, hg. von Walter Dietrich / Martin A. Klopfenstein (OBO 139), Freiburg (Schweiz) / Göttingen 1994, 349–363.
–, Welche Öffentlichkeit meinen das Klage- und das Danklied?, in: JBTh 11 (1996) 69–89.
Gesenius, Wilhelm / Kautzsch, Ernst, Hebräische Grammatik, Leipzig ²⁷1902.
Gordis, Robert, Quotations as a Literary Usage in Biblical, Oriental and Rabbinic Literature, in: HUC 22 (1949) 157–219.
Gotein, S.D., Woman as Creators of Biblical Genres, in: Prooftexts 8 (1988) 1–33.
Goulder, Michael D., The Prayers of David (Psalms 51–72). Studies in the Psalms II (JSOT.S 102), Sheffield 1990.
Grimm, Gunter, Einführung in die Rezeptionsforschung, in: ders., Literatur und Leser. Theorien und Modelle zur Rezeption literarischer Werke, Stuttgart 1975, 11–84.

Grözinger, Albrecht, Praktische Theologie und Ästhetik. Ein Beitrag zur Grundlegung der Praktischen Theologie, München 1987.
Gunkel, Hermann, Die Psalmen (HAT II 2), Göttingen ⁴1926.
–, Einleitung in die Psalmen. Die Gattungen der religiösen Lyrik Israels, Göttingen ⁴1985.

Hahn, Ferdinand, Probleme historischer Kritik, in: ZNW 63 (1972) 1–17.
Haran, Menahem, The Two Text-Forms of Psalm 151, in: JJS 39 (1986) 171–182.
Hardmeier, Christof, »Denn im Tod ist kein Gedenken an dich...« (Psalm 6,6). Der Tod des Menschen-Gottes Tod?, in EvTh 48 (1988) 292–311.
–, Systematische Elemente der Theo-logie in der Hebräischen Bibel. Das Loben Gottes – ein Kristallisationsmoment biblischer Theologie, in: JBTh 10 (1995) 111–127.
Hatch, Edwin / Redpath, Henry A. (Hg.), A Concordance to the Septuaginta. Vol I., Nachdruck Graz 1954 (Oxford 1897).
Hauge, Martin Ravndal, Between Sheol and Temple. Motif Structure and Function in the I-Psalms (JSOT.S 178), Sheffield 1995.
Hertzberg, Hans Wilhelm, Die Samuelbücher (ATD 10), Göttingen ²1960.
Hitzig, Friedrich, Die Psalmen (Bd. I), Leipzig/Heidelberg 1863.
Holland, Norman, The Dynamics of Literary Response, New York 1968.
Hossfeld, Frank-Lothar, Der Wandel des Beters in Ps 18, in: FS Heinz Groß, hg. von Ernst Haag / ders. (SBB 13), Stuttgart 1986, 171–190.
–, / Zenger, Erich, Die Psalmen I. Psalm 1–50 (NEB 29), Würzburg 1993.
Huizing, Klaas, Homo legens. Vom Ursprung der Theologie im Lesen (TBT 75), Berlin / New York 1996.
–, Das Gesicht der Schrift, in: ders., / Ulrich H.J. Körtner / Peter Müller, Lesen und Leben. Drei Essays zur Grundlegung einer Lesetheologie, Bielefeld 1997, 13–51.

Illman, Karl-Johan, Art. שלם, ThWAT Bd. 8, 1995, 93–101.
Ingarden, Roman, Das literarische Kunstwerk. Eine Untersuchung aus dem Grenzgebiet der Ontologie, Logik und Literaturwissenschaft, Halle 1931 (Tübingen ²1961).
Irsigler, Hubert, Psalm 73 – Monolog eines Weisen. Text, Programm, Struktur (ATS 20), St. Ottilien 1984.
Iser, Wolfgang, Die Appellstruktur der Texte. Unbestimmtheit als Wirkungsbedingung literarischer Prosa, in: Warning (Hg.), Rezeptionsästhetik, 228–252.
–, Der Lesevorgang. Eine phänomenologische Perspektive, in: Warning (Hg.), Rezeptionsästhetik, 253–276.
–, Im Lichte der Kritik, in: Warning (Hg.), Rezeptionsästhetik, 325–342.
–, Der implizite Leser. Kommunikationsformen des Romans von Buyan bis Beckett, München ³1994 (1. Aufl. 1972).
–, Der Akt des Lesens. Theorie ästhetischer Wirkung, München 1976 (⁴1994).
–, Interview, in: diacritics 10 (1980) 57–74.
–, Akte des Fingierens. Oder: Was ist das Fiktive im fiktionalen Text?, in: Funktionen des Fiktiven (Poetik und Hermeneutik X), München 1983, 121–151.
–, Prospecting: From Reader Response to Literary Anthropology, London 1989.
–, Fingieren als anthropologische Dimension der Literatur (Konstanzer Universitätsreden 175), Konstanz 1990.
–, Theorie der Literatur. Eine Zeitperspektive, Konstanz 1992.

–, Das Fiktive und das Imaginäre. Perspektiven literarischer Anthropologie, Frankfurt a.M 1993.

Jacob, Benno, Beiträge zu einer Einleitung in die Psalmen, in: ZAW 17 (1897) 48–80.

Janowski, Bernd, Rettungsgewißheit und Epiphanie des Heils. Das Motiv der Hilfe Gottes am Morgen im Alten Orient und im Alten Testament, Bd. I: Alter Orient (WMANT 54), Neukirchen-Vluyn 1989.

–, Das Königtum Gottes in den Psalmen, in: ders., Gottes Gegenwart in Israel. Beiträge zur Theologie des Alten Testaments, Neukirchen-Vluyn 1993, 148–213.

–, Die Tat kehrt zum Täter zurück. Offene Fragen im Umkreis des »Tun-Ergehen-Zusammenhangs«, in: ZThK 91 (1994) 247–271.

–, JHWH der Richter – ein rettender Gott. Psalm 7 und das Motiv des Gottesgerichts, in: JBTh 9 (1994) 53–85.

–, Dem Löwen gleich, gierig nach Raub. Zum Feindbild in den Psalmen, in: EvTh 55 (1995) 155–173.

–, Die »Kleine Biblia«. Zur Bedeutung der Psalmen für eine Theologie des Alten Testaments, in: Erich Zenger (Hg.), Der Psalter in Judentum und Christentum (HBS 18), Freiburg/Basel/Wien 1998, 381–429.

Jauß, Hans Robert, Literaturgeschichte als Provokation der Literaturwissenschaft, in: Warning (Hg.), Rezeptionsästhetik, 126–162.

–, Racines und Goethes Iphigenie – Mit einem Nachwort über die Partialität der rezeptionsästhetischen Methode, in: Warning (Hg.), Rezeptionsästhetik, 353–400.

–, Kleine Apologie der ästhetischen Erfahrung. Mit kunstgeschichtlichen Bemerkungen von Max Imdahl (Konstanzer Universitätsreden 59), Konstanz 1972.

–, Der Leser als Instanz einer neuen Geschichte der Literatur, in: Poetica 7 (1975) 325–344.

–, Ästhetische Erfahrung und literarische Hermeneutik, Frankfurt a.M. ²1997 (1. Aufl. 1982).

–, Die Theorie der Rezeption – Rückschau auf ihre unerkannte Vorgeschichte (Konstanzer Universitätsreden 166), Konstanz 1987.

–, Das Buch Jona – ein Paradigma der ›Hermeneutik der Fremde‹ in: ders., Wege des Verstehens, München 1994, 85–106.

–, Alter Wein in neuen Schläuchen? Bemerkungen zum New Historicisim, in: ders., Wege des Verstehens, München 1994, 304–323.

–, Über religiöse und ästhetische Erfahrung – zur Debatte um Hans Belting und Georg Steiner, in: ders., Wege des Verstehens, München 1994, 346–377.

–, Salzburger Gespräch über musikalische und literarische Hermeneutik, in: ders., Wege des Verstehens, München 1994, 378–401.

Jeanrond, Werner G., Text und Interpretation als Kategorien theologischen Denkens, Tübingen 1986.

Jenni, Ernst, Art. למד, in: THAT I, ⁵1994, Sp.872–875.

–, Die hebräischen Präpositionen. Band 1: Die Präposition Beth, Stuttgart/Berlin/Köln 1994.

–, Philologische und linguistische Probleme bei den hebräischen Präpositionen, in: ders., Studien zur Sprachwelt des Alten Testaments, Stuttgart/Berlin 1997, 174–188.

Jepsen, A., Art. חזה in: THWAT Bd. II, 1977, 822–835.

Josuttis, Manfred, Der Sinn der Krankheit. Ergebung oder Protest?, in: ders., Praxis des Evangeliums zwischen Politik und Religion, München 1974, 117–141.

Jüngel, Eberhard, »Auch das Schöne muß sterben« – Schönheit im Lichte der Wahrheit. Theologische Bemerkungen zum ästhetischen Verhältnis, in: ZThK 81 (1984) 106–126.

Keel, Othmar, Feinde und Gottesleugner. Studien zum Image der Widersacher in den Individualpsalmen (SBM 7), Stuttgart 1969.

–, Die Welt der altorientalischen Bildsymbolik und das Alte Testament. Am Beispiel der Psalmen, Göttingen ^{5}1996.

Kleer, Martin, Der liebliche Sänger der Psalmen Israels. Untersuchungen zu David als Dichter und Beter der Psalmen (BB 108), Bodenheim 1996.

Koch, Klaus, Art. Tat-Ergehen-Zusammenhang, in: Reclams Bibellexikon, hg. von ders., Stuttgart 1978, 486–488.

–, Gibt es ein Vergeltungsdogma im Alten Testament? in: Spuren des hebräischen Denkens. Beiträge zur alttestamentlichen Theologie. Gesammelte Aufsätze Bd.1, hg. von Bernd Janowski / Martin Kruse, Neukirchen-Vluyn 1991, 65–103.

–, Der Psalter und seine Redaktionsgeschichte, in: Neue Wege der Psalmenforschung, hg. von Klaus Seybold / Erich Zenger (HBS 1), Freiburg/Basel/Wien 1994, 243–277.

Koenen, Klaus, Maskil – ›Wechselgesang‹. Eine neue Deutung zu einem Begriff der Psalmenüberschriften, in: ZAW 103 (1991) 109–112.

Körtner, Ulrich H.J., Der inspirierte Leser. Zentrale Aspekte biblischer Hermeneutik, Göttingen 1994.

Kratz, Reinhard Gregor, Die Tora Davids. Psalm 1 und die doxologische Fünfteilung des Psalters, in: ZThK 93 (1996) 1–34.

Kraus, Hans-Joachim, Psalmen (BK XV/1 u. 2), Neukirchen-Vluyn ^{6}1989.

Kühlewein, Joachim, Art. גבר, in: THAT I, ^{5}1994, 398–402.

Küster, Volker, Models of Contextual Hermeneutics: Liberation and Feminist Theological Approaches compared, in: Exchange 23 (1994) 149–162.

–, Theologie im Kontext. Zugleich ein Versuch über die Minjung-Theologie, Nettetal 1995.

–, Text und Kontext, in: Der Text im Kontext. Die Bibel mit anderen Augen gelesen (Weltmission Heute 34), Hamburg 1998, 130–143.

Lange, Ernst, Zur Theorie und Praxis der Predigtarbeit, in: ders., Predigen als Beruf. Aufsätze zu Homiletik, Liturgie und Pfarramt, München 1982, 9–51.

Levin, Christoph, Das Gebetbuch der Gerechten, in: ZThK 90 (1993) 353–381.

Lindström, Fredrik, Suffering and Sin. Interpretations of Illness in the Individual Complaint Psalms (CB.OT 37), Stockholm 1994.

Luther, Henning, Identität und Fragment. Praktisch-theologische Überlegungen zur Unabschließbarkeit von Bildungsprozeßen, in: ders., Religion und Alltag, Stuttgart 1992, 160–182.

Luther, Martin, Vorrede auf den Psalter 1545, in: ders; Werke. Kritische Gesamtausgabe (WDB), Weimar 1956, 10, I, 98–105.

Macintosh, A. A., A Consideration of Psalm VII.12f, in: JThS 33 (1982) 481–490.

Magne, Jean, Recherches sur les Psaumes 151, 154 und 155, in: RdQ 32 (1975) 503–507.

–, Orphisme, Pythagorisme, Essénisme dans le texte hébreu du Psaume 151?, in: RdQ 32 (1975) 508–545.
–, Le Verset des Trois Pierres dans la Tradition au Psaume 151, in: RdQ 34 (1977), 565–591.
Manguel, Alberto, A History of Reading, London 1996.
Markschies, Christof, »Ich aber vertraue auf dich, Herr« – Vertrauensäußerungen als Grundmotiv in den Klageliedern des Einzelnen, in: ZAW 103 (1991) 386–398.
Martínez, Florentino García, The Dead Sea Scrolls Translated. The Qumran Texts in English, Leiden 1994.
–, / Tigchelaar, Eibert J.C. / van der Woude, Adam S., (Hg.) Qumran Cave 11,II (DJD XXIII), Oxford 1998.
Mathys, Hans-Peter, Dichter und Beter. Theologen aus spätalttestamentlicher Zeit (OBO 132), Freiburg (Schweiz) / Göttingen 1994.
Maul, Stefan, Herzberuhigungsklagen. Die sumerisch-akkadischen Eršahunga-Gebete, Wiesbaden 1988.
Mays, James L. , The David of the Psalter, in: Int 40 (1986) 143–155.
McKnight, Edgar V., Postmodern Use of the Bible. The Emergence of Reader-Oriented Criticism, Nashville 1988.
Meier, Samuel A., Speaking of Speaking. Marking Direct Discourse in the Hebrew Bible, in: (S.VT 46) 1992, 23–49.
Meyer, Rudolf, Die Septuaginta-Fassung von Psalm 151_{1-5} als Ergebnis einer dogmatischen Korrektur, in: Das ferne und nahe Wort. FS Leonhard Rost (BZAW 105) Berlin 1967, 164–172.
Meyers, Carol, Discovering Eve. Ancient Israelite Women in Context, New York / Oxford 1988.
Michel, Diethelm, Tempora und Satzstellung in den Psalmen, Mülheim (Ruhr) 1960.
Millard, Matthias, Die Komposition des Psalters. Ein formgeschichtlicher Ansatz (FAT 9), Tübingen 1994.
Miller, Patrick D., Trouble and Woe. Interpreting the Biblical Laments, in: Int 37 (1983) 32–45.
–, Things Too Wonderful. Prayers of Women in the Old Testament, in: Biblische Theologie und gesellschaftlicher Wandel (FS Norbert Lohfink SJ) hg. von Georg Braulik OSB / Walter Groß / Sean Mc Evenue, Freiburg / Basel / Wien 1993, 237–252.
Moore Cross (Jr.), Frank / Freedman, David Noel, A Royal Song of Thanksgiving: II Sam 22 = Psalm 18, in: JBL 72 (1953) 15–34.
Mowinckel, Sigmund, Psalmenstudien I. Awän und die individuellen Klagepsalmen, Kristiania 1921.
Müller, Hans-Peter, Gottesfrage und Psalmenexegese. Zur Hermeneutik der Klagepsalmen des einzelnen, in: Neue Wege der Psalmenforschung. FS Walter Beyerlin, hg. von Klaus Seybold / Erich Zenger (HBS 1), Freiburg 1994, 279–299.

Niehr, Herbert, Götter oder Menschen – eine falsche Alternative. Bemerkungen zu Ps 82, in: ZAW 99 (1987) 94–98.
–, In Search of YHWH's Cult Statue in the First Temple, in: Karel van der Toorn (Hg.), The Image and the Book. Iconic Cults, Aniconism, and the Rise of Book Religion in Israel and the Ancient Near East, Leuven 1997, 73–95.

Nißlmüller, Thomas, Rezeptionsästhetik und Bibellese. Wolfgang Isers Lese-Theorie als Paradigma für die Rezeption biblischer Texte (Theorie und Forschung Bd. 375 / Philosophie und Theologie Bd. 25), Regensburg 1995.

Noth, Martin, Die fünf syrisch überlieferten apokryphen Psalmen, in: ZAW 48 (1930) 1–23.

Oeming, Manfred, Bedeutung und Funktionen von »Fiktionen« in der alttestamentlichen Geschichtsschreibung, in: EvTh 44 (1984) 254–266.

–, Die Psalmen in Forschung und Verkündigung, in: VuF 40 (1995) 28–51.

Person, Raymond F. Jr., In Conversation with Jonah. Conversation Analysis, Literary Criticism, and the Book of Jonah (JSOT.S 220), Sheffield 1996.

Peters, Melvin K.H., Rez.: Joachim Schaper, Eschatology in the Greek Psalter (WUNT 76), Tübingen 1995, in: JBL 116 (1997) 350–352.

Pietersma, Albert, David in the Greek Psalms, in: VT 30 (1980) 213–226.

Preuß, Horst Dietrich, Die Psalmenüberschriften in Targum und Midrasch, in: ZAW 71 (1959) 44–54.

Rabinowitz, Isaac, The alleged Orpheus of 11Q Pss Col 28_{3-12}, in: ZAW 76 (1964) 193–200.

Rahlfs, Alfred (Hg.), Septuaginta. Id Est Vetus Testamentum Graece Iuxta LXX Interpretes, Stuttgart 1979.

–, Psalmi cum Odis. Septuaginta. Vetus Testamentum Graecum X, Göttingen ^{5}1979.

Ravasi, Gianfranco, Il libro dei Salmi. Commento e Attualizzazione. Volume I (1–50), Bologna 1985.

Ridderbos, Nicolas H., Die Psalmen. Stilistische Verfahren und Aufbau mit besonderer Berücksichtigung von Ps 1–41 (BZAW 117), Berlin / New York 1972.

Riede, Peter, Im Netz des Jägers. Studien zur Feindmetaphorik der Individualpsalmen (WMANT 85), Neukirchen-Vluyn 1999.

Riffaterre, Michael, Kriterien für die Stilanalyse, in: Warning (Hg.), Rezeptionsästhetik, 163–195.

Riley, Wiliam, King and Cultus in Chronicles. Worship and the Reinterpretation of History (JOSOT 16), Sheffield 1993.

Riquelme, John Paul, The Ambivalence of Reading, in: diacritics 10 (1980) 75–86.

Rösel, Martin, Art. Names of God, in: Encyclopedia of the Dead Sea Scrolls Vol. 1, Lawrence H. Schiffman / James C. Vanderkam (Hg.), Oxford 2000, 600–602.

Ruprecht, Eberhard, Art. שמח, in: THAT II, ^{5}1995, 828–835.

Sanders, James A., Ps.151 in 11QPSS, in: ZAW 75 (1965) 73–86.

– (Hg.), The Psalms Scroll of Qumran Cave 11 (DJD IV), Oxford 1965.

– (Hg.), The Dead Sea Psalms Scroll, Ithaca / New York 1976.

Schaper, Joachim, Eschatology in the Greek Psalter (WUNT 76), Tübingen 1995.

Schapp, Wilhelm, In Geschichten verstrickt, Hamburg 1953.

Schenk, Wolfgang, The Roles of the Readers or the Myth of the Reader, in: Semeia 48 (1989) 55–80.

Schmidt, Hans, Das Gebet des Angeklagten im Alten Testament (BZAW 49), Berlin 1928.

–, Die Psalmen (HAT 15), Tübingen 1934.

Schmidt, Werner H., Grenzen und Vorzüge historisch-kritischer Exegese. Eine Verteidigungsrede, in: EvTh 45 (1985) 469–481.
–, Einsichten und Aufgaben alttestamentlicher Theologie und Hermeneutik, in: VuF 43 (1998) 60–75.
Schmuttermayer, Georg, Ps 18 und 2 Sam 22. Studien zu einem Doppeltext. Probleme der Textkritik und Übersetzung und das Psalterium Pianum (StANT 25), München 1971.
Schneider-Flume, Gunda, Glaubenserfahrung in den Psalmen. Leben in der Geschichte mit Gott, Göttingen 1998.
Schottroff, Willi, Art. ידע, in: THAT I, [5]1994, 682–701.
Schroer, Henning, Bibelauslegung durch Bibelgebrauch. Neue Wege »praktischer Exegese«, in: EvTh 45 (1985) 500–515.
Schroer, Silvia, Auf dem Weg zu einer feministischen Rekonstruktion der Geschichte Israels, in: Feministische Exegese. Forschungserträge zur Bibel aus der Perspektive von Frauen, hg. von Luise Schottroff / ders., / Marie-Theres Wacker, Darmstadt 1995, 83–172.
Schunack, Gerd, Neuere literaturkritische Interpretationsverfahren in der angloamerikanischen Exegese, in: VuF 41 (1996) 28–55.
Schüssler Fiorenza, Elisabeth, Zu ihrem Gedächtnis ... Eine feministisch-theologische Rekonstruktion der christlichen Ursprünge, Gütersloh [2]1993 (engl. In Memory of Her 1983).
Seebaß, Horst, Über den Beitrag des Alten Testaments zu einer theologischen Anthropologie, in: KuD 22 (1976) 41–63.
Seifert, Brigitte, Metaphorisches Reden von Gott im Hoseabuch (FRLANT 166), Göttingen 1986.
Seybold, Klaus, Das Gebet des Kranken im Alten Testament. Untersuchungen zur Bestimmung und Zuordnung der Krankheits- und Heilungspsalmen (BWANT 99), Stuttgart 1973.
–, Beiträge zur neueren Psalmenforschung, in: ThR 61 (1996) 247–274.
–, Die Psalmen (HAT I/15), Tübingen 1996.
Sheppard, Gerald T., »Enemies« and the Politics of Prayer in the Book of Psalms, in: The Bible and the Politics of Exegesis (FS Norman K. Gottwald), David Jobling / Peggy L. Day / ders., (Hg.), Cleveland/Ohio 1991, 61–82.
Simian-Yofre, H., Art. עבד, in: ThWAT Bd.V, 1986, Sp.982–1010.
Skehan, Patrick W., The Apocryphal Psalm 151, in: CBQ 25 (1963) 407–409.
–, A Liturgical Complex in 11QPs[a], in: CBQ 35 (1973) 195–205.
Slomovic, Elieser, Toward an Understanding of the Formation of Historical Titles in the Book of Psalms, in: ZAW 91 (1979) 350–380.
Smend, Rudolf (sen.), Über das Ich der Psalmen, in: ZAW 8 (1888) 49–147.
Spieckermann, Hermann, Heilsgegenwart. Eine Theologie der Psalmen (FRLANT 148), Göttingen 1989.
–, Alttestamentliche »Hymnen«, in: Hymnen der Alten Welt im Kulturvergleich, hg. von Walter Burkert / Fritz Stolz (OBO 131), Freiburg (Schweiz) / Göttingen 1994, 97–108.
–, Die Stimme des Fremden im Alten Testament, in: PTh 83 (1994) 52–67.
–, Psalmen und Psalter. Suchbewegungen des Forschens und Betens, in: Perspectives in the Study of the Old Testament and Early Judaism (VT.Sup LXXIII), Leiden/Boston/Köln 1998, 137–153.
Stadler, Arnold, »Die Menschen lügen. Alle« und andere Psalmen. Frankfurt am Main / Leipzig 1999.

Stolz, Fritz, Psalmen im nachkultischen Raum (ThSt 129), Zürich 1983.

Talmon, Shemaryahu, Pisqah Be'emṣa' Pasuq and 11QPs*, in: Textus 5 (1966) 11–21.

Tate, Marvin E., Psalms 51–100 (WBC 20), Waco 1990.

Tournay, Raymond Jacques, Seeing and Hearing God with the Psalms. The Prophetic Liturgy of the Second Temple in Jerusalem (JSOT.S 118), Sheffield 1991 (franz. 1989).

Tov, Emanuel, Der Text der Hebräischen Bibel. Handbuch der Textkritik, Stuttgart/Berlin/Köln 1997.

Uehlinger, Christoph, Anthropomorphic Cult Statuary in Iron Age Palestine and the Search for Yahweh's Cult Images, in: Karel van der Toorn (Hg.), The Image and the Book. Iconic Cults, Aniconism, and the Rise of Book Religion in Israel and the Ancient Near East, Leuven 1997, 97–155.

Utzschneider, Helmut, Das hermeneutische Problem der Uneindeutigkeit biblischer Texte – dargestellt an Text und Rezeption der Erzählung von Jakob am Jabbok (Gen 32,23–33), in: EvTh 48 (1988) 182–198.

–, Zur vierfachen Lektüre des Alten Testaments. Bibelrezeption als Erfahrung von Diskrepanz und Perspektive, in: Konsequente Traditionsgeschichte (FS Klaus Baltzer) hg. von Rüdiger Bartelmus / Thomas Krüger / ders., (OBO 126), Freiburg (Schweiz) / Göttingen 1993, 383–401.

–, Text – Leser – Autor. Bestandsaufnahme zu einer Theorie der Exegese, in: BZ 43 (1999) 224–238.

van der Toorn, Karel, The Iconic Book: Analysis between the Babylonian Cult of Images and the Veneration of the Torah, in: ders. (Hg.), The Image and the Book. Iconic Cults, Aniconism, and the Rise of Book Religion in Israel and the Ancient Near East, Leuven 1997, 229–248.

van der Woude, Adam S., Fünfzehn Jahre Qumranforschung (1974–1988). III. Studien zu früher veröffentlichten Handschriften, in: ThRu 57 (1992) 1–57.

van Oorschot, Jürgen, Nachkultische Psalmen und spätbiblische Rollendichtung, in: ZAW 106 (1994) 69–90.

Veijola, Timo, Ewige Dynastie. David und die Entstehung seiner Dynastie nach der deuteronomistischen Darstellung (AASF 193), Helsinki 1975.

Vesco, O.P., Jean Luc, Le Psaume 18, Lecture Davidique, in: RB 94 (1987) 5–62.

Vetter, Dieter, Art. חזה, in: THAT Bd.I, [5]1995, 533–537.

Volp, Rainer, Die Kunst, heute die Bibel zu lesen. Zum Umgang mit der Bibel in einem nachliterarischen Zeitalter, in: Pth 74 (1985) 294–311.

Vorster, Willem S., The Reader in the Text: Narrative Material, in: Semeia 48 (1989) 21–40.

Walton, Brian, Biblica Sacra Polyglotta. Tomus Tertius, Nachdruck Graz 1964.

Warning, Rainer (Hg.), Rezeptionsästhetik. Theorie und Praxis, München 1975 ([4]1994).

–, Rezeptionsästhetik als literaturwissenschaftliche Pragmatik, in: ders. (Hg.), Rezeptionsästhetik, 9–41.

Watson, Francis (Hg.), The Open Text. New Directions for Biblical Studies? London 1993.

Watson, Nigel, Reception Theory and Biblical Exegesis, in: Australian Biblical Review 36 (1988) 45–56.
Watts, James W., Psalm and Story. Inset Hymns in Hebrew Narrative (JSOT.S 139), Sheffield 1992.
Weiser, Artur, Die Psalmen (ATD 14/15), Göttingen 1955.
Westermann, Claus, Die Rolle der Klage in der Theologie des Alten Testaments, in: ders., Forschung am Alten Testament. Gesammelte Studien II, München 1974, 250–268.
–, Anthropologische und theologische Aspekte des Gebets in den Psalmen, in: Zur neueren Psalmenforschung (WdF CXCII), hg. von Peter H.A. Neumann, Darmstadt 1976, 452–468.
–, Lob und Klage in den Psalmen, Göttingen ⁵1977.
Whybray, Norman, Reading the Psalms as a Book (JSOT.SS 222) Sheffield 1996.
Wilson, Gerald Henry, The Editing of the Hebrew Psalter (SBL, Diss Ser 76) Chicago 1985.
–, The Qumran *Psalms Scroll* (11QPsª) and the Canonical Psalter: Comparison of Editorial Shaping, in: CBQ 59 (1997) 448–464.
Wright, John W., Rez.: Joachim Schaper, Eschatology in the Greek Psalter (WUNT 76), Tübingen 1995, in: CBQ 59 (1997) 357–359.
Wünsche, August, Midrasch Tehillim I–II, 1892/93 (Nachdruck 1967).

Zenger, Erich, Was wird anders bei kanonischer Psalmenauslegung? in: Ein Gott – eine Offenbarung. Beiträge zur biblischen Exegese (FS Notker Füglister) hg. von Friedrich V. Reiterer, Würzburg 1991, 297–413.
– (Hg.), Der Psalter im Judentum und Christentum (HBS 18) Freiburg/Basel/Wien 1998.
–, Psalmenforschung nach Hermann Gunkel und Sigmund Mowinckel, in: Congress Volume Oslo 1998, VTS 80 (2000) 399–435.
Zima, Peter V., Diskurs als Ideologie, in: Textsemiotik als Ideologiekritik. Beiträge von P.V. Zima, J. Kristeva, U. Eco u.a., hg. von Peter V. Zima, Frankfurt a.M. 1977, 7–32
–, »Rezeption« und »Produktion« als ideologische Begriffe, in: aaO., 271–311.

Psalmenstellenregister

Masoretischer Text (MS)

1	66, 68, 110	7	57, 124, 125–128, 149–150, 151, 186	9,17	172
1,1	110			9,18	124
2	66, 68			9,19	120
2,4	130, 133			9,20–21	124
2,7–9	67	7,2–3	149	9,21	167
2,7	67	7,4–9	125f	10	55, 119–121
2,12	110	7,4–6	149	10,1	120, 123
3–41	55, 57	7,7–12	149	10,2	119, 120
3	57, 63, 77	7,7	126	10,4	117, 118, 119, 120
3,1	57, 66–68	7,8	126		
3,2	67	7,9	126, 150	10,5	119
3,3	68, 117, 118, 123	7,10	126	10,6	117, 119, 120, 122
		7,12	126, 150		
3,6	67	7,13–17	149	10,7	117, 119
4,3	134	7,13	126, 127	10,8–10	119
5,10	117	7,14–17	150	10,8	119, 120
5,11	124	7,15	127	10,9	119, 120
5,12	128	7,16–17	127	10,10	120
6	163–165	7,16	127	10,11–14	144
6,2–7	163	7,17	125, 127	10,11	117, 119, 120, 122
6,2	151, 157	7,18	149, 150		
6,3	165	7,19–20	127	10,12	120, 121
6,4	165	8,5	184	10,13	117, 119, 120, 122
6,6	175	9	55		
6,9	134, 163, 164, 165	9,3	129	10,14	119, 120, 121
		9,10	120		
6,10	163, 164	9,13	120	10,15	121, 124
6,11	132, 164, 167	9,14	175	10,17	120
		9,16	127	10,18	119, 120

11,2	127	18,28	84	27,13	171	
11,7	171	18,32–50	83	27,14	166	
12	155	18,36	84	28	124, 152	
12,5	117, 155	18,38–40	125	28,1	175	
12,6	161	18,42	84	28,4	125	
12,7–8	155	18,47	84	30	63	
12,9	155	18,49	175	30,1	64–66	
13,4	156	18,50	84	30,2	129, 145	
13,5	117, 129	18,51	63, 78, 80,	30,6	65	
13,6	129		81, 83, 84	30,7	120, 145	
14,1	117, 118,	20	152	30,10	145, 175	
	122	20,7	167	30,11	145	
14,2	118	21,2	128	31	152	
14,7	128	22	161	31,2	132	
16,9	128	22,2	123	31,8	128	
17	168–171	22,4	176	31,10–12	152	
17,1–2	168	22,8	130	31,12	146	
17,1	168, 169,	22,9	117	31,18	132	
	174	22,13	146	31,19	117	
17,2	169, 186	22,14	146, 147	31,23	118	
17,3–5	170	22,17	146, 147	31,24–25	110	
17,5	187	22,18	146	31,24	125	
17,6	168	22,19	146	32,1	110	
17,9–12	168, 170	22,20–21	146	32,9	110	
17,13–15	168	22,113	147	32,11	128, 129	
17,13–14	170	25	152	33,1–3	110	
17,13	168, 170	25,2–3	132	33,10	110	
17,14	168, 170	25,2	130	33,12	110	
17,15	166, 167,	25,16	168	33,18	110	
	168, 169,	25,20	132	33,21	129	
	170,	26,7	176	34	70–73,	
	171,187	27	152		112–113,	
18	57, 63,	27,1	110		183	
	78–85, 181,	27,4	166, 168,	34,1	70, 72, 73,	
	186		171		76	
18,1	78, 79, 81	27,5	175	34,2–3	112	
18,3–20	83	27,6	166, 167	34,2	174	
18,3	82, 84	27,7–13	166	34,3	128	
18,4	84	27,9	123, 156,	34,4	112, 113,	
18,21–25	84		168		174, 175	
18,26–32	63	27,11	171	34,5–7	112–113	

34,5	72, 113	35,24	129, 132,		155–156
34,6	112, 132,		133, 150,	39,13–14	155
	172, 187		151	39,13	155
34,7	70, 112	35,25	117, 122,	39,14	155, 156
34,8–12	112		132	40	152
34,9	71, 110,	35,26	132, 133	40,2–5	153
	113, 138	35,27	128, 132,	40,2–4	174
34,10	71, 110, 113		133, 151	40,4	167, 174,
34,11	70, 113	35,28	133, 150		187
34,12	71, 112, 113	36	80	40,5	110
34,13–15	112	37	124	40,6–12	153
34,14–15	71, 110	37,13	130, 133	40,13	153
34,16–23	113	37,19	132	40,14–18	152–155,
34,16–19	112	37,34	175		174
34,19	110, 171	38	152,	40,15–16	132
34,20–22	112		157–160,	40,15	124, 152
34,21	110		186	40,16	117, 152
34,23	112	38,2	151, 157	40,17	129, 153,
35	150–151,	38,3	157		174
	130–133,	38,4–6	157	40,18	153
	186	38,4	151, 157,	41	124, 163,
35,1–3	130		158		165–166,
35,3	133, 161	38,5	151		167
35,4–8	130	38,6	151, 157,	41,2–4	165
35,4	132		158	41,2	110, 165
35,7	133, 150	38,7	158	41,5–10	124, 165
35,8–10	131	38,8	157	41,6	117, 124
35,8	131	38,9	158	41,7–9	117
35,9	131	38,12	146, 158	41,7	124
35,12	125, 150	38,13	158	41,9	117, 124
35,15–16	130	38,14–19	159	41,10	124, 146
35,15	131, 132	38,14	159	41,11	125, 165
35,16	130, 131	38,16–18	144	41,12	130, 165,
35,18	131	38,16	158, 159		166, 167,
35,19–23	131	38,17–23	158		172
35,19	129, 131,	38,17	129, 158	41,13	165, 166,
	132	38,19	158		172
35,21	117, 130,	38,22–23	159	42–72	55
	132	38,22	138, 159	42,4	117, 123
35,22	132	38,23	159	42,6	110
35,24–28	131	39	152,	42,11	117, 118

42,12	110	55,4	146, 147	59,10	130
43,5	110	55,7	147	59,11	173
44,14	130	55,10–11	146	59,13	117
48,4	172	55,10	147	59,14	167
51–68	57	55,13	147	59,15–17	173
51	55, 57, 77	55,14	134, 146, 147	59,15–16	173
51,1–2	59			59,15	130, 173
51,6	60, 77	55,16	147	59,17–18	130
52	55, 57, 133–140	55,18	11	59,17	173
		55,19	147	60	55, 57, 63, 73–76
52,1–11	135	55,20	111		
52,1–2	59	55,23	110	60,1	73
52,2	58, 136	55,24	147	60,2	69, 75, 76
52,3–7	135	56	57, 70–73, 163, 167	60,4	75
52,3	134–138			60,8–10	74, 76, 161
52,4–6	117	56,1	72, 167	60,9	74
52,7	136	56,2–9	72, 166	60,10	74
52,8–9	135	56,2	72	60,14	75
52,8	130, 138, 167	56,4	72	61,2	174
		56,5	72, 110	62,1	134
52,9	135, 138, 139	56,9	72	62,4	4, 13, 73, 134
		56,10–11	72		
52,10–11	135, 138	56,10	166, 167, 172	62,9	110, 134
52,10	137, 138, 139			62,11	110, 134
		56,12	72	62,13	125
52,11	135	56,14	167, 172	63	55, 57
53,2	117, 118, 122	57	55, 57, 124	63,1	58, 69
		57,1	58, 69	64,4–6	117
54	55, 57, 60–62	57,5	117, 147	64,6	117, 118
		57,7	128	64,7	117
54,1–2	59	57,9	110	64,10	167
54,2	58, 61	58,11–12	130	64,11	128, 129
54,4	174	58,11	129	65,3	174
54,5	61	58,12	125, 129	65,5	110, 171
54,6	61, 124	59	55, 57	66,2	175
54,7	124, 125	59,1	58, 59	66,8	175
54,9	61	59,5	144, 156	66,13–15	175
55	111–113	59,6	144	66,16–20	175
55,2–3	111	59,7	130, 173	66,17	175
55,2	174	59,8	117, 144	66,19	174
55,3–15	111	59,9	130, 133	66,20	174

67,4–6	128	73,1–3	114	86,1	174
67,5	128	73,1	115, 116, 117	86,6	174
69	142–145			88	155
69,2	143	73,2	114, 115	88,3	174
69,5	143	73,3–15	114	88,5–6	156
69,6–10	144	73,3	115, 116	88,7	143, 156
69,6	143	73,11	115, 117	88,9	56
69,7–8	144	73,12	115, 116	88,10	156
69,8	144	73,13	115, 116	88,11–13	175
69,9	144	73,15	115	88,13	172
69,10	144	73,16–17	116	88,17–18	156
69,13	144	73,16	116, 167	88,19	146, 156
69,15	143	73,17–19	117	90–106	55
69,18	156, 168	73,17	116, 167	90	55
69,19	143	73,18	116	90,14	170
69,20–21	144	73,19	167	94,4	117
69,21–26	144	73,22	116	94,7	117
69,27	144	73,23	116	94,8	134
69,28–29	144	73,28	117	96	65
69,28	144	74,8	117, 122	96,11	128
69,30	143, 171	74,18–23	155	97,12	128, 129
69,33–34	128	75,5	134	99,5	175
69,33	130, 144	75,11	175	99,9	175
70	152–155	77,15	172	101	55
70,2	152, 153, 154	78,4	176	101,8	117
		78,19	117	102	56
70,3–4	152	79,4	130	102,1	62, 174, 184
70,3	152	79,10	117, 172	102,2	62, 174
70,4	117	83,5	117	102,3	156, 168
70,5	153	83,13	117	102,18	174
70,6	152, 153, 154	83,18	132	103	55
		83,19	167	103,5	171
71,1	132	84,3	110	103,7	172
71,11	118	84,5–6	110	104,28	171
71,14–19	175	84,5	110	104,34	129
71,23–24	176	84,6	110	105	65
72	55	84,7	110	105,3	128
72,20	56	84,11	110	106	65
73–89	55	84,13	110	106,5	128
73	114–117, 121	85,7	129	107–150	55
		86	55	107,30–31	128

107,30	128		118,28	175	140,10	117, 147
107,32	175		119,1–2	110	140,11	147
107,33–35	137		122	55	140,12	117, 147
107,43	137		123,4	130	140,13	144, 167
108	55		124	55	141,2	174
109	55, 124, 163, 167		127	55	141,10	124
			127,5	110	142	57
109,1	175		128,1	110, 111	142,1–2	62
109,14	125		128,4–6	111	142,1	58, 69, 174
109,16–18	125		130,1	143	142,5	156
109,26	167		131	55	143,1	174
109,27	125, 167, 172		132,10	80	143,7	156
			133	55	143,12	124
109,28	125, 130		137,7	117	144,15	110
109,31	167		137,8	125	145,1	175
110	55		138	55	145,18–19	171
112,1	110		139	55	145,19	171
115,2	117		140–145	55	148,11–12	174
115,17–18	175		140,3	147	149,1	176
118,16	175		140,4	117	149,2	128
118,17	175		140,5	147		
118,24	128, 129		140,9	147		

11QPs[a]

101	96		129	96	146	96
102	96		130	96	147	96
103	96		131	96	148	96, 101
104	96		132	96	149	96
105	96		134	96	150	96
109	96		135	96	151	77, 86, 96, 100–105, 103, 106, 107
118	96		136	96		
119	96		137	96		
121	96		138	96		
122	96		139	96	151,2–4	100, 101
123	96		140	96	151,2	101
124	96		142	96	151,3	100, 101, 102
125	96		143	96		
126	96		144	96	154	96, 103, 104
127	96		145	96	155	96, 103, 104
128	96					

Septuaginta (LXX)

3	89	68,30	171	96,16	92
3,1	89	69	90	97	94
7,12	126	69,1	89-90, 184	98	87, 94
7,13	126	81	91	101,1	90, 184
16	87	90	87, 91	103	87
16,1	169	91	87, 91	121	87
16,15	168, 170	92-98	87, 91	123	87
23	87, 91	92	87, 91, 107	136	87
25	87	92,1	91-92	137	87
26	87, 89	93-99	106	139	87
27	87	93	87, 91, 94, 106	142	87, 89
29	93			143	89
32	86	94	87, 94	143,9	99
34,16	131	95	87, 93, 94, 107	145-148	87
36	87			151	87, 89, 97-99, 105, 107
37	87	95,1	93		
42	86	96	87, 94, 107	151,1-7	97
47	87, 91	96,1	92, 93	151,1-2	98
51,3	137	96,4	93	151,1	98
56	87	96,5	93	151,3	99
57,12	129	96,6	92	151,4	99
64	87	96,9	93	151,6–7	98, 99
64,1	88	96,11	92		
68,27	144				

www.ingramcontent.com/pod-product-compliance
Lightning Source LLC
Chambersburg PA
CBHW070326230426
43663CB00011B/2232